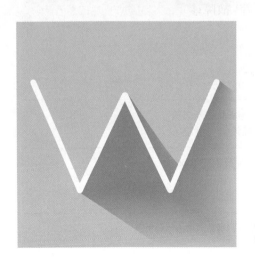

宝马
经典案例解析
与故障诊断

传动系统与底盘分册

李培军　主编

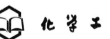

化学工业出版社

·北京·

内容简介

本书通过维修案例对宝马汽车传动系统与底盘的控制逻辑和诊断方法进行整理、总结、归纳。本书在各系统中均配有来自一线资深维修技师提供的故障维修案例共 35 个，具有典型的代表意义，有助于提高宝马一线维修技师的维修技能和工作效率。

由于车辆传动系统与底盘的构造及控制技术具有较大的相通之处，本书对其他汽车品牌维修技师同样具有参考价值。本书内容和呈现方式很有特色，也可以用于各大专科学校汽车传动系统与底盘的教学辅助用书。

图书在版编目（CIP）数据

宝马经典案例解析与故障诊断. 传动系统与底盘分册 / 李培军主编. —北京：化学工业出版社，2022.10
ISBN 978-7-122-41856-2

Ⅰ.①宝… Ⅱ.①李… Ⅲ.①汽车 - 传动系 - 车辆修理②汽车 - 传动系 - 故障诊断③汽车 - 底盘 - 车辆修理④汽车 - 底盘 - 故障诊断 Ⅳ.① U472.4

中国版本图书馆 CIP 数据核字（2022）第 123721 号

责任编辑：周 红　　　　　　　　　　　文字编辑：温潇潇
责任校对：刘曦阳　　　　　　　　　　　装帧设计：王晓宇

出版发行：化学工业出版社（北京市东城区青年湖南街13号　邮政编码100011）
印　　装：河北鑫兆源印刷有限公司
787mm×1092mm　1/16　印张15½　字数374千字　2023年1月北京第1版第1次印刷

购书咨询：010-64518888　　　　　　　　售后服务：010-64518899
网　　址：http://www.cip.com.cn
凡购买本书，如有缺损质量问题，本社销售中心负责调换。

定　　价：108.00元

前　言

说到宝马（BMW），我们首先想到的是动感的外形、强劲的引擎，其实宝马所倡导的操控乐趣更多植根于它扎实的底盘，为的就是既能满足驾控的需要，又能在行车安全方面给驾驶者足够的信心。底盘电子控制技术是提升整车性能的突破口。BMW在继承了已有的DSC（动态稳定控制系统）、DTC（动态牵引力控制系统）等电子稳定装置的优势基础上，又开发了动态驱动力分配系统(DPC)、空气悬架系统(EHC)、集成式主动转向系统(IAL)、主动式侧倾稳定控制系统(EARS)等一系列新的系统和技术，从而使宝马的整车稳定性、操控性得到进一步提升，以确保宝马车拥有出色的操控感受以及在该领域的领先位置。

然而，新车型、新技术的层出不穷也对广大售后维修人员提出了更大挑战。底盘报警、底盘振动、底盘异响……一系列的底盘故障让人想想都觉得头大！如果知识更新速度赶不上车型技术更新的步伐，在维修过程中就会遇到比较大的问题。编写此书，也是想从宝马底盘电子控制技术方面进行系统的分析和总结，对宝马底盘电子控制系统的控制逻辑和诊断方法进行整理、总结、归纳，提高宝马一线维修技师的维修技能和效率。

本书在各系统中配有典型故障案例。典型的案例都来自一线从事维修的技师和技术内训师，在此对提供案例的各位技师及内训师沈阳华宝张国金先生、沈阳宝晋陈阳先生、驻马店驿宝行王艳芳先生、潍坊圣宝黄鲁涛先生、廊坊燕宝刘金库先生、沈阳汇中宝李宏申先生、锦州华宝陈阳先生、沈阳宝绅崔敬忠先生、葫芦岛华宝常龙先生、沈阳运通宸宝邵广旭先生、西安运通博宝李国栋先生表示感谢。

由于底盘电子控制技术具有较大的相通之处，书中总结的底盘各电子系统控制逻辑和诊断方法不仅适用于宝马品牌，同样也适合其他汽车品牌，是汽车维修技师提升底盘维修技能的参考用书。同时本书也可以作为各大专院校底盘电控诊断教学辅助用书，以及广大汽车爱好者学习宝马汽车技术的参考用书。

由于编者水平有限，书中难免有不当之处，恳请广大读者批评指正。

编者

目录

第1章
自动变速箱

第2章
分动器VTG和动态驱动力分配系统DPC

2.2　动态驱动力分配系统（DPC）　/68

第 3 章
转向系统

3.1　电动机械式助力转向系统（EPS）　/81

3.2　24V EPS　/99

第 4 章

制动系统

第5章

车身高度控制系统

第 6 章

胎压报警系统

6.1　轮胎压力监测系统（RDC）　/220

6.2　轮胎失压显示（RPA）系统　/232

案例索引

第 1 章

自动变速箱

1.1 行星齿轮变速箱（EGS）

1.1.1 经典故障案例

1.1.1.1 F45（2 系）变速箱报警

（1）车辆信息

车型	变速箱型号	里程 /km
218i，F45	6HP	13400

（2）故障现象描述

客户反映：车辆不管放到什么挡位都提示防止车辆滑动，拉上手刹也提示。

故障现象确认：接车后对车辆进行试车检查，发现客户反映的情况确实存在。但是这种现象偶尔才能试出来，车辆在 P 挡上，但是仪表和显示屏显示防止车辆滑动。当前故障存在。

（3）故障分析思路及排除方法

车辆挂入 P 挡，熄火之后仪表和显示屏会显示如图 1-1 所示故障信息，推动车辆无法移动，此种现象偶尔出现，无规律出现。

由于客户描述的故障当前存在，先用 ISTA（维修车间信息系统）对车辆进行检测，故障代码如下：

D20106　换挡自锁电磁线圈 选挡杆有故障

0A9427　信息（驻车功能激活状态，0X2C1）缺失

图 1-1　故障报警信息 1

　　为何实际在 P 挡而且选挡杆也显示在 P 挡，还会提示防止车辆滑动？由故障代码可知先从选挡杆入手。根据 EGS 系统结构和工作原理，分析可能的故障原因如下：

　　① 选挡杆故障；

　　② 换挡拉线故障；

　　③ 电子变速箱控制模块故障；

　　④ 软件问题。

　　按照故障代码自动生成的检测计划，读取挡位位置：在 P 挡。根据检测计划的进一步提示：踩下刹车切换挡位，选挡杆无故障。此时故障现象是不存在的。而当故障现象出现时，读取挡位位置：不在 P 挡。

　　查询相应电路图可知，该车装备 6 速手自一体变速箱。挡位传感器在变速箱模块里，选挡杆是通过一根拉线连接在变速箱模块上来改变挡位的。挡位显示灯受选挡杆控制，而实际挡位输入信号来自变速箱模块里的选挡杆位置传感器。

　　可见，应该是变速箱模块里的选挡杆位置传感器输入信号偶尔有问题。是什么影响输入信号使其偶尔发生故障呢？传感器本身？还是选挡杆？还是拉线？

　　带着上面的疑问，首先对简单的拉线进行检查，分别观察故障现象出现和不出现时的变速箱模块拉线的长度，发现长度是不一样的，变化比较轻微。

　　接下来，开始仔细检查是什么影响了拉线的长度。此时，一个不起眼的东西映入眼帘，该车的车主在换挡杆上套了一串佛珠。当挂入 P 挡时也就是换挡杆推到最前端时，佛珠挡住了换挡杆，从而改变了拉线长度。将佛珠取下，则故障消失；佛珠装上，则故障再现，如图 1-2 所示。

　　（4）故障总结

　　这是典型的 EGS 机械问题导致偶发电气故障的案例。

　　此类故障一般会引起以下两种问题：

　　① 容易造成误判。在进行车辆快速测试后，出现了多条故障代码，显示 EGS 的选挡杆有故障，同时也会自动生成相应的检测计划。这可能把我们错误地引导到电气类故障中去，甚至会错误更换电气部件，导致不必要的经济损失。

图 1-2 故障部位

② 偶发类故障，如果不能满足故障发生的条件，则可能不会产生相应的故障现象，导致故障查找起来很麻烦。遇到故障现象偶尔出现，一定要结合故障现象反复验证自己的怀疑，从而将故障现象验证出来。诊断技师不但要具备较强的诊断技能，还需要具备一双寻找"蛛丝马迹"的慧眼。

在车辆使用中，很多车主会在车上安装一些饰件、挂件、额外部件等，因此也就容易产生线路短路、部件内部机械损坏、部件内部电路烧蚀、接触电阻、部件变形损坏等问题，从而引起系统警告、系统报警、功能失效等故障现象的发生。在诊断维修时一定要"多个心眼"。

1.1.1.2　F02（7系）行驶中前后冲击

（1）车辆信息

车型	变速箱型号	里程 /km
740Li，F02	8HP	32300

（2）故障现象描述

客户反映：车速达到 50km/h 左右时，就会出现几下明显的前后冲击。

故障现象确认：技师在试车时，连接 ISTA，以便确认冲击产生时的条件。试车时，观察到冲击会在以下条件发生：

① 车速：45 ～ 55km/h；

② 发动机转速：1600r/min；

③ 挡位：3 挡升 4 挡前后，有时在 3 挡出现冲击，有时是升 4 挡以后产生冲击；

④ 状态：缓慢加速；急加速升挡时不会出现冲击现象。

（3）故障分析思路及排除方法

由于客户描述的故障当前存在，先用 ISTA 对车辆进行检测，无与变速箱相关故障代码产生。举升车辆，目视检查传动系统，安装正常，无碰撞和损坏。因此，可以排除传动系统故障的原因。

执行服务功能"变速箱机油油位检查",在40℃左右检查变速箱油位,油位正常,但是油质有轻微焦煳味。

打印与变速箱离合器有关的调校值,以便后续对比,如图1-3。然后,把变速箱的调校值全部删除,再按照新的调校值学习程序,路面行驶几十千米。再次观察故障现象,未明显改善。进行快速测试也没有产生新的与自动变速箱有关的故障代码。对EGS控制单元进行编程,故障现象仍然存在。

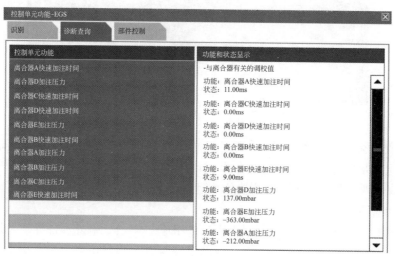

图1-3 变速箱数据流

与客户沟通,希望客户自费更换变速箱油,然后删除调校值再试车观察,客户表示同意。拆下油底壳,发现油底壳内有很多金属碎屑,且变速箱油有焦煳味,如图1-4。

图1-4 故障车变速箱油

鉴于此情况,我们分析某一离合器已磨损(初步怀疑离合器E磨损),即便是更换变速箱油也无法解决冲击现象。建议客户更换变速箱总成。

（4）故障总结

对于自动变速箱的故障诊断，实际试车来验证故障现象非常重要。一定要明确故障发生的条件，比如车速、发动机转速、变速箱油温、故障出现时的挡位、升降挡等。因此，建议两个人同时试车，一位专注于驾驶车辆，不断改变变速箱工作状态；另一位则关注 IS（ID），利用 ISTA 来读取相应的数据信息，从而准确地找到故障发生时的变速箱状态，为明确故障点提供帮助。

确认变速箱内部出现故障后，BMW 不允许对变速箱进行拆解维修，仅提供更换总成的解决方案。因此，不要尝试分解变速箱，对其内部进行维修。

1.1.1.3　F25（X3）无法挂挡行驶

（1）车辆信息

车型	变速箱型号	里程 /km
X3 28i，F25	8HP	3300

（2）故障现象描述

客户反映：车辆启动后无法挂挡，车辆显示变速箱异常，DSC（动态稳定控制系统）失效，RPA（轮胎失压显示）失效。

故障现象确认：技师试车后，发现以下两个故障现象。

① 经检查确认仪表显示 DSC 报警，中央显示屏提示变速箱、DSC 系统、RPA 失效等故障信息。车辆可以启动，但无法挂入挡位行驶，目前仪表和选挡杆都没有挡位显示，但是 GWS（选挡开关）背景照明是亮的。

② 车辆显示驻车制动失效和自动距离报警器 PDC 失效，但功能正常，其他无异常，如图 1-5 所示。

图 1-5　故障报警信息 2

（3）故障分析思路及排除方法

由于客户描述的故障当前存在，先用 ISTA 对车辆进行检测，发现有 EGS 不能通信和 EGS 总线故障（PT-CAN 和 PT-CAN2）及多个信息缺失等故障码，且 EGS/PT-CAN 通信故障当前存在。

查找相关 PUMA、技术信息案例等，没有发现可用的信息。根据诊断的故障码和现象来看初步怀疑：

① 变速箱阀体故障；

② PT-CAN 线路故障；

③ 变速箱供电、接地故障；

④ GWS、ZGM（中央网关模块）等相关模块通信故障。

执行检测计划，首先检查车辆，车载电压目前为 12.11V，正常。检查 EGS 插头，没有

图1-6　检查变速箱线束

松脱的现象。脱开导线，参照 ISTA 的 FUB 文件检查引脚，没有腐蚀和移位的现象（重点查看 pin14 接地导线是否良好），如图 1-6。

接下来，检查变速箱供电保险丝 F63/10A，正常。测量 Y21*1B 供电 pin13/11.91V、15WUP-pin9/11.81V、接地 pin14，均正常。测量 PT-CAN 总线波形，总线 PT-CAN（pin5-H/2.60V，pin6-L/2.40V）、PT-CAN2（pin4-H/2.64V，pin3-L/2.39V）波形变化、幅值也都正常。

检测计划要求接下来检查相关线束。仔细检查 PT-CAN 总线外观，未见破损现象；检查车身及变速箱区域的接地线束，良好（拆检螺栓检查两者接触表面，未见异常）。

到此供电、接地、总线、线束均正常，就只剩 EGS 了，但是 PUMA 回复需要继续仔细检查线束，确认没有问题后再尝试更换 EGS 阀体。只有顺藤摸瓜，把 EGS 相关线路彻底检查一遍。当检查到供电线路时，变速箱是由接线盒供电，拆下接线盒下部饰板发现加装件的供电线路连接在了保险丝盒上，于是，尝试将加装的部件——脱离车辆，故障果然消失，如图 1-7、图 1-8 所示。

图1-7　后部加装

图1-8　前部加装

（4）故障总结

该故障是典型的非法加装、改装车辆导致电气故障的案例。

近些年，随着宝马车辆功能、配置的不断丰富，一部分车主为了"节省"4S店内正规

改装费用，或是为了在自己的车上增加一些喜欢的配置，经常会在授权经销商之外的其他地方进行"非法"的加装、改装。这样做可能会引起以下几方面风险：

① 车辆原有功能失效；

② 车辆进行软件编程时，容易"编死"；

③ 车辆产生电气类故障，如断路故障、短路故障、接触电阻等，甚至由此引起的保险丝熔断、电气部件"烧坏"、车辆自燃等更加严重的情况。

处理此类车辆时，首先要与车主多沟通，询问是否进行了加装和改装，加装的位置及部件（含软件）是什么，故障现象是否发生在加装和改装之后。得到确认后，还要进一步沟通，如果维修过程中出现问题，责任由车主负责。

有些加装、改装看上去与出现的故障无关，实则不然。因此，在诊断和检修中，一定要非常仔细，确保没有遗漏。如果 ISTA 提供相应的检测计划，则要注意检测计划的提示和步骤，这一点非常重要。

本例中，检测计划要求检查 EGS 供电情况，开始时只检查了保险丝处的供电情况，而没有"顺藤摸瓜"，从"根"上查找，结果就错漏了真正的故障点。

1.1.2 故障解析

1.1.2.1 EGS 系统结构特点

EGS 系统主要包括变速箱（EGS）和选挡开关（GWS）两部分，下面将进行系统介绍。

（1）变速箱类型与结构

1）类型

BMW 车辆装配的自动变速箱目前有两种，分别为 6 速手自一体自动变速箱和 8 速手自一体自动变速箱。如我们在车辆上常见的 GA6HP19Z、GA6HP26ZTU、GA6HP32Z、GA8HP45ZTU、GA8HP70Z、GA8HP90Z 等，具体含义见表 1-1。

表 1-1　BMW 主要变速箱类型

序号	含义	索引	说明
1	名称	G	变速箱
2	变速箱类型	A	自动变速箱
3	挡位数	6	6 个前进挡
		8	8 个前进挡
4	变速箱类型	HP	液压行星齿轮箱
5+6	可传递扭矩	19	300 Nm
		26	600 Nm
		32	720 Nm
		45	450 Nm
		70	700 Nm
		90	900 Nm

续表

序号	含义	索引	说明
7	制造商	Z	采埃孚
8	型号改进	TU	中期改款

从型号上来看，不同型号相同挡位的变速箱（6挡或8挡），其实它们的基本结构和功能大致相同，主要不同之处在于功率和扭矩设计参数、变矩器、带不同数目主动片和从动片的离合器、行星齿轮组中所带的行星齿轮数目不同。

下文以应用数量最多的8速手自一体自动变速箱为主进行介绍。

2）结构特点

自动变速箱的主体是一个行星齿轮箱，带有4个单排单行星架行星齿轮组。8个前进挡和倒车挡由各齿轮组相应连接形成。连接时同样需要5个换挡元件、2个片式制动器和3个片式离合器。行星齿轮组设计方案是，形成每个挡位时都有3个换挡元件接合且只有2个换挡元件分离，这在降低拖拉阻力方面优势明显。其控制通过机械电子模块以液压电子方式实现，液压换挡机构和电子控制单元集成在机械电子模块内。为进一步降低耗油量，自动变速箱配有停车时使动力传动系分离的停车分离功能。

这样的变速箱设计，既保证了传递的扭矩较高，同时也能提高传动效率。

GA8HP自动变速箱结构见图1-9。

表1-2给出了自动变速箱GA6HP和GA8HP各个挡位下的总传动比 i。

表1-2 自动变速箱各挡位传动比

挡位	GA6HP	GA8HP
1挡	4.171	4.714
2挡	2.340	3.143
3挡	1.521	2.106
4挡	1.143	1.667
5挡	0.867	1.285
6挡	0.691	1.0
7挡	—	0.839
8挡	—	0.667
倒挡	−3.403	−3.317

（2）变速箱主要部件

GA8HP变速箱主要由液力变矩器、中央变速箱、机械电子模块三部分组成。

1）液力变矩器

GA8HP自动变速箱上所使用的液力变矩器主要包括泵轮、涡轮、导轮、锁止离合器等，见图1-10。

图 1-9　GA8HP 自动变速箱结构

1—液力变矩器；2—油泵驱动链；3—齿轮组 1；4—齿轮组 2；5—齿轮组 3；6—齿轮组 4；
7—驻车锁；8—片式离合器 D；9—片式离合器 C；10—片式离合器 E；11—齿轮
组 1 和 2 共用的太阳轮；12—片式制动器 B；13—片式制动器 A

三管路变矩器是一种针对功率优化的后续开发产品，变矩器锁止离合器通过一个独立的液压油管路来控制。其本身有两个优点：第一，即使变矩器锁止离合器接合，液压油也能最佳地通过液力变矩器并进行冷却；第二，在所有行驶情况下都能更好地控制变矩器锁止离合器。管路 1 用于液压油供给，管路 2 用于液压油回流，管路 3 则为变矩器锁止离合器提供压力油。

①扭转减振装置。液力变矩器是连接发动机与变速箱的部件，它通过内部的扭转减振装置将发动机扭转振动与变速箱隔开。不同型号的 GA8HP 自动变速箱，液力变矩器中分别安装有两种不同的扭转减振装置，如图 1-11。

第一种：涡轮扭转减振器 TTD。涡轮扭转减振器是一种经典的扭转减振器，其初级侧（发动机侧）可以通过变矩器锁止离合器与液力变矩器的涡轮以固定方式连接。因此提高了初级侧的飞轮质量，从而明显改善了减振特性，见图 1-12。

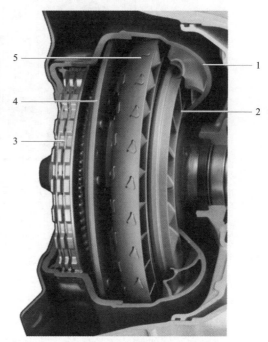

图 1-10　GA8HP 自动变速箱的液力变矩器内部结构
1—泵轮；2—导轮；3—液力变矩器锁止
离合器；4—扭转减振器；5—涡轮

(a) 涡轮扭转减振器TTD　　　　　　　　(b) 双减振器ZDW

图 1-11　不同扭转减振装置

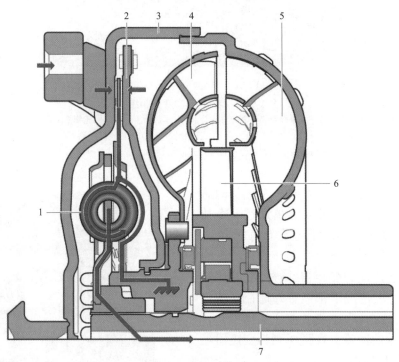

图 1-12　带涡轮扭转减振器的液力变矩器

1—环形弹簧套件；2—变矩器锁止离合器活塞；3—变矩器壳体；4—涡轮；5—泵轮；6—导轮；7—变速箱输入轴

　　变矩器锁止离合器分离时，即处于变矩器运行模式时，来自涡轮的动力不像通常那样传输到变速箱输入轴上。涡轮将动力传输到扭转减振器的初级侧。涡轮扭转减振器的次级侧与变速箱输入轴连接在一起。因为液力变矩器不传输振动，所以扭矩减振器不必承担减振功能。在这种情况下其工作方式与一个刚性传动元件非常相似。变矩器锁止离合器接合时，动力直接从离合器传输到涡轮扭转减振器的初级侧。由于此时变矩器泵轮与涡轮之间为刚性连接，因此提高了初级侧的飞轮质量。动力通过涡轮扭转减振器传输到变速箱输入轴上，扭转振动可以非常有效地过滤掉。通过这个系统可以在不降低舒适性的情况下，使变矩器锁止离合器的接合时间明显提前。这样可以使变速箱与发动机之间的连接更直接，不但提高了动力性，而且降低了耗油量和尾气排放量。

第二种：双减振器 ZDW。双减振器液力变矩器主要由一个前置减振器和一个涡轮扭转减振器组成。第一个减振器的初级侧与变矩器锁止离合器连接，次级侧与第二个减振器的初级侧连接，后者的连接方式与带有涡轮扭转减振器 TTD 一样为刚性连接，见图 1-13。

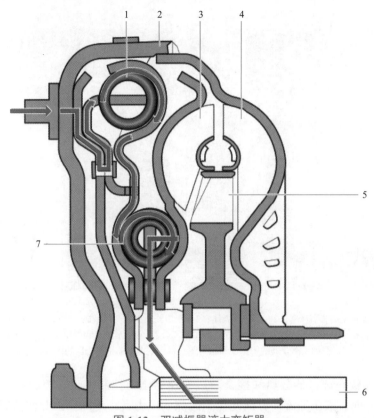

图 1-13 双减振器液力变矩器

1—环形弹簧；2—变矩器壳体；3—涡轮；4—泵轮；5—导轮；6—变速箱输入轴；7—环形弹簧套件

变矩器锁止离合器分离时动力传输与 TTD 相同。动力从涡轮经过双减振器（未经过减振）传输给变速箱输入轴。变矩器锁止离合器接合时，动力通过由一个环形弹簧组成的第一个减振器传输。动力从此处传输给第二个减振器，该减振器的功能与 TTD 相当，也由两个环形弹簧组成。由于进一步改善了减振特性，因此变速箱更适应柴油发动机的转动不均匀性。

② 锁止离合器。变矩器锁止离合器用于防止传输转矩时打滑，因此有助于降低耗油量。如上所述，在新型三管路变矩器中通过一个独立的液压油管路控制变矩器锁止离合器。因此离合器与涡轮室之间是隔开的，见图 1-14。

变矩器锁止离合器具有调节范围，即允许驱动侧与从动侧之间存在规定可调滑转率。这种情况主要是指分离和接合时的过渡。这个滑转率可降低从发动机传递到变速箱上的扭转振动。通过调节实现改善的方式是，出于舒适性考虑，变矩器锁止离合器在分离时，在很大运行范围内会以非常小的机械滑转率行驶。在 GA6HP 自动变速箱和 GA8HP 中已经予以考虑。

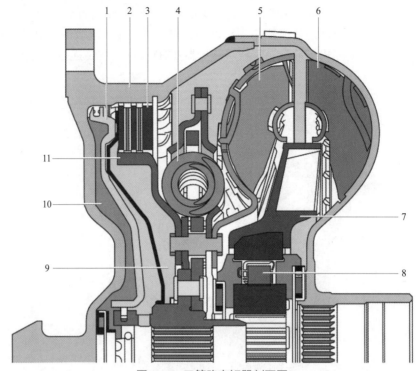

图1-14　三管路变矩器剖面图

1—变矩器锁止离合器活塞；2—变矩器壳体；3—变矩器锁止离合器摩擦片套件；4—扭转减振器；
5—涡轮；6—泵轮；7—导轮；8—导轮的单向离合器；9—至泵室和涡轮室的管路1和2；
10—变矩器锁止离合器的管路3和压力室；11—变矩器锁止离合器的内摩擦片支架

以前变矩器锁止离合器分离和接合通过变速箱压力控制实现。控制系统改变变矩器内液压油的流动方向。液压油流动方向使活塞两侧的压力大小不同。因此使活塞向分离方向或接合方向移动。新型变速箱的改进是，可以通过独立控制改善调节，从而能够以调节变矩器锁止离合器的方式而不是以分离的方式扩大运行范围。此外还能随时根据具体要求（例如冷却）优化变矩器的流量。

锁止离合器分离：处于分离状态时，变矩器锁止离合器的压力建立室几乎无压力。此时仅有 0.3bar❶ 的压力用于预先注满液压油。涡轮室内的液压油压力将活塞压到静止位置。不像上一代产品那样使液压油反向流动。变矩器锁止离合器阀和变矩器压力转换阀位于静止位置。由变矩器压力阀调节的液压油从变矩器压力转换阀内的一个转换位置通过并提供给涡轮室。压力油从涡轮室出口经过变矩器压力转换阀第二个转换位置进入变速箱油冷却器并用于润滑，见图1-15。

锁止离合器接合：变矩器锁止离合器阀直接为变矩器锁止离合器活塞提供压力油。因此接通变矩器锁止离合器阀，系统压力保持阀的系统压力直接作用在变矩器锁止离合器活塞上。与此同时还接通变矩器压力转换阀。因此系统压力阀不再为变矩器提供液压油，现在液压油直接用于冷却并提供给润滑部位。通过变矩器锁止离合器活塞与变矩器短路连接提供液压油，见图1-16。

---

❶　1bar=0.1MPa。

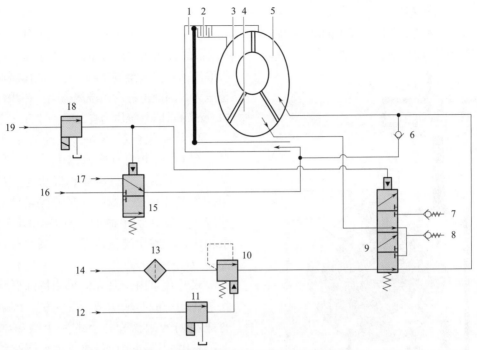

图 1-15　变矩器锁止离合器分离液压回路图

1—变矩器锁止离合器压力室；2—液力变矩器锁止离合器；3—涡轮；4—导轮；5—泵轮；6—单向阀；7—变矩器底阀；8—变矩器保持阀；9—变矩器压力控制阀；10—变矩器压力阀；11—系统压力电子压力控制阀；12—来自调压阀；13—过滤器；14—来自系统压力阀；15—变矩器锁止离合器阀；16—来自系统压力保持阀；17—0.3bar 的压力用于预先注满液压油；18—变矩器锁止离合器电子压力控制阀；19—来自调压阀

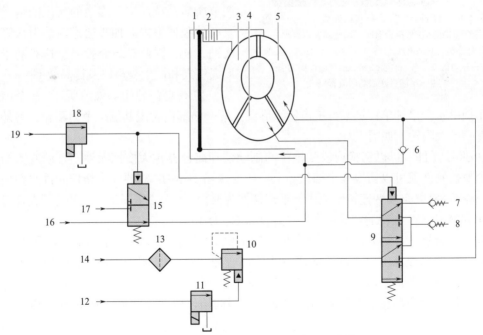

图 1-16　变矩器锁止离合器接合液压回路图

1—变矩器锁止离合器压力室；2—液力变矩器锁止离合器；3—涡轮；4—导轮；5—泵轮；6—单向阀；7—变矩器底阀；8—变矩器保持阀；9—变矩器压力控制阀；10—变矩器压力阀；11—系统压力电子压力控制阀；12—来自调压阀；13—过滤器；14—来自系统压力阀；15—变矩器锁止离合器阀；16—来自系统压力保持阀；17—0.3bar 压力用于预先注满液压油；18—变矩器锁止离合器电子压力控制阀；19—来自调压阀

2) 中央变速箱

① 液压油供给系统。液压油循环回路的基本功能与上一代产品相同。液压油的任务是：润滑、控制换挡元件、转矩传输、冷却。这是一个带油泵的普通压力循环系统，油泵从油底壳抽吸液压油并传输至调压阀。这个调压阀调节系统压力，因此也称为系统压力阀。体积流量为 14.5cm³/min 时系统压力在 5.5 ～ 17.5bar 之间。

与上一代产品不同，在此使用新型油泵。在 GA6HP 自动变速箱中采用一个齿轮泵（月牙形泵），在 GA8HP 自动变速箱中使用一个双叶片泵。双叶片泵的优点是结构尺寸较小，输送功率适中。与 GA6HP 的齿轮泵相比，在整个转速范围内该泵的总效率能提高 10% ～ 30%。

双叶片泵由于泵壳体采用特殊形状，因此泵转动一圈时输送液压油两次。该泵位于变速箱内变矩器壳体下的一个液压油滤网上。泵由变矩器壳通过滚子齿形链驱动，其驱动同样通过发动机实现，见图 1-17。

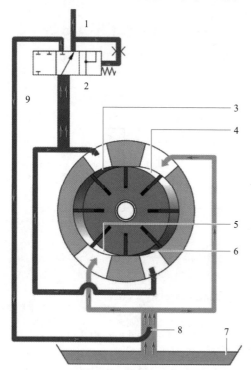

图 1-17　GA8HP 自动变速箱油泵工作示意图
1—供给至系统（例如离合器阀、调压阀、位置阀）；2—系统调压阀；3—压力区 1；4—抽吸区 2；5—抽吸区 1；6—压力区 2；7—油底壳；8—抽吸通道内的引入管；9—至抽吸通道的回流管路

液压油泵通过一个过滤器抽吸液压油并输送至机械电子模块内的系统调压阀，在此调节所需系统压力。多余的液压油输送到油泵的抽吸通道内。抽吸通道内的引入管指向流动方向，因此有填充效果。这有助于避免形成气穴和产生噪声以及提高效率。

② 行星齿轮组。如前所述，8 个前进挡和倒车挡由 4 个单排单行星架行星齿轮组形成。两个前部齿轮组共用一个太阳轮，另外两个分别有一个太阳轮，如图 1-18。

③ 换挡元件。可以切换或改变挡位的制动器和离合器称为换挡元件。自动变速箱只需要 5 个换挡元件就可以切换 8 个挡位。上一代变速箱 GA6HP 需要 5 个换挡元件来切换 6 个挡位。在 GA8HP 自动变速箱中使用以下部件作为换挡元件：2 个固定安装的片式制动器（制动器 A 和 B）、3 个旋转的片式离合器（离合器 C、D 和 E）。

片式离合器（C、D 和 E）将驱动力矩传入行星齿轮箱。片式制动器（A 和 B）将力矩作用在变速箱壳体上。系统以液压方式使离合器和制动器接合。为此液压油压力施加在活塞上，以便活塞将摩擦片套件压在一起。液压油压力消除时，在除片式制动器 B 外的所有换挡元件中活塞都在盘形弹簧的作用下压回到初始位置。片式离合器 B 在液压系统的作用下分离。

利用换挡元件可以在牵引力不中断的情况下换挡。为此所有换挡（从 1 挡至 8 挡以及返回）都以重叠换挡方式实现。换挡期间施加在"输出"离合器上的压力减小，直至"接管"离合器能够传输力矩。

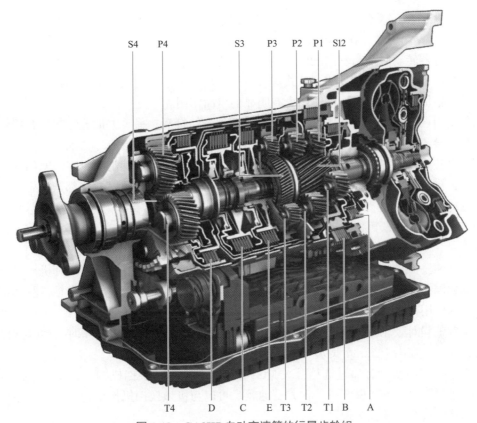

图 1-18　GA8HP 自动变速箱的行星齿轮组

A—片式制动器 A；B—片式制动器 B；C—片式离合器 C；D—片式离合器 D；E—片式离合器 E；S12—共用太阳轮；
S3—太阳轮 3；S4—太阳轮 4；P1—行星齿轮 1；P2—行星齿轮 2；P3—行星齿轮 3；P4—行星齿轮 4；
T1—行星架 1；T2—行星架 2；T3—行星架 3；T4—行星架 4

片式制动器 A 和 B：

与片式离合器一样，片式制动器 A 也通过液压压力接合并借助弹簧分离。片式制动器 B 同样通过液压压力接合，但是没有复位弹簧。与其它换挡元件不同，该制动器借助液压压力分离。复位弹簧使活塞离开摩擦片套件，这会在起步时造成车辆移动不平稳。

控制系统按以下方式工作：

为了使片式制动器 B 接合，系统为活塞室 1 提供压力，活塞将摩擦片套件压到一起。活塞室 1 内的压力高于位于活塞对面的活塞室 2。活塞室 1 内消除压力时，片式制动器 B 分离，活塞室 2 内的液压油剩余压力将活塞压回，因此可以使摩擦片套件分离。

如此控制片式制动器 B 的原因是，通过该制动器可以实现停车分离功能。片式制动器 B 必须能承受很大的力矩范围。一方面必须能很灵敏地维持小于 15 Nm 的驱动力矩，另一方面必须能传输 1250 Nm 的力矩。一个作用力线性提升的简单活塞无法实现这一要求。因此采用活塞室 1 内接合压力足够大的活塞，以便传输最大力矩。如果必须灵敏地定量传输低于 15 Nm 的力矩，则施加在活塞室 1 上的压力应很小，但是会因此无法进行精确调节，所以活塞室 1 内的压力比所需压力大。为此在活塞室 2 内施加一个背压，从而在活塞上产生合力，以便能够灵敏地进行调节。

片式离合器 C、D 和 E：

片式离合器将各齿轮组的不同元件彼此连接在一起，从而可以传输力矩和传动比。与GA6HP自动变速箱一样，在此也针对片式离合器（C、D和E）进行动态压力补偿。

片式离合器转动时活塞室内的液压油产生离心力。转速越高，离心力越大。液压油压向外壁，摩擦片也会彼此分开。如果片式离合器已分离且活塞室内无压力，则彼此分开的液压油在活塞上施加一个作用力，该作用力有明显的负面作用。

该作用力一方面会将活塞压开，使摩擦片套件开始打滑；另一方面会影响离合器的调节质量，从而导致换挡很不舒适。因此活塞两侧都注有液压油。在带有压力油的一侧，系统控制该压力以使离合器接合。在另一侧为活塞提供压力相对较小的润滑油。在活塞的这一侧通过一个挡板构成润滑油的腔室。如果现在根据转速产生压力，则活塞两侧都产生压力，因此压力差保持不变。

通过动态压力补偿可以在所有转速范围内使离合器可靠分离和接合，因此还改善了换挡舒适性。

④ 驻车锁。为防止车辆自行移动，GA8HP自动变速箱也配有驻车锁。其机械机构与上一代产品相同：驻车锁通过与驻车锁止轮啮合齿啮合的棘爪卡住变速箱输出轴，驻车锁棘爪在弹簧力的作用下挂入。

驻车锁的设计要求是，上坡或下坡坡度低于32%且车速低于2km/h时，始终确保车辆不自行移动。车速高于5km/h时驻车锁不得卡入。

所有上市车型都带有通过选挡开关（GWS）操纵的电动换挡机构。在此通过按压按钮或在某些条件下自动挂入驻车锁。但是变速箱也可以与机械换挡机构组合，此时通过从选挡杆至变速箱的拉线操纵驻车锁。

机械结构：在机械换挡机构中，用于选挡杆在不同行驶挡位下卡止的卡盘位于变速箱内。这个卡盘上有一个与锁止锥面连接的连接杆，驻车锁棘爪通过这个锥面挂入。

电气结构：在带有选挡开关的车辆上取消了拉线。与所有行驶挡位一样驻车锁也以电气方式挂入。取消变速箱内的卡盘，在此通过一个驻车盘、一个驻车锁止缸、一个电磁阀和一个驻车锁电磁铁替代卡盘。

必须将驻车锁机械挂入和附属的电气控制区分开。如上所述，驻车锁在弹簧力的作用下挂入。以电气方式启用驻车锁的方式有三种：通过选挡杆上的驻车按钮，在挂入了行驶挡位的情况下关闭发动机，在挂入了行驶挡位、驾驶员安全带锁扣触点分离且未操纵行车制动器的情况下打开驾驶员车门。

电磁阀和驻车锁电磁铁由变速箱电子系统EGS控制。电磁阀位于液压换挡机构内，驻车锁电磁铁位于驻车锁缸上。挂入驻车锁时关闭（断电）驻车锁缸的驻车锁电磁铁。这样即可松开机械锁止机构并释放活塞。换挡机构内的电磁阀也一起关闭（断电）。阀门移到静止位置，驻车锁缸的缸室排气。驻车盘上预紧状态的螺旋弹簧将活塞拉向驻车锁方向并通过固定在驻车盘上的连接杆挂入。

驻车锁以液压方式松开。松开时通过电磁阀2接通驻车锁阀，从而使系统压力到达驻车锁缸的缸室内，以此克服弹簧力将活塞推回并松开驻车锁。此外还接通驻车锁电磁铁，该电磁铁通过固定机构附带锁住活塞，发动机静止时电磁铁只保持在位置N处。

在某些情况下（例如断电时处于应急模式下）可以通过驻车盘上的一个附加拉线将驻车锁手动开锁。只有发动机运转且踩下脚制动器时，才能通过将选挡杆移到位置R、D或N来松开驻车锁。

⑤ 挡位切换。如上所述，各挡位通过换挡元件切换形成，换挡元件包括片式制动器 A 和 B 以及片式离合器 C、D 和 E。变速箱运行时始终有 3 个换挡元件接合，只有 2 个元件分离，从而保持较低的拖拉阻力。

图 1-19、图 1-20 所示为在某一挡位下接合的换挡元件。

挡位	制动器A	制动器B	离合器C	离合器D	离合器E
1	●	●		●	
2	●	●			●
3	●		●		●
4	●			●	●
5	●		●	●	
6			●	●	●
7		●	●	●	
8		●	●		●
R	●	●	●		

图 1-19　各挡位工作元件

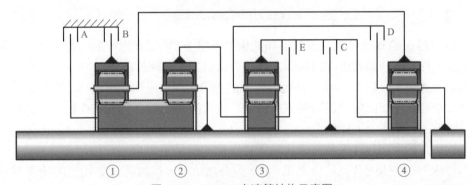

图 1-20　GA8HP 变速箱结构示意图
A—片式制动器 A；B—片式制动器 B；C—片式离合器 C；D—片式离合器 D；E—片式离合器 E；
1—齿轮组 1；2—齿轮组 2；3—齿轮组 3；4—齿轮组 4

片式制动器 A 和 B 将某些部件与变速箱壳体连接起来并借此使这些部件停止。片式制动器 A 用于齿轮组 1 和 2 的共用太阳轮（太阳轮 1/2）制动。片式制动器 B 用于齿轮组 1 的齿圈（齿圈 1）制动。

片式离合器 C、D 和 E 用于不同齿轮组的部件彼此连接。具体工作情况如下：

片式离合器 C 连接的部件：齿圈 3 和太阳轮 4 与 输入轴。

片式离合器 D 连接的部件：行星架 3 与 行星架 4。

片式离合器 E 连接的部件：齿圈 3 和太阳轮 4 与 太阳轮 3。

行星齿轮箱正常运行方式：如果一个齿轮组的两个组件（太阳轮、行星架或齿圈）以相同转速运行，则这个齿轮组处于锁止模式。这意味着，各部件彼此相对静止，但是一起围绕中心轴转动。例如，如果片式离合器 E 接合，则此后齿轮组 3 的太阳轮和齿圈以相同转速转动。行星齿轮不转动，行星架同样以相同转速转动。

齿轮组的太阳轮以自由旋转的方式支承在输入轴上。此外还有以下刚性连接可以通过离合器连接实现：行星架 2 与输入轴、行星架 1 与齿圈 4 、齿圈 2 与太阳轮 3 、齿圈 3 与太阳轮4、行星架4与输出轴。

自动变速箱内换挡元件的切换，会改变不同组件的机械连接，从而产生一个或多个传输驱动力矩并形成总传动比的路径。

下面以1挡为例，介绍动力传递情况。

当变速箱处于1挡时，片式制动器A、片式制动器B和片式离合器C，三个换挡元件接合，如图1-21所示。

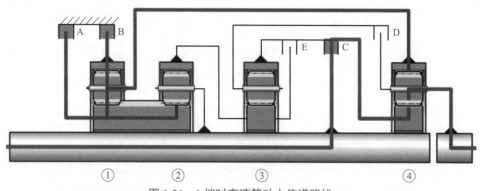

①　　　　　②　　　　　③　　　　　④

图1-21　1挡时变速箱动力传递路线

片式制动器A和B接合时，齿圈1和共用太阳轮1/2固定在壳体上，行星架1也保持静止。因为这个行星架与齿轮组4的齿圈4连接，所以后者也保持静止。

太阳轮4通过离合器C与输入轴连接，因此太阳轮以输入轴转速转动。行星齿轮4在齿圈上滚动并带着行星架向发动机转动方向转动。行星架4与输出轴固定连接，因此输出轴相对输入轴转动的传动比i=4.714。

另外，固定的太阳轮1/2和与输入轴固定连接的行星架2以一个传动比驱动齿圈2。但是在此不传输力矩，因为片式离合器E和D为分离状态。虽然齿圈2使太阳轮3转动，齿圈3通过接合的离合器C以输入轴转速转动，但是由此在行星架3上形成的旋转因离合器D分离而成为空转。

3）机械电子模块

机械电子模块安装在变速箱油底壳内，由液压换挡机构和电子控制单元组合而成。

液压换挡机构（液压模块）包含变速箱控制系统的机械组件，例如阀门、减振器和执行机构。电子控制单元（电子模块）包含变速箱的整个电子控制单元。电子模块以密封机油的方式焊接，温度不超过145℃时可保证电子模块正常工作，如图1-22所示。

变速箱电子控制系统处理变速箱、发动机和车辆的信号。系统根据这些信号并结合所存储的数据计算变速箱的标准状态参数，例如：选挡、变矩器锁止离合器的状态、操纵制动器和离合器的控制指令等。

执行规定指令时，系统通过功率输出级和电流调节电路控制电磁阀和压力调节器，以此控制自动变速箱液压系统。

①车辆接口。变速箱电子控制系统与发动机管理系统之间通过PT-CAN通信。在带有电气换挡机构的车辆（即带有GWS的车辆）上，行驶挡位信息同样通过PT-CAN传输给EGS。为确保提供信号，EGS与GWS之间还通过第二个通道传输信号，在F01、F02和F07上通过PT-CAN 2传输。

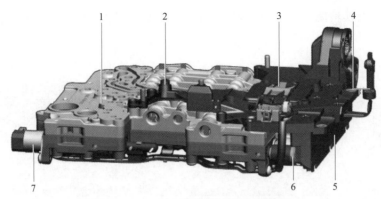

图 1-22 GA8HP 变速箱的机械电子模块

1—液压控制单元；2—输入转速传感器；3—变速箱电子控制系统；4—输出转速传感器；5—执行机构上的接口；
6—电子压力控制阀和电磁阀；7—驻车锁电磁铁

② 内部传感器。在变速箱内装有 4 个传感器：涡轮转速传感器、输出转速传感器、用于探测驻车锁位置的位置传感器、变速箱油温度传感器。

③ 控制单元。变速箱控制单元的处理器带有一个 2048kbit 内部快速擦写存储器。其中约 1536kbit 用于存储变速箱基本程序，剩余约 512kbit 用于车辆专用应用数据。与 GA6HP 自动变速箱一样，在这款变速箱也可以为变速箱控制单元编程。编程步骤基本上源于 DME 编程，只是针对变速箱功能方面进行了调整。

行驶期间自动进行压力适配。维修变速箱或更换变速箱后必须用诊断系统将压力适配功能复位。此后最好在所有挡位下都进行试车。

④ 液压控制系统。内部带有阀门和液压控制通道的阀体位于机械电子模块内。阀体分为下部部件（真正的阀体）和上部部件（通过铝合金隔板隔开的阀盘）。

下部阀体内有 14 个液压阀、7 个电子压力控制阀、1 个电磁阀和用于驻车锁锁止的驻车锁电磁阀。

电子压力控制阀（EDS）：电子压力控制阀将电流转化为一定比例的液压压力。电子压力控制阀由 EGS 控制，用于操纵换挡元件中的液压阀。机械电子模块中总共有 7 个 EDS：换挡元件各有一个（EDS A 至 EDS E），一个用于变矩器锁止离合器（EDS WK），一个用于系统压力（EDS SYS）。电子压力控制阀有两种，一种随控制电流增大特性曲线线性上升，另一种随控制电流增大特性曲线线性下降，见图 1-23。

驻车锁阀：驻车锁阀操纵驻车锁缸，驻车锁缸则以机械方式松开驻车锁。系统通过电磁阀 1 操纵驻车锁阀，驻车锁阀使驻车锁缸移到空挡或驻车位置，当电磁阀 1 通电时，处于空挡位置。当电磁阀 1 断电时，处于驻车位置。

离合器阀：离合器阀负责调节范围，即片式制动器和片式离合器分离和接合时的过渡和滑转范围。这些可变减压阀调节作用在片式制动器和片式离合器上的压力。离合器阀由相应的电子压力控制阀控制。在此针对每个换挡元件（片式离合器或片式制动器）都安装了一个离合器阀，片式制动器 B 例外，该部件有两个离合器阀。

保持阀：与离合器阀一样，保持阀也由相应的电子压力控制阀控制。保持阀将离合器阀切换到完全开启位置，从而结束离合器压力调节。因此系统压力作用在相应片式制动器或片式离合器上。与离合器阀一样，每个换挡元件都有一个保持阀，片式制动器 B 除外。

这个阀门也有两个保持阀。片式离合器 B 的第二个保持阀负责形成液压油剩余压力，以便将活塞压回。

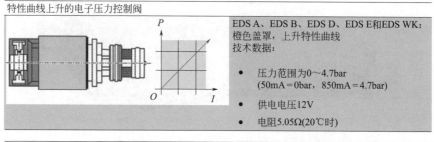

特性曲线上升的电子压力控制阀

EDS A、EDS B、EDS D、EDS E和EDS WK：橙色盖罩，上升特性曲线
技术数据：

- 压力范围为0~4.7bar
  (50mA=0bar，850mA=4.7bar)
- 供电电压12V
- 电阻5.05Ω(20℃时)

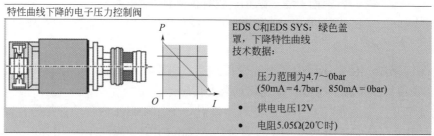

特性曲线下降的电子压力控制阀

EDS C和EDS SYS：绿色盖罩，下降特性曲线
技术数据：

- 压力范围为4.7~0bar
  (50mA=4.7bar，850mA=0bar)
- 供电电压12V
- 电阻5.05Ω(20℃时)

图 1-23　两种类型的电子压力控制阀特点

　　减压阀：电子压力控制阀和电磁阀连接在减压阀上。因为这些阀门需要恒定的供给压力，所以减压阀将系统压力减小到约 5bar。这种情况仅涉及 7 个电子压力控制阀和 2 个电磁阀，因为这些阀门连接在减压阀后。

　　冷却阀：冷却阀负责冷却片式制动器 B。该阀门由片式制动器 B 活塞室 1 内的压力控制。离合器阀开启时，"润滑油"从润滑阀送至片式离合器 B，从而按要求润滑和冷却摩擦片套件。

　　润滑溢流阀：润滑溢流阀是一种可变溢流阀，该阀门根据行驶情况将所需润滑压力控制在约 1bar。

　　系统压力阀：系统压力阀紧靠在液压油泵之后。这个可变溢流阀用于调节系统内的液压油压力。系统处于最低压力时，系统压力阀还会打开至液力变矩器的液压油通道。如果油泵供油压力超过所需系统压力，则系统压力阀会排出多余的液压油。多余的液压油送入油泵的抽吸通道。系统压力阀由一个电子压力控制阀控制。

　　变矩器压力阀：变矩器压力阀降低系统压力并确保压力恒定，以便液力变矩器正常运行。此外，该阀门还限制最高压力并防止压力变矩器"充气"。

　　变矩器锁止离合器阀：变矩器锁止离合器阀按需调节作用在变矩器锁止离合器活塞上的油压。在此阀门可以从"完全打开"经过"过渡"至"完全关闭"位置。变矩器锁止离合器阀与变矩器转换阀一起由变矩器锁止离合器电子压力控制阀控制。

　　变矩器压力转换阀：变矩器压力转换阀根据运行范围调节液力变矩器内的压力。为此可以在变矩器锁止离合器分离时将经过离合器压力阀调节的压力引入液力变矩器。如果变矩器锁止离合器接合，则变矩器压力转换阀接通且不再将液压油引向液力变矩器，而是直接输送至冷却器和润滑部位。

　　变矩器底阀：变矩器锁止离合器接合时，变矩器底阀可防止液力变矩器内的液压油压力在某些运行范围内降到约 1bar 以下。

变矩器保持阀：变矩器锁止离合器分离时，变矩器保持阀可防止液力变矩器内的液压油压力在某些运行范围内降到约 0.35bar 以下。

位置阀：位置阀将系统压力引至各离合器阀。位置阀由电磁阀 1（使用电动换挡机构时）控制，由两个离合器 C 和 E 保持在相应挡位。

电磁阀 1：该电磁阀用于位置阀与驻车锁阀之间切换。这个 3/2 通阀（三位两通阀）有三个接口和两个切换位置。该阀门由变速箱电子控制系统控制，有"打开"和"关闭"两个位置。

（3）变速箱功能

1）停车分离功能

如果带自动变速箱的车辆在挂入行驶挡位 D 的情况下处于静止状态，则泵轮转动，涡轮静止。这种情况通过未操纵制动器的车辆开始蠕动表现出来，这表明有力矩传输。如果通过制动器使车辆停住，则这个驱动力通过变矩器内的变速箱油内摩擦转化为热量。通过发动机怠速调节产生的这个驱动力的目的是抵消变矩器内的阻力。

因此 GA8HP 自动变速箱配备了所谓的停车分离功能（GA6HP 中也提供这项功能）。停车分离功能通过片式离合器 B 分离来实现。借此可降低停车状态下挂入了行驶挡位 D 时产生的发动机功率，因此降低了耗油量。

表 1-3 所示输入参数用于调节停车分离功能。

表 1-3 调节停车分离功能输入参数

输入参数	说明
制动信号灯开关	只有操纵了行车制动器时，才能启用停车分离功能。如果松开行车制动器，片式制动器 B 立即（操纵加速踏板前）接合以传递动力。因此可进一步防止车辆在上坡路面上向后溜车
加速踏板值	超过规定的加速踏板值时停用停车分离功能。
变速箱输出转速	识别到变速箱输出转速时停用停车分离功能
发动机转速	系统根据发动机转速和涡轮转速（转速差）借助变速箱油温度计算出变矩器力矩
涡轮转速	系统根据发动机转速和涡轮转速（转速差）借助变速箱油温度计算出变矩器力矩
变速箱油温度	系统利用变速箱油温度计算变矩器力矩。只有变速箱油温度在 13～120℃时，才能启用停车分离功能
车辆所在位置坡度角	车辆所在位置坡度角用于上坡起步时调整"离合器重复接合"

为确保起步无延迟且无负荷变化，片式制动器 B 不完全分离。制动器保持较小的换转率（约 20%），从而使部分力矩立即传输到液力变矩器上。如果片式制动器 B 完全分离，则力矩不会传输到变矩器上（通过变速箱内摩擦产生的力矩除外），但是起步时会造成车辆前冲。

表 1-4 给出了不带停车分离功能的车辆与带停车分离功能的车辆之间的区别。因为未考

虑内摩擦，所以这些数值只是近似值。

表 1-4　不带停车分离功能与带停车分离功能的车辆之间的区别

对比项目	不带停车分离功能	带停车分离功能（片式制动器 B 完全分离）	带停车分离功能（片式制动器 B 不完全分离）
车辆状态	车辆静止，操纵了行车制动器	车辆静止，操纵了行车制动器	车辆静止，操纵了行车制动器
发动机状态	怠速运行	怠速运行	怠速运行
变速箱状态	输入轴静止	输入轴以发动机转速转动	输入轴以规定转速转动
泵轮与涡轮之间的转速差	相当于发动机转速	0	约 120r/min
液力变矩器内的滑转率	100%	0%	20%

2）重叠控制

与 GA6HP 自动变速箱一样，GA8HP 变速箱换挡机构也采用重叠换挡。也就是说，从一个挡位切换到另个挡位期间，不使用可传输驱动力矩的单向离合器。换句话说，在此通过相应控制参与传输的离合器来代替这些单向离合器。即将退出传输的离合器以较低的压力保持传输能力，直至即将接受传输的离合器具有传输能力。

在此离合器阀承担建立压力或降低压力的任务。阀门本身由相应的电子压力控制阀控制。

3）自适应变速箱控制系统（自学习功能）

自适应变速箱控制系统能非常好地识别驾驶员的意图、掌握驾驶员的驾驶风格并存储起来，然后据此调整换挡策略，从而使驾驶感觉变得非常舒适愉快。此外，系统还将车辆状态数据和行驶状况数据一起纳入到计算中。

BMW 针对自动变速箱开发的自适应变速箱控制系统，能最佳地适应驾驶员的个性化要求。驾驶员可以集中精力转向、操纵加速踏板和制动踏板，因为换挡由系统根据当前行驶状况和驾驶员操控情况来控制。在此考虑了冬季还是夏季行驶、带或不带挂车、平原还是山区。此外还测量车速和加速踏板位置。如果驾驶员将加速踏板踩到底或操纵强制降挡开关，则系统自动换到提供最大加速度的挡位（与所选行驶模式"D"或"S"无关）。自适应变速箱控制系统支持跨过多个挡位换到某一低挡。

灵活确定的换挡时刻与最适合的换挡过程相结合可以满足动态运动型驾驶方式、最佳行驶舒适性和低耗油量要求。预选行驶模式"D"或"S"后，通过评估行驶状况，各个或多个自适应功能（例如山区识别、挂车识别以及加速踏板评估、制动评估和转弯行驶评估）可以叠加在一起起作用。在 D 挡模式下选择基本特性曲线 XE（"非常经济"，自适应"经济"）。D 挡模式为驾驶员提供以舒适性为主的换挡特性且原则上以相对平稳的模式换挡。在 S 挡模式下选择基本特性曲线 S（"运动"，自适应"超级运动"），在此明显突出了各项功能评估，例如快速切换功能适配特性和制动评估。此外还通过较短的换挡时间支持动力性要求。

（4）选挡开关（GWS）

GWS 与 EGS 的系统连接电路图如图 1-24 所示。

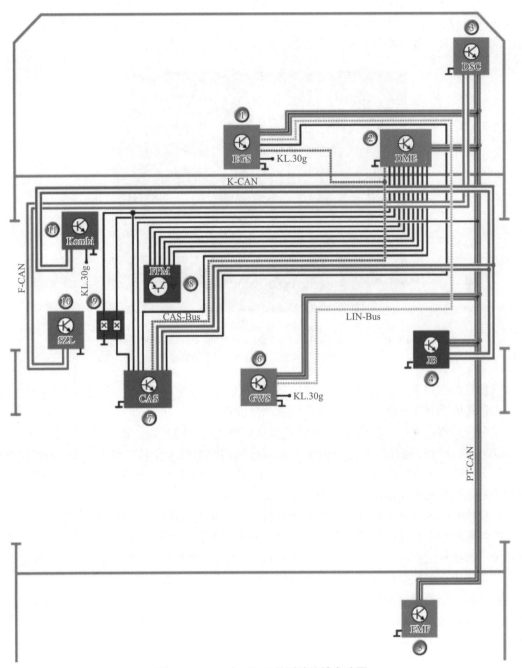

图 1-24　EGS 与 GWS 的系统连接电路图

1— 变速箱控制单元（EGS）；2—DSC 控制单元（动态稳定控制系统）；3—DME 控制单元（数字式发动机电子系统）；4—接线盒控制单元；5—电动机械式驻车制动器（EMF）；6—选挡开关（GWS）；7—CAS 控制单元（便捷登车及启动系统）；8— 加速踏板模块；9—制动信号灯开关；10—转向柱开关中心；11—组合仪表

从上面的系统电路图中可以看到，选挡开关（GWS）通过 PT-CAN 和 LIN 总线将操纵请求信号传输给 EGS。EGS 通过相同的信号路径接收用于显示所挂行驶挡位的信息。

BMW 目前均采用电子选挡开关，位于中控台上。它由带挡位显示的选挡杆和带控制单元的壳体组成，是一个单稳态开关，每次推移后都会返回其初始位置。为改善触觉反馈效果，选挡杆锁负责使选挡杆只能向允许换挡的方向移动，如图 1-25 所示。

图 1-25　选挡开关 GWS

1—驻车锁按钮；2—显示；3—开锁按钮；4—选挡杆；5—电子减振器控制系统
（EDC）运动模式按钮；6—驻车制动器

选挡杆位置以非接触方式探测，用 7 个霍耳传感器在车辆纵向方向上探测选挡杆位置，用 4 个霍耳传感器在车辆横向方向上探测选挡杆位置。

某个传感器失灵时，GWS 内的软件仍能计算出选挡杆的正确位置。

GWS 的执行机构有三个：一个带串联减速机构的电机用于从"M/S"换挡槽回位和锁止（禁止）向"M/S"移动；一个弹簧定心的双向双磁铁用于禁止向"R"方向移动；一个带弹簧复位机构的单磁铁用于禁止向"D"方向移动。

出现故障时或处于断电状态时这些执行机构不禁止选挡杆换到"R"和"D"。

换挡开关带有自动换挡槽和手动换挡槽。只是驻车锁不通过向前推移选挡杆挂入，而是通过按压选挡杆上部的一个按钮挂入。选挡杆在两个换挡槽（手动和自动）内处于单稳态状态。这意味着，每次推移后选挡杆都会再次返回到其初始位置。

行驶挡位切换通过短促推移选挡杆实现。例如，从"D"直接换到"R"（或相反）可以通过短促推移选挡杆两次或压过选挡杆实现。开锁按钮位于选挡杆左侧。具体换挡操作方式如下：

① 从"P"出发换挡，见图 1-26。

此时，只有按住开锁按钮且踩下行车制动器时，才能从"P"位置出发挂入某一行驶挡位或空挡"N"。向前压过选挡杆时换入行驶挡位"R"。向前推移选挡杆时换入空挡"N"。向后推移选挡杆时换入行驶挡位"D"。可以向后压过选挡杆，但是因为此时已挂入"D"挡，所以不执行其它功能。

未踩下行车制动器时不会锁住选挡杆，可以推移，但是 EGS 不挂入行驶挡位或空挡"N"。

②从"N"出发换挡，见图 1-27。

向前推移选挡杆时换入行驶挡位"R"。只有按住开锁按钮时才能向前换挡。向后推移选挡杆时换入行驶挡位"D"。可以向后压过选挡杆，但是因为此时已挂入"D"挡，所以不执行其它功能。

图 1-26　从"P"出发换挡

图 1-27　从"N"出发换挡

只有踩下行车制动器时，才能在车速低于 5km/h 的情况下从"N"位置出发挂入某一行驶挡位，但是不会锁住选挡杆。车速大于 5km/h 时，可以在不踩下行车制动器的情况下向相应方向挂入行驶挡位。

③从"D"出发换挡，见图 1-28。

向前压过选挡杆时换入行驶挡位"R"。只有按住开锁按钮时才能向前换挡。只有车速小于 5km/h 时，EGS 才能挂入行驶挡位"R"，否则会挂入空挡"N"，因此不会锁住选挡杆。向前推移选挡杆时换入空挡"N"。有一个选挡杆锁用于防止向后推移。向左推移时换入"M/S"换挡槽。

④从"R"出发换挡，见图 1-29。

有一个选挡杆锁用于防止向前推移。向后推移选挡杆时换入空挡"N"，向后压过选挡杆时换入行驶挡位"D"。

图 1-28　从"D"出发换挡

图 1-29　从"R"出发换挡

只有车速小于 5km/h 时，EGS 才能挂入行驶挡位"D"，否则会换入空挡"N"，因此不会锁住选挡杆。

⑤手动换挡槽，运动模式（M/S）。

运动模式可以通过向左推移选挡杆启用。选挡杆会卡止在运动模式处。只能从"D"位置出发启用运动模式。

运动模式具有自动回位功能。该功能使选挡杆从"M/S"换挡槽处返回到自动换挡槽内。例如，EGS 发出变速箱挡位"P"信号（这种情况包括关闭发动机或按压"P"按钮）时，就会自动回位。

只有向前行驶期间"S"或"M"模式处于启用状态、自动回位装置损坏或断电时，选挡杆才保持卡止在换挡槽"M/S"处。如果从外侧（例如通过物件）卡住选挡杆，则以约 5 s 为时间间隔尝试回位 5 次。如果无法回位，两次尝试后发出检查控制信息"请将选挡杆移回到自动换挡槽内"，同时生成一条故障代码存储器记录。

⑥ 驻车锁"P"。

车速小于 2km/h 时，驻车锁"P"通过选挡杆上部的按钮挂入。只要关闭发动机且未挂在"N"位置，变速箱就会自动换入"P"。

在这里，再介绍一下这个驻车按钮（P 按钮）和开锁按钮的工作原理。

P 按钮：利用 P 按钮可以将驾驶员要求挂入驻车锁的信息发送给 EGS。P 按钮信息通过倒置逻辑电路中的两个触点读取。两个触点在独立逻辑电路中进行分析并以彼此无关的两个信号 P1 和 P2 表示出来。发送前在 GWS 内使信号 P2 倒置，诊断时在 GWS 内比较两个触点。如果不同触点接合时间超过 2s，则存储一条故障记录。GWS 内的内部诊断识别出有故障的触点并在故障代码存储器内存储一条记录。如果至少一个触点接合时间超过 2min，则识别为按钮卡住。信号 P1 和 P2 通过 PT-CAN（以彼此无关的方式）和 LIN 总线（以冗余方式）发送给 EGS。由于确认时存在时间差，因此一个信号可能先完成确认并在另一个信号之前发送。

开锁按钮：按压开锁按钮松开选挡杆锁，以便能够换到"R"或从"P"出发换挡。开锁按钮信息通过倒置逻辑电路中的两个触点读取。诊断时在 GWS 内比较两个触点，如果不同触点接合时间超过 2s，则存储一条故障记录。GWS 内的内部诊断识别出有故障的触点并在故障代码存储器内存储一条记录。发送前在 GWS 内使信号 P2 倒置。如果至少一个触点接合时间超过 2min，则识别为按钮卡住。只要将一个触点识别为确认，两个信号就会通过 PT-CAN 和 LIN 总线（以冗余方式）发送给 EGS。

1.1.2.2　EGS 系统故障分析

EPS 系统的故障形式较多，主要有以下几种。

（1）变速箱漏油

一般情况下，变速箱不会产生漏油现象。但是，一些大里程车辆或者是故障车辆，可能由于密封圈老化、剐碰损伤等原因，发生变速箱漏油现象。漏油位置一般出现在发动机曲轴后油封、变速箱输入油封、变速箱油底壳、变速箱油底壳大密封圈、变速箱左右侧壳体、变速箱输出油封这几个位置。

（2）变速箱异响

变速箱异响故障是客户投诉较多的故障之一。但是，实际维修发现，绝大多数所谓的异响故障，实际是变速箱工作时正常的声音。比如，倒挡行驶时的低频"嗡嗡"声、D 挡行驶时的高频"嗡嗡"声、原地换挡时伴随车身振动的"咔"或"当"的一声、松开驻车锁时伴随车身振动的"咔"的一声、发动机低转速时变矩器附近出现的"哗啦"声等。诊断时，注意相同车型的仔细比较，必要时与客户多沟通，耐心解释一下这属于正常现象。

（3）EGS 系统报警

一般 EGS 系统出现电气故障时，常引起组合仪表上相应报警灯的点亮，同时往往会在显示屏上提示"传动系统故障"的检查控制信息，并可能导致车辆无法正常行驶，需要拖车到店进行维修（拖车前，变速箱解锁方法见后面内容）。

比较常见的 EGS 系统报警有：6HP 涡轮转速报警（相关故障码：400625\400626）、6HP 电磁阀报警（相关故障码：400116\400126\400634\400635\400636）、8HP 传动比报警（相关故障码：420076 等）、驻车锁报警（相关故障码：420671 \420641）等。

（4）挡位冲击

挡位冲击故障是客户投诉最多的故障。实际维修发现，一部分所谓的冲击故障，实际是变速箱工作时正常的情况，还有一部分确实是实际发生的故障。

主要的挡位冲击形式有三种：原地挂挡冲击、挡位内冲击、行驶中换挡冲击。有些挡位冲击故障还会伴有异响的故障症状，诊断时要按照流程仔细甄别。

虽然 EGS 系统故障的形式较多，但是，根据其结构分析和实际维修经验，故障可能出现在以下几点：变速箱机油缺失或者变质，变速箱内部部件损坏，液力变矩器损坏，相关电气部件故障。

EGS 系统出现故障时，常常会导致车辆无法正常行驶，需要拖车到店进行维修。拖车前，必须进行变速箱紧急解锁。变速箱紧急解锁的方式有两种：机械方式和电子方式。

需要格外注意的是：进行变速箱紧急解锁前，通常必须固定住车辆以防溜车。变速箱紧急解锁功能主要用于移动车辆，解锁之后是否允许牵引车辆或需要注意哪些情况参见车辆用户手册。解锁步骤可能会根据具体变速箱和车辆而有所不同。

1）机械紧急解锁

在断电时，例如在蓄电池放完电或车辆发生电气故障时，必须将变速箱锁手动解除，否则车轮被卡住，车辆无法移动。车型不同，变速箱机械紧急解锁方式有所不同，甚至差别很大。

① 从车内紧急解锁。很多老款车型可以从车内进行变速箱机械紧急解锁，也允许由客户来进行。在选挡杆附近区域或在换挡机构上有一个开锁机构，可借助随车工具对其进行操作，如图 1-30 所示。

(a) 以F01/F02的GA6HP为例　　　　(b) 以F45的GA8F22AW为例

图 1-30　从车内进行变速箱紧急解锁的方式示例

②从车辆底部紧急解锁。对于带有GA6HP和GA8HP自动变速箱的车辆，自2010年生产年份结束起，不再允许从车内进行变速箱机械紧急开锁。而是从车辆底部进行变速箱机械紧急开锁，而且只允许由经过专门培训的售后服务人员来进行。可通过一个螺栓或使用专用工具来进行变速箱应急开锁，如图1-31所示。

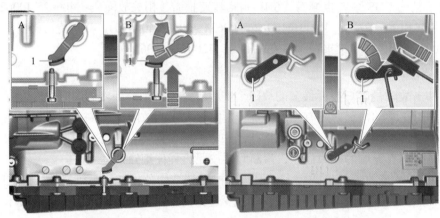

(a) 以F18的GA8HP为例　　　　　　　　(b) 以G12的GA8HP为例

图1-31　从车辆底部进行变速箱机械紧急解锁的方式示例
A—变速箱驻车锁已挂入；B—变速箱驻车锁已松开；1—驻车锁杆

F18的GA8HP紧急解锁步骤：举升车辆，驻车锁止器手动紧急解锁。（解锁方法见第4章EMF小节）。拆卸机组防护板，用内六角扳手（SW5）旋入螺栓。旋入的螺栓会渐渐顶起驻车锁杆1，直至变速箱解锁成功。车辆维修完毕，解除机械解锁装置时，务必先更新螺栓，然后将新的微密封螺栓旋入螺纹。

注意！必须在3min之内旋入螺栓并将螺栓调整到突出螺纹边缘1.5～2.5mm。3min后不允许继续旋转螺栓（黏结剂硬化），否则必须更换螺栓。

从图1-31中可以看到，G系列车辆的8HP变速箱，在进行变速箱机械紧急解锁时，开始需要使用相应的专用工具。编号为2355850的专用工具包括一个钩子和一个楔棒。首先使用钩子拉下驻车锁杆，再插入楔棒，从而机械解锁变速箱。车辆维修完毕，解除机械解锁装置时，只需拆下专用工具即可。

2）电子紧急解锁

只有发动机不启动但起动机转动时，才能进行变速箱电子紧急解锁。这项工作需要从车内进行。

变速箱电子紧急解锁不允许由客户来进行，也不允许用于牵引车辆。成功进行变速箱电子紧急开锁后不允许对车辆进行牵引。紧急开锁仅用于辅助移车。变速箱形式不同，变速箱电子紧急解锁方式也不同。下面分别以F25和G12为例进行说明。

①F25变速箱电子紧急解锁，如图1-32所示。

步骤如下：首先踩下制动踏板，并在整个操作过程中踩住不动。按压START/STOP按钮，起动机转动特定时间。然后按压开锁按钮并按住不动。再将选挡开关向前移动一挡并保持2s。此时，组合仪表KOMBI显示"变速箱挡位N - 变速箱已通过电子方式开锁"。

再次操作START/STOP按钮时，在不显示检查控制信息的情况下重新启用驻车锁。

开锁按钮

选挡开关

图 1-32　F25 变速箱电子紧急解锁

② G12 变速箱电子紧急解锁，如图 1-33 所示。

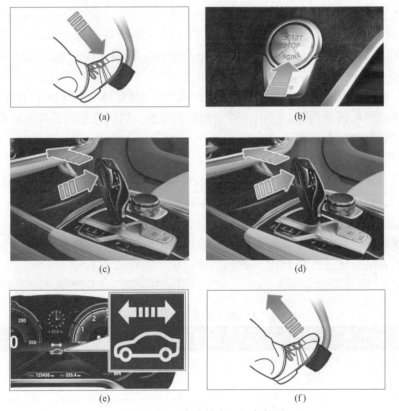

图 1-33　G12 变速箱电子紧急解锁

步骤如下：踩下制动踏板并踩住不动。按压 START/STOP 按钮并按住不动。按压电子选挡开关上的开锁按钮。按住开锁按钮，将选挡开关移动到位置 N 并保持在该位置约 5s。只要挂入自动变速箱挡位 N（空挡），组合仪表 KOMBI 上就会出现一条检查控制信息。此时变速箱已通过电子方式开锁。松开制动踏板、START/STOP 按钮、选挡开关和开锁按钮。

1.1.2.3 EGS 系统故障诊断方法

（1）变速箱漏油

举升车辆，拆下车底护板，仔细检查变速箱周围是否存在漏油以及漏油的大致位置。

1）漏油位置在变速箱油底壳

首先，彻底清洗变速箱油底壳油迹，吹干，再喷涂测漏粉末剂，启动发动机或实际试车后，仔细检查变速箱油底壳泄漏点是否还有新的油迹。如果还有油迹，仔细查找原因。如果泄漏是由放油口螺栓密封问题，则更换新的放油口螺栓，并按照规范更换新的变速箱机油。如果泄漏是由油底壳裂纹导致，则更换新的变速箱油底壳和密封圈，并按照规范更换新的变速箱机油。

注意！在更换了新的变速箱机油后，一定要检查自动变速箱中的油位。油位检查的前提是车辆水平停放、车辆进行了防止自行移动的固定（如拉紧手刹、安装车轮挡块等）。由于变速箱机油属于有害物质，操作时需要配备合适的个人防护装备，而且务必使用 BMW 规定的自动变速箱用油。

为了正确调整油位，必须强制性通过 ISTA 诊断系统执行服务功能"变速箱控制系统：油位调校"。严格按照服务功能的流程进行操作。特别要注意机油温度条件，开始的温度条件：变速箱油温在 30 ～ 40℃。结束的温度条件：变速箱油温在 40 ～ 50℃。执行油位检查后，按照标准力矩拧紧新更换的加注口螺栓（M18×1.5 标准扭矩 35 Nm）。

最后，再次彻底清洗油迹，吹干、喷涂测漏粉末剂。启动发动机或实际试车后，仔细检查变速箱油底壳部位是否还有新的油迹。

2）漏油位置在变速箱油底壳大密封圈

同样清洗油迹，吹干，喷涂测漏粉末剂检查漏点。如果还有油迹，则更换新的变速箱油底壳和密封圈，并按照规范更换新的变速箱机油。

3）漏油位置在变速箱左右侧壳体

同样清洗油迹，吹干，喷涂测漏粉末剂检查漏点。如果还有油迹，则更换新的变速箱，并进行变速箱自适应学习。ZF 8HP 变速箱自适应学习流程见表 1-5。

学习期间控制变速箱油温范围：50 ～ 110℃。用 ISID 监控，超过油温就等冷却后再继续。

表 1-5　ZF 8HP 变速箱自适应学习流程

换挡学习（学习充注压力值）
1. 挂 D 挡，踩油门 20% 保持到 D5，然后踩油门 25% 加速至 D8
2. 轻踩刹车至停车
3. 换到 N 挡，3s 后换到 D 挡，原地等待 10s
4. 将上述 1 ～ 3 步重复 5 遍
脉冲学习（学习冲注压力和时间值）
离合器 A：用 M6，从发动机 1100r/min 缓慢加速到 2000r/min，油门保持 25%，尽量连续行驶，直到离合器 A 的冲注时间和压力都出现并改变 1 ～ 2 次
离合器 B：用 M8，从发动机 1100r/min 缓慢加速到 2000r/min，油门保持 25%，尽量连续行驶，直到离合器 B 的冲注时间和压力都出现并改变 1 ～ 2 次

脉冲学习（学习冲注压力和时间值）
离合器 C：用 M4，从发动机 1100r/min 缓慢加速到 1800r/min，油门保持 20%，尽量连续行驶，直到离合器 C 的冲注时间和压力都出现并改变 1 ～ 2 次
离合器 D：用 M3，从发动机 1100r/min 缓慢加速到 2500r/min，油门保持 20%，尽量连续行驶，直到离合器 D 的冲注时间和压力都出现并改变 1 ～ 2 次
离合器 E： 用 M7，从发动机 1100r/min 缓慢加速到 1800r/min，油门保持 25%，尽量连续行驶，直到离合器 E 的冲注时间和压力都出现并改变 1 ～ 2 次

ZF 6HP 变速箱自适应学习流程见表 1-6。

表 1-6　ZF 6HP 变速箱自适应学习流程

1. M3，发动机 1700r/min，打开定速，行驶约 5 ～ 10km
2. M6，发动机 1700r/min，打开定速，行驶约 5 ～ 10km
3. M5，发动机 1000r/min，小油门加速至 2000r/min，松油门至 1000r/min，再加速，重复约 5km
4. D1，轻踩油门加速至 D5，轻踩刹车至 D1（车速降到 5km/h 以下后，确保降到 D1 而非 D2）
5. D1 原地停 30s，再起步，重复 10 次

学习期间控制变速箱油温范围：50 ～ 100℃。用 ISID 监控，超过油温就等冷却后再继续。

4）漏油位置在变速箱输出轴油封位置

同样清洗油迹，吹干，喷涂测漏粉末剂检查漏点。如果还有油迹，则更换新的变速箱输出轴油封，并按照规范更换新的变速箱机油。

5）漏油位置在发动机与变速箱连接位置

如果经过检查发现，漏点确实在发动机与变速箱连接处，则需要仔细鉴别到底是发动机后油封漏油，还是变速箱前油封漏油。

首先，需要拆下变速箱和飞轮，分别查看曲轴后油封和变速箱底部缝隙是否有油迹，如果发动机侧有漏油，变矩器缝隙无漏油，则可以判断为曲轴后油封漏油，无须拆卸变矩器；如果发动机侧没有问题，则检查变速箱底部是否有油迹，将变速箱向一侧旋转 90°倒放（这样做可以避免拆变矩器流出来的油破坏原来的油迹），然后（垫好纸垫）小心拿下变矩器，看看变速箱原重力方向上有没有油流下来的痕迹，如果有油迹，则更换新的变速箱输入轴油封，并按照规范更换新的变速箱机油。

（2）变速箱异响

1）倒挡行驶时的低频"嗡嗡"声

驾驶员坐在车内，关闭所有车门和车窗，仔细关注仪表盘的转速表和车速表，并按照下面步骤进行异响诊断：

① 挂入 R 挡，松开刹车，不踩油门，直到车速稳定。

② 轻踩油门，缓慢加速到 20km/h。

③ 松开油门，不踩刹车，减速直到车速稳定。

④ 轻踩刹车至停车。

我们认为所有 8HP 变速箱都有类似的"嗡嗡"声。这个声音是 8HP 变速箱正常的产品特性，有的声音偏大，有的声音偏小，不影响变速箱的性能与寿命，更不影响使用。遇到此类客户投诉，请对比相近里程数的同款车，并向客户解释说明。

2）D 挡行驶时高频"嗡嗡"声

此类噪声与第一类比较类似，按照下面步骤进行异响诊断：

① 挂入 D 挡，松开刹车，不踩油门，直到车速稳定。

② 轻踩油门至噪声最明显的车速附近。

③ 收油、加油门都有噪声出现。

这个声音也是 8HP 变速箱正常的产品特性，应对比相近里程数的同款车，并向客户解释说明。

3）原地换挡时伴随车身振动的异响。

现象一：

原地踩住刹车，变速箱挂入 D 挡后 1～3s 左右，立即挂入 P 挡，车辆会闯动并可能伴随从底盘传来"咔"的一声金属敲击声。其他时候挂入 P 挡无异常现象。

原因：

变速箱挂入 D 挡的动作通过接合离合器 C 来完成。驾驶员操作换挡杆（换挡杆给出信号到 EGS），离合器 C 会缓慢接合。整个过程需要大约 1～3s。如果在挂入 D 挡的中途，即离合器 C 还没有完全接合的时候挂入 P 挡，离合器 C 会突然打开并且驻车锁会同时挂入。变速箱的输出扭矩瞬间下降的时候，由于传动系各部件的弹性与间隙，车辆会有向后运动的趋势。而此时驻车锁已经挂入，最后会导致驻车齿轮与驻车爪敲击并产生冲击和敲击声。

建议：

挂入 D 挡后马上挂入 P 挡并非常规操作，不建议反复试车或将此现象当作故障。不用考虑现象的大小，因为振动噪声的大小与切换挡位的速度、发动机排量、转速、急速扭矩有关。有的声音偏大，有的声音小，不影响变速箱的性能与寿命，更不影响使用。请以完全相同的操作手法对比同款车，向客户解释说明，此种情况不需要进行任何维修。

现象二：

当原地踩住刹车，换挡杆挂入 R 挡时，有时会产生严重的冲击（振动），从 R 挂入 P 挡时，会在变速箱内部产生"当"的一声；反复在 P 和 R 之间切换时，振动、噪声会更明显，并且在 R 挡等待 3s 以上时现象会加重。

原因：

当车辆停车时，如果变速箱内部的应力没有释放掉就挂入 P 挡，在 P—R 时驻车锁的释放就会使输出轴突然释放应力而引起车辆冲击。当挂入 R 挡并等待 3s 后，同样因为有驱动力的原因，使得输出轴会反向旋转一个角度，从而使驻车锁块与棘轮齿不能对应，此时挂入 P 挡时因为驱动力消失，输出轴失去动力而回转，驻车锁块受回位弹簧的驱动而入位时就会产生一个金属敲击声。同样在 P—D 之间的切换也可能会有相似的情况出现，但因为 D—P

行程较长，驱动 D 挡有 NIC（怠速空当）功能，所以相对于 P—R 的现象，会略有减轻。

建议：

每次停车时，注意不要顶在限位块上，最好在 N 挡释放一下应力，然后拉好手刹挂 P 挡；不要踩刹车在原地反复在 P—R 之间切换；出现上述这几种情况时，不需要任何维修，请向客户解释。

4）松开驻车锁时伴随车身振动和"咔"的一声

所有变速箱在坡路或轮胎顶在停车杠，应力没有释放时，松开驻车锁时都会有振动和噪声。这是因为变速箱执行结构的驱动应力没有释放，当松开驻车锁时，应力的突然释放会造成传动系统出现噪声和振动。并且此现象不用考虑噪声和振动的大小，因为振动和噪声的大小与发动机排量、转速、怠速扭矩有关。有的声音偏大，有的声音小，不影响变速箱的性能与寿命，更不影响使用。请以完全相同的操作手法对比同款车，向客户解释说明。

5）发动机低转速时变矩器附近出现"哗啦"声

现象：

在停车状态下（怠速转速，选挡杆位置在 P、N 或 D）可听见清脆的金属"哗啦"声，在车辆外面或车门、车窗玻璃开着时最容易发现。选挡杆在 R、MS 或 DS 位置上时，听不到该噪声。在升降台上可确认，变速箱前部的噪声来自变矩器。

原因：

变矩器离合器钢片啮合齿与变矩器腔的凹槽之间存在很小的间隙，因此离合器摩擦片可沿轴向移动。由于发动机的刺激，摩擦片啮合齿会接触到变矩器腔的凹槽，并由此产生噪声。只有当变矩器锁止离合器打开时，才可能听见该噪声。由于制造公差和不同的变速箱油温，对比车辆上的噪声大小可能略微不同。

建议：

处理客户投诉时，检查变速箱前部壳体的各个孔和发动机侧圆孔的橡胶塞是否都在，如果有遗失请补装。这些橡胶塞可以极大程度降低噪声水平。如果没有遗失，则不需进行维修。这是由当前技术水平决定的，该噪声不会导致任何损坏，更换变矩器没有任何效果。

6）变速箱在启动时出现"当"的一声噪声并伴随传动轴振动一次

我们认为绝大部分 8HP 在启动时仔细观察，都有类似的振动和噪声。

这个声音是变速箱在启动自检时出现的，属于变速箱的产品特性，有的声音偏大，有的声音小，不影响变速箱的性能与寿命，更不影响使用。请对比相近里程数的同款车，向客户解释说明。

（3）EGS 系统报警

一般 EGS 系统出现电气故障时，往往预示着变速箱存在较大问题，急需处理。表 1-7 总结了 BMW 变速箱常出现的报警信息及处理方法，可参照执行。

表 1-7　变速箱常出现的报警信息及处理方法

变速箱类型	报警信息	建议处理方法
6HP	故障码：400625\400626 涡轮转速	更换阀体、变速箱机油
	故障码：400116\400126\400634 电磁阀	更换变速箱

续表

变速箱类型	报警信息	建议处理方法
8HP	传动比报警：3-X\6-X\clutch A	更换阀体、变速箱机油
	传动比报警：1-X\2-X\Clutch E/C/B	更换变速箱
	故障码：420531/4EB5　末级供电	查供电，换阀体、变速箱机油
	故障码：420671　驻车锁位置阀	查油位，换阀体、变速箱机油
	420641　驻车锁错误插入	查油位，换阀体、变速箱机油
	故障码：420076　MV PS 压力电磁阀	查供电，换阀体、变速箱机油
	油温报警	更换阀体、变速箱机油

（4）挡位冲击

挡位冲击（无电气报警）的故障是客户投诉最多的故障。实际维修发现，一部分所谓的冲击故障，实际是变速箱工作时正常的情况，还有一部分确实是实际发生的故障。区分为以下三种情况。

1）原地挂挡冲击

D、P、R 之间切换过于频繁就会导致此现象。正确的切换时间要超过 5s。这是变速箱机械结构的正常表现。对比同款车检查有无类似现象，如果同样存在，和客户解释沟通，此现象正常，不影响安全性能，请放心使用。

如果冲击确实比较严重，继续下面操作。

① 将车辆编程到最新版本，然后试车，若故障仍存在，执行下一步。

② 利用 ISTA 完成油位检测并上传 FASTA，油位正常但故障仍存在，执行下一步。

③ 删除离合器自适应值，并重新学习自适应值。学习方法见表 1-5、表 1-6。如果学习功能不适用时，可以参照表 1-8 方法学习各离合器的自适应值，学习成功后上传 FASTA。

表 1-8　学习各离合器的自适应值

冲击对应换挡情况	所需学习离合器	学习方法
升挡 6—7； 降挡 3—2	A	用 M6，发动机转速从 1150r/min 缓慢加速到 2000r/min，油门保持 25%，发动机扭矩保持在 40～130Nm，尽量连续行驶
降挡 6—5	B	用 M8，发动机转速从 1150r/min 缓慢加速到 2000r/min，油门保持 25%，发动机扭矩保持在 40～180Nm，尽量连续行驶
原地挂 D 挡； 升挡 2—3，4—5； 降挡 2—1，4—3，8—7	C	用 M4，发动机转速从 1150r/min 缓慢加速到 1800r/min，油门保持 20%，发动机扭矩保持在 25～180Nm，尽量连续行驶
升挡 3—4	D	用 M3，发动机转速从 1150r/min 缓慢加速到 2500r/min，油门保持 20%，发动机扭矩保持在 25～80Nm，尽量连续行驶
升挡 1—2，5—6，7—8； 降挡 5—4，7—6	E	用 M7，发动机转速从 1150r/min 缓慢加速到 1800r/min，油门保持 25%，发动机扭矩保持在 40～180Nm，尽量连续行驶
学习成功标准：当所学习离合器的冲注时间和压力都出现并改变 2 次以上，该离合器学习成功		

学习后，如果冲击依旧，需要更换变速箱总成。

2）挡位内冲击

如果车辆在某一挡位行驶时，出现冲击现象，则需要按照以下步骤排查故障。

① 全面检查变速箱是否漏油，完成油位检测并上传过程记录至 FASTA。若无泄漏且油位正常，执行下一步。

② 放出变速箱油 100mL 装入透明容器，背面照光。观察变速箱油油质颜色及气味如何，有无烧煳味，并查看是否有进水迹象。

③ 将车辆编程到最新版本，然后试车，若故障仍存在，执行下一步。

④ 检查发动机方面有无异常。重点排查发动机点火系统、混合气制备系统、汽滤、油泵、氧传感器，实施互换试验。若发动机无故障，冲击仍存在，执行下一步。

⑤ 如果车辆为四驱车型，拔掉 VTG（分动器）线束，观察冲击是否排除，若故障仍存在，执行下一步。

⑥ 如果不是四驱车或拔掉 VTG 插头冲击依旧，检查油底壳。拆下油底壳，从上往下拍摄（如图 1-34 所示），不要有反光，查看有无乳白色小点，是否有进水痕迹。

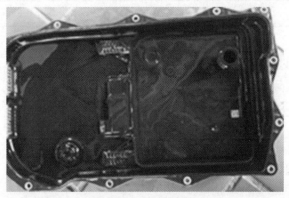

图 1-34　油底壳检查

⑦ 如果无进水痕迹，需要联系 BMW 技术部门，可能需要更换变速箱部件甚至总成。

3）行驶中换挡冲击

如果车辆在行驶时进行升挡或者降挡过程中，出现冲击现象，则需要按照以下步骤排查故障。

① 全面检查变速箱是否漏油，完成油位检测并上传过程记录至 FASTA。若无泄漏且油位正常，执行下一步。

② 放出变速箱油 100mL 装入透明容器，背面照光。观察变速箱油颜色及气味，有无烧煳味，并检查是否有进水迹象。

③ 将车辆编程到最新版本，然后试车，若故障仍存在，执行下一步。

④ 删除离合器自适应值，并重新学习自适应值。学习方法如下：

首先确认是升挡冲击还是降挡冲击，并确认冲击发生在几挡换几挡，从而在表 1-8 中锁定所需学习的离合器及学习方法。学习时，使用 ISID 监视油温，油温范围为 50 ～ 110℃，结合上一步确认的学习方法，学习对应离合器适应值。

之后反复 20 次自然升（降）挡（用 D 挡而非 S 挡）后，再试车评价换挡质量，上传数据至 FASTA。

如果学习后客户能够接受车况，请交车使用。如果学习后冲击依旧，需要联系 BMW 技术部门，可能需要更换变速箱部件甚至总成。

1.2　双离合器变速箱（DKG）

1.2.1　经典故障案例

1.2.1.1　F52 变速箱无法挂挡

（1）车辆信息

车型	变速箱型号	里程 /km
125i，F52	GD7F30G	24750

（2）故障现象描述

客户反映：车辆可以启动，但是无法挂挡。

故障现象确认：接车后对车辆进行试车，发现客户反映的情况确实存在，同时发现以下故障现象。

① CID（中央信息显示屏）显示：请防止车辆滑动；

② 换挡杆指示灯不亮，见图 1-35；

③ 电子手刹释放后，会自动拉紧；

④ 按 P 挡键时，仪表显示：只有在车辆静止时才能挂入 P 挡，见图 1-36。

图 1-35　换挡杆指示灯不亮

图 1-36　仪表显示：只有在车辆静止时才能挂入 P 挡

（3）故障分析思路及排除方法

先用 ISID 对车辆进行检测，读取故障代码，发现存在如下故障代码：

0X421204 分组换挡齿轮 1/2：由于空转未结束导致未进行调校

0X421309 功率输出级供电电压：低电压阈值 1

0X42130B 功率输出级供电电压：低电压阈值 2

故障频率 1 次，故障代码都是当前存在的，而且无法删除。

根据故障现象，结合以上的故障代码以及 DKG 系统特有的结构和原理，分析可能的故障原因如下：

① 车载电压过低；

② 保险丝损坏、搭铁点接触不良；

③ 换挡毂校准数据丢失；

④ 其他相关问题。

首先，使用蓄电池测试仪检查蓄电池状态，正常。对车辆蓄电池充满电，故障依旧存在。检查该车是否存在非法的电气加装或者改装（因为有些加装或改装会引起电路故障），未发现。对车辆进行全车编程，并断电一个晚上，故障依旧。

打磨变速箱相关接地点，见图 1-37 ～图 1-40。

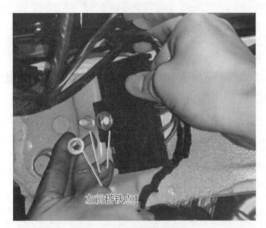

图 1-37　左前搭铁点 1

图 1-38　左前搭铁点 2

图 1-39　右前搭铁点

图 1-40　变速箱壳体搭铁点

处理好搭铁点后，故障仍然存在。根据检测计划，开始检查保险丝 F406 和 F84。F406 位置在发动机舱左侧蓄电池边上，检查时需要拆下蓄电池，撬开塑料保护壳，且无法单独更换，见图 1-41。

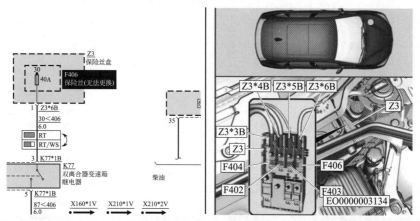

图 1-41　保险丝位置图

经过检查，保险丝均没有熔断或虚接，正常。

查询变速箱相关电路图，检查变速箱控制单元线束插头 Y18*1B 的 pin1 和 pin18，供电电压为 14.3V（充电器连接状态），供电正常，pin2 搭铁正常，见图 1-42。

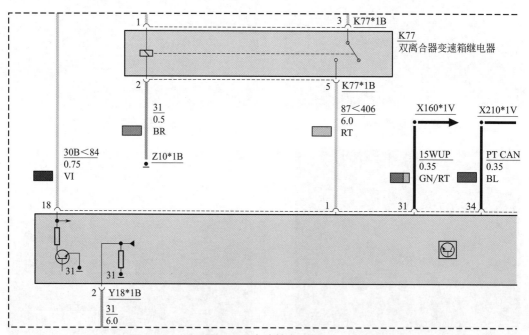

图 1-42　变速箱电路图

KL.15 接通时，车载电压为 12.7V（标准值为 9～16V），正常。发动机启动后，车载电压为 12.5V（标准值为 11～14V），也正常。

执行换挡风格 ABL 检测计划，由于该车识别不到 N 挡和 P 挡，所以无法执行。尝试进行变速箱调校、调校换挡毂和离合器执行器，均因为无法挂入 N 挡而调校失败。

重新整理思路，该车装配的是双离合器变速箱，该变速箱对于电压的稳定性比较敏感，而故障码恰好也都与电压低有关。所以还是要从供电和搭铁两方面来查找。但是，各个搭铁点已经重新处理过，确认没有问题了。那么，供电方面会不会还有什么问题呢？

再次查找相关电路图，发现变速箱继电器还没有检查。我们之前只是测量了变速箱未工作时 pin1 的电压为 14.3V。那么，一旦变速箱开始工作，加上负载以后会不会出现问题呢？带着疑问，我们开始查找该继电器，发现电路图上没有该继电器的安装位置，只有部件的功能描述，如图 1-43 所示。

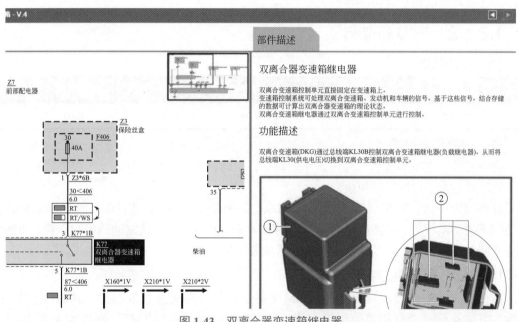

图 1-43　双离合器变速箱继电器

经过一番查找，在拆下左侧翼子板内衬后，左前大灯下面发现两个继电器。通过电路图上线束颜色对比，核实其中一个就是变速箱继电器，另外一个为风扇继电器，这两个继电器为同一类型继电器，如图 1-44 所示。

尝试着把两个继电器互换来判断故障，拆卸时发现，变速箱继电器没有插严，轻轻一拔就断开了。重新安装到位（听到"咔嗒"一声，说明插头已经锁住），进行车辆快测，发现故障码可以删除，车辆故障现象消失，完全正常。

（4）故障总结

该故障是一例由于插头虚接引起的电气故障的案例。后来与客户沟通得知，该

图 1-44　继电器实际位置

车之前由于剐碰事故，在修理店维修过左侧翼子板，估计是拆装内衬时，拔下了变速箱继电器插头，而安装时未安装到位，继电器虚接导致故障产生。

通过此例故障的诊断过程，我们也总结了以下几条经验：

① ISTA 电路图有一小部分存在遗漏或者错误。本例中，电路图上就没有该继电器的安装位置。此时需要凭借经验，找出相关信息。再通过线束颜色、线径的对比或者实际驱动部件工作等手段来判断和确认信息。

② 对于供电是否正常的判断，不能只关注电压值是否正常，还要带载测试。也就是说，要让部件正常工作（最好是最大负荷工作），此时测量的供电电压才是准确的，以防止由于虚接，导致对供电状态的错误判断。

1.2.1.2　F49 行驶抖动

（1）车辆信息

车型	变速箱型号	里程 /km
X1 20Li，F49	GD7F30G	16260

（2）故障现象描述

客户反映：在车辆暖机过程中，车辆抖动，有时驶入停车位、堵车（走走停停）或在小坡上启动时也会出现该故障现象。

故障现象确认：接车后对车辆进行路试，发现该车在一挡低速行驶（低于 5km/h），轻轻地踩下制动踏板（不踩踏油门）时，前端区域发生振动。而且从制动踏板和靠背上可感觉到这些振动。只要挂上二挡或倒车挡，故障现象消失。

（3）故障分析思路及排除方法

由于变速箱维修经验较少，并且 BMW 技术部门针对变速箱发布的 PUMA 文件较多，因此，首先查询是否有相关的指导文件。经过查询，真的找到了有关的 PUMA 文件：V5-CN 63947156-03 - 18-2-12　GD7F30G（DKG）- 在低速（驻车、启动、堵车）时振动。根据此文件提示，该款变速箱在出厂时，离合器执行器电机的螺栓拧紧顺序错误，可能因此导致了离合器振动并传递到驱动系统上。按照下列步骤进行处理：

① 在升降台上举起车辆并拆卸底板饰件。

② 拔下电机上的插头（见图 1-45）：

a. 拔下插头时，必须首先松开黄色的安全控制杆（见图 1-46）。

b. 然后按箭头方向松开黑色的锁定装置（见图 1-47）。

c. 拔下已解锁的插头并移向一侧（见图 1-48）。

③ 松开、对齐电机并用正确的扭矩重新固定：

a. 松开电机的所有固定螺栓（共 3 个，至少拧一圈且不能超过两圈，见图 1-49）。在松开螺栓时，可能有机油溢出，要垫上一个合适的抹布。

b. 用手从支座中略微拔出电机，然后重新将其压紧（重新对齐）。

c. 按照 3 → 1 → 2 的顺序用 2 Nm 的拧紧扭矩拧紧螺栓（见图 1-49）。

为了方便操作，最下面的螺栓拧紧时最好借助加长件和万向节（见图 1-50）。对于其他两个螺栓，不需要加长件和万向节（见图 1-51）。拧紧螺栓时，用手轴向固定电机（见图 1-52）。

图 1-45　电机插头

图 1-46　安全控制杆

图 1-47　锁定装置

图 1-48　已解锁的插头

d. 按照 3 → 1 → 2 的顺序用 6 Nm 的拧紧扭矩拧紧螺栓（见图 1-49）。

e. 检查螺栓 1 和 3 的拧紧扭矩。

图 1-49　电机位置及 3 个固定螺栓

④ 重新插上并锁止电机的插头：

a. 插上插头（见图 1-53）。

b. 按箭头方向推锁止装置（黑色）（见图 1-54）。

c. 重新锁止安全控制杆（见图 1-55）。

⑤ 清洁电机、变速箱上溢出的机油。尽管已清洁，在停放约 90min 之后仍可能在电机的环形间隙中积聚少量溢出的机油（见图 1-56）。因此，停放 90min 以上的时间，之后必须重新清洁该区域。

图 1-50　借助加长件和万向节

图 1-51　固定另外两个螺栓

图 1-52　用手轴向固定电机

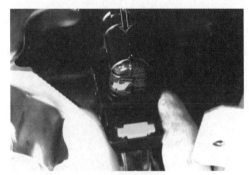

图 1-53　插上插头

图 1-54　安装锁止装置

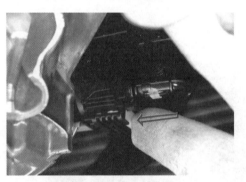

图 1-55　锁止安全控制杆

图 1-56　电机的环形间隙

⑥ 检查集成等级并对车辆进行编程。如果安装了 17-11-530 或更低版本的集成等级，则要用 ISTA 4.09.1x 将车辆编程为 17-11-540 或更高版本的集成等级。

（4）故障总结

这是一例典型的机械安装问题导致车辆故障的案例。

此类问题一般处理起来比较棘手。其一，容易造成误判。在进行车辆快速测试后，可能出现一些故障代码，显示 EGS 故障，这可能把我们错误地引导到电气类故障中去。其二，一般情况下，我们可能比较容易发现插头脱开、杆件变形、部件撞击等外在现象，但是螺栓拧紧顺序错误等隐蔽故障往往忽略。

这一案例也给我们的维修技师敲响了警钟。我们很清楚地知道 ISTA 要求安装螺栓时一定要注意更换新螺栓、拧紧顺序、力矩等问题。但是，很大一部分机电技师还是抱有侥幸心理，贪图方便和维修速度，往往不遵照 ISTA 要求操作。这样很容易导致维修事故的发生。

让我们引以为戒！

1.2.2 故障解析

1.2.2.1 DKG 系统结构特点

(1) 系统简介

目前，在 BMW 前驱平台的车辆上（如 1 系、2 系、X1 等），装配带液压操纵式双离合器的手动变速箱（DKG）。这种新一代变速箱以动力性和运动性为主，但是也能够满足最高的舒适性要求。

双离合器变速箱结合了顺序换挡变速箱（SMG）与自动变速箱（EGS）的优点。与 SMG 一样，它可以在自动换挡模式"前进挡"和手动换挡模式"顺序换挡"下使用，但是换挡过程中牵引力不中断。在前进挡模式下可以选择 5 个驾驶逻辑模式，在顺序换挡模式下为 6 个驾驶逻辑模式。变速箱控制由 DKG 电子系统负责，功能执行由 DKG 液压系统负责。这些系统组成一个机械电子模块且集成在变速箱内。DKG 有针对性地润滑所有相关部件。变速箱油温度通过一个特殊的冷却循环回路来控制。通过专用选挡开关（GWS）选择行驶模式和挡位。此外双离合器变速箱还集成有一个自动驻车锁。

从结构上看 DKG 由两个子变速箱构成，每个子变速箱都带有一个离合器。离合器 1 与子变速箱 1 连接，离合器 2 与子变速箱 2 连接。子变速箱 1 包含挡位 1/3/5/7/R，子变速箱 2 包含挡位 2/4/6。这意味着无论是换高挡还是换低挡（R 挡除外），下一个挡位始终位于另一个子变速箱上，见图 1-57。

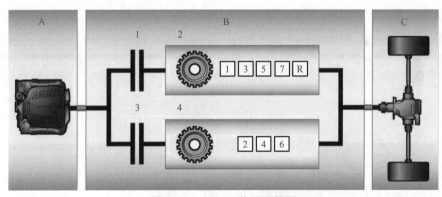

图 1-57　DKG 工作原理简图

A—发动机；B—双离合器变速箱；C—驱动桥；1—离合器 1；2—子变速箱 1；3—离合器 2；4—子变速箱 2

以当前挡位（例如在子变速箱 1 上）为例，在加速期间，变速箱提前挂入位于子变速箱 2 上的下一个挡位。随后进行换挡时，可以通过有针对性地控制离合器，在牵引力不中断的情况下迅速将驱动力从子变速箱 1 传递到子变速箱 2。因此 DKG 在提供牵引力和换挡舒适性方面优势非常明显。

在保留了手动变速箱优点（例如与发动机直接连接）的情况下，DKG 结合了自动变速箱牵引力和舒适性方面的优点。机油总加注量（包括变速箱油冷却器）约 9L，加注新型专用 DKG 长效机油（BMW DCTF-1）。

（2）系统组成结构

接下来，以 GS7D36SG 变速箱（在 E90 M3 车型上使用）为例，介绍其系统组成和结构。

1）壳体结构

GS7D36SG 变速箱的壳体由三个主要组件构成：变速箱壳体、中间壳体和变速箱端盖。前部主开口用离合器端盖封闭，右侧用机械电子系统端盖或液压系统端盖封闭，下部用油底壳封闭，左侧用机油滤清器盖板封闭，见图 1-58。

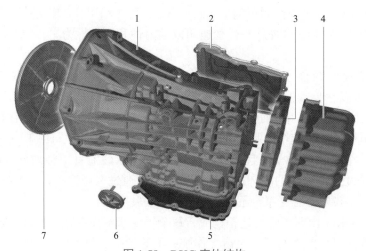

图 1-58　DKG 壳体结构

1—变速箱壳体；2—机械电子模块盖板或液压系统端盖；3—中间壳体；4—变速箱后
壳体或变速箱端盖；5—油底壳；6—机油滤清器盖板；7—离合器端盖

2）内部结构

在 DKG 中 1/3/5/7 和 R 挡下，驱动力从离合器 1 传递到内部输入轴 1 和子变速箱 1 上。在 2/4 和 6 挡下，驱动力从离合器 2 传递到内部输入轴 2 和子变速箱 2 上。离合器 1、离合器 2、输入轴 1、输入轴 2、中间轴和输出轴构成了双离合器变速箱的整个齿轮组，见图 1-59。

图 1-59　DKG 内部结构

1—内部输入轴 2；2—换挡连杆；3—中间壳体；4—内部输入轴 1；5—常啮合齿轮；6—输出轴；
7—中间轴；8—润滑油管路；9—机油泵（剖面图）；10—外部壳体（输入驱动力）

　　驱动力从双质量飞轮经过中心输入装置和双离合器外部壳体（10）传入 DKG。机油泵传动装置连接在 DKG 上。在 DKG 上安装了 4 个液压操纵的换挡拨叉轴和 4 个换挡接合套，换挡拨叉轴和换挡接合套分别用于齿轮对 4/6、2/R、1/3 和 5/7。

　　1/2/3 挡和倒车挡装备了双锥体同步器，4/5/6 和 7 挡带有单锥体同步器。在所有挡位处都采用碳摩擦涂层。由于变速箱结构细长且变速箱轴较长，因此齿轮组通过三个轴承支撑。

　　3）自动驻车锁

　　因为发动机关闭时发动机与驱动轮之间不传递动力（离合器在无压力状态下分离），所以需使用驻车锁。

　　GWS（选挡开关）不像选挡杆那样有驻车锁按钮。驻车锁位置由 DKG 电子系统确定。需挂入驻车锁时该系统控制一个驻车锁电磁铁。虽然该电磁铁安装在选挡开关壳体内，但是由 DKG 电子系统直接控制。电磁铁拉动一个拉线，驻车锁拉线拉动位于变速箱上的外部驻车锁杆，外部驻车锁杆拉动内部驻车锁杆，驻车锁拉线不需要调整，见图 1-60。

图 1-60　DKG 驻车锁内部结构

1—驻车锁齿轮；2—驻车锁液压活塞和压力方向（红色箭头）；3—驻车锁传感器磁铁；
4—用于操纵卡爪的压力锥；5—通过弹簧压紧的驻车锁卡爪

　　驻车锁通过变速箱内的液压系统解锁。通过电磁铁挂入驻车锁时，驻车锁液压系统必须处于无压力状态。

　　关闭发动机后必须始终自动挂入驻车锁，N 挡除外。以下情况车辆在 N 挡时，也会挂入驻车锁：

　　①点火开关内没有车辆遥控器时（舒适登车系统）；

　　②从点火开关中取出遥控器时；

　　③发动机关闭 30min 后。

　　特别需要注意，在自动洗车设备内洗车时，关闭发动机前必须手动换到 N 挡并让遥控器保持插入状态或放置在车内，否则 DKG 可能意外锁止车辆。

驻车锁应急开锁：

在紧急情况下可以通过操纵应急开锁装置松开驻车锁。这可以通过 GWS—DKG 的机械连接实现。为了接触到应急开锁装置，首先松开选挡杆盖板（防尘套），然后打开应急开锁装置盖板，以逆着行驶方向放下应急开锁机构的方式摘下驻车锁。

通过应急开锁装置松开驻车锁时可能会在 DKG 电子系统内存储故障代码存储器记录。有关应急开锁的详细信息可查阅车辆用户手册和维修说明。

4）机械电子模块

集成在 DKG 变速箱壳体内的机械电子模块由 DKG 电子系统和 DKG 液压系统组成，如图 1-61、图 1-62 所示。

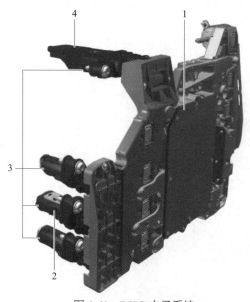

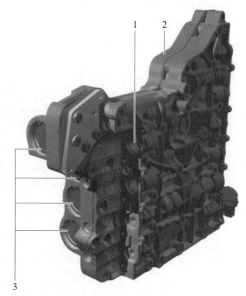

图 1-61　DKG 电子系统
1—DKG 电子系统；2—集成式驻车锁传感器；3—换挡拨叉轴行程传感器；4—集成式转速传感器

图 1-62　DKG 液压系统
1—换挡阀固定座；2—DKG 液压系统；3—换挡液压缸

换挡拨叉轴行程传感器直接固定在 DKG 电子系统上。上部行程传感器内还集成有用于内部输入轴 1 和 2 的转速传感器。驻车锁传感器集成在从下面数第二个行程传感器内。8 个挡位通过 4 个液压缸和 4 个独立换挡拨叉轴挂入。换挡拨叉轴位置由换挡拨叉轴传感器以非接触方式探测。

DKG 内部还设置有其他一些传感器，如图 1-63 所示。

以下传感器安装在变速箱内，传感器信号直接发送至 DKG 电子系统内：

① 带转动方向识别功能的变速箱轴 1 转速传感器；

② 不带转动方向识别功能的变速箱轴 2 转速传感器；

③ 离合器 1 和 2 的离合器油压力传感器；

④ 3 个温度传感器，1 个用于喷出的离合器油，2 个冗余温度传感器用于 DKG 电子系统；

⑤ 4 个用于传输换挡拨叉轴位置的线性传感器；

⑥ 一个双（冗余）驻车锁传感器。

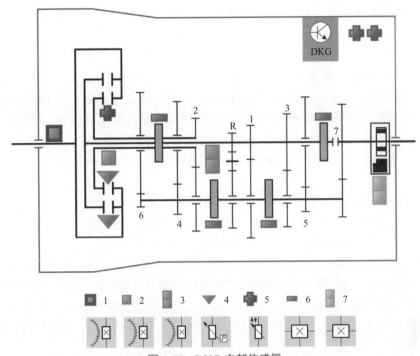

图1-63　DKG内部传感器

1—输入转速霍尔传感器；2—内部输入轴2的变速箱转速霍尔传感器；3—带转动方向识别功能的内部
输入轴1的变速箱转速霍尔传感器；4—离合器油压力压电传感器；5—NTC温度传感器；
6—换挡行程霍尔传感器；7—驻车锁霍尔传感器（冗余）

系统还通过一个复杂的温度模型计算油底壳温度并借助离合器喷油温度和DKG电子系统温度进行验证。

扭矩干预功能：

带负荷换挡时或滑行时，DKG机械电子模块通过PT-CAN总线将一个所谓的扭矩规定发送给发动机管理系统，以便实现扭矩干预。为了降低发动机转速，换高挡时反向干预扭矩，换低挡时正向干预扭矩，以便提高转速。发动机管理系统通过这种扭矩干预为换挡过程提供支持。

LIN总线模块：

为了实现与选挡开关（GWS）的冗余通信，除了PT-CAN模块外，DKG电子系统内还有一个LIN总线模块。

5）选挡开关（GWS）

GWS由带显示的选挡杆、带控制单元的壳体和以电气方式连接的外部驾驶逻辑模式选择按钮组成（不同类型DKG变速箱的选挡开关可能有所变化），如图1-64所示。

GWS选挡杆为单稳态。也就是说，向前、向后、向右或向左移动后选挡杆自动返回其初始位

图1-64　DKG选挡开关（GWS）

1—选挡杆；2—驾驶逻辑模式提高按钮；3—驾驶逻辑模式选择开关；4—驾驶逻辑模式降低按钮

置，但是倒车挡除外。当选挡杆向左侧卡止在"R"位置处时，必须由驾驶员移回到初始位置。

根据选挡杆操纵情况和行驶模式，换挡示意、行驶模式、换挡显示背景呈红色。这种显示方式的目的是，准确显示当前选择的行驶模式和换挡可能性。该显示由定向照明（用于照亮换挡示意图）和功能照明组成。处于不同位置的红色 LED 显示当前选择的行驶模式和换挡可能性。GWS 内的功能照明由 DKG 电子系统控制。系统监控功能照明，为此 DKG 电子系统读取显示信息并将其与所要求的显示内容进行对比。为了实现与 DKG 电子系统的冗余通信，除 PT-CAN 总线模块外，GWS 内还安装了一个 LIN 总线模块。

驾驶逻辑模式选择：

通过驾驶逻辑模式选择开关可选择顺序换挡模式下的 6 个换挡模式和自动换挡模式下的 5 个换挡模式。所选换挡模式在组合仪表中以条形图方式显示。

顺序换挡模式会影响换挡速度，因此直接影响换挡软硬度。只有停用 DSC 功能后才能选择第六个换挡模式，此后可以使用快速起步控制功能。自动换挡模式会影响换挡时机和换挡速度。较高的换挡模式意味着较高的换挡转速和换挡速度。换挡时机在很大程度上还取决于加速踏板位置和移动速度。

传感器系统：

选挡杆位置由霍尔传感器以非接触方式探测。传感器通常为 2 至 4 组，总共 14 个霍尔传感器，因此可保证最大的故障处理和诊断能力。

为确保始终可供使用，选挡杆位置信号通过 PT-CAN 和 LIN 总线进行传输。因此即使两个通信线路中的一个失灵，也可以将信号发送给 DKG。

GWS 通过 PT-CAN 唤醒导线上的高电平来唤醒，GWS 本身不具有主动唤醒能力。只要在 PT-CAN 上或 LIN 总线上总线通信处于启用状态，选挡杆就会显示处于启用状态。

6）变速箱油系统

DKG 的中心输油部件集成在变速箱内的齿轮式机油泵。机油泵通过驱动力输入侧的齿轮来驱动。因此发动机运行是建立油压的前提，也就是说，一定不要对 DKG 车辆进行牵引启动，因为发动机关闭时无系统油压，DKG 内部得不到足够润滑极易损坏，如图 1-65 所示。

工作压力由一个受控制的调节阀根据负荷和功能来确定。变速箱油系统还通过一个安装在泵内的安全阀来加以保护。

系统按以下优先级调节压力大小：换挡 / 离合器接合、离合器冷却、冷却 / 润滑循环回路。

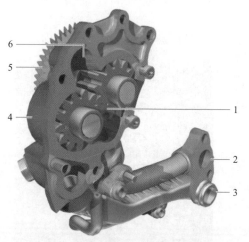

图 1-65　DKG 的齿轮式机油泵
1—齿轮油泵的输送齿轮；2—至液压单元的压力油管；3—机油回流管；4—DKG 齿轮油输送泵；5—驱动齿轮；6—吸油侧（供油）

其原则是：按需调节压力大小，正常工作压力范围为 5 ～ 20bar，在临界情况下可以提高到 30bar。

换挡力最大时，换挡拨叉轴的操纵压力可能等于工作压力。离合器压力被限制在18bar，离合器压力通过比例阀来调节，额外保护通过安全阀来保证。系统根据特性曲线通过比例阀控制离合器冷却。

液压系统应急运行出现故障时DKG进入液压系统应急运行模式。在供电失灵等情况下，当前挡位保持挂入状态，当前离合器保持接合状态。因此可以行驶到附近的可停车地点或停车场。只有低于最低转速时离合器才会分离，此后保持分离状态。

变速箱油冷却系统采用两级润滑油冷却系统，如图1-66所示。

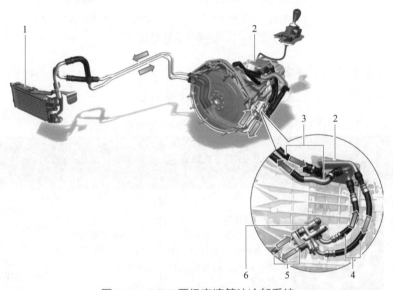

图1-66　DKG两级变速箱油冷却系统

1—油气热交换器；2—油冷却液热交换器；3—至油冷却液热交换器的冷却液供给和回流管路；
4—至油冷却液热交换器的变速箱油供给和回流管路；5—至油气热交换器的变速箱油
供给和回流管路；6—用于油气冷却的机油节温器

① 油冷却液冷却。初级油冷却循环回路经过油冷却液热交换器，该部件安装在变速箱壳体上。冷却液侧热交换器连接在车辆内部的暖风循环回路内。未经过调节的冷却液直接来自气缸盖，通过辅助冷却液泵流向油冷却液热交换器，然后通过暖风热交换器流回到发动机。辅助冷却液泵通常用于提高车内空间的暖风功率。

DKG电子系统可以要求接通辅助冷却液泵。润滑油始终从DKG直接流入油冷却液热交换器内。因此在冷启动等情况下，也能迅速加热变速箱油。油冷却液热交换器后的变速箱油温度超过95℃后，变速箱油还会通过一个机油节温器输送至油气热交换器。

② 油气冷却。使用一个机油节温器使润滑油流过油气热交换器。

机油节温器内的一个短路孔使油气热交换器的供给管路与回流管路之间短路。油温低于95℃时这个机油通道打开。根据物理学原理，来自油冷却液热交换器的油直接经过这个通道返回到DKG内，不流过油气热交换器。DKG机油节温器油温度超过95℃时，机油节温器内热调节阀堵住这个短路通道。因此机油流回到DKG内之前，还会流过油气热交换器。这种情况通常出现在运动型驾驶状态。因此变速箱油与行驶气流之间的热交换量相对较高，如图1-67所示。

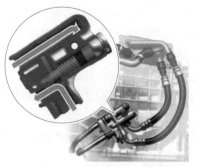

(a) 油温低于95℃时的机油节温器调整　　　　(b) 油温超过95℃时的机油节温器调整

图1-67　机油节温器的调节

（3）DKG可能存在的故障信息

表1-9给出了DKG可能存在的故障显示和故障信息。

表1-9　故障显示和故障信息

1. 变速箱油温度过高时（油底壳或离合器）和阀门有故障时				
检查控制信息	提示／报警灯	CID上的补充说明	反应	措施
变速箱温度！小心驾驶		变速箱温度；变速箱有过热危险；换挡模式以行驶受限状态启用，避免发动机高负荷	发动机扭矩降低；调整换挡模式以降低温度	检查驾驶方式和环境条件。查找变速箱油系统内可能存在的故障。利用BMW诊断系统检查DKG
2. 变速箱油温度过高时（油底壳或离合器）				
检查控制信息	提示／报警灯	CID上的补充说明	反应	措施
变速箱温度！小心驾驶		变速箱过热，停车并挂入变速箱位置P。冷却下来后以温和方式继续行驶。再次过热时请到BMW售后服务站进行检查	发动机扭矩明显降低。车辆停下来前当前挡位保持挂入状态。停下来后自动挂入驻车锁	查找变速箱油系统内的故障。利用BMW诊断系统检查DKG
3. 温度传感器有电气故障（导线断路或短路）、发动机输出转速或子变速箱转速不可信				
检查控制信息	提示／报警灯	CID上的补充说明	反应	措施
变速箱故障！		变速箱故障可以继续行驶。请到附近的BMW售后服务站进行检查	无	利用BMW诊断系统检查DKG

续表

4. 换挡拨叉轴有机械故障或传感器有故障（换挡拨叉轴位置传感器）				
检查控制信息	提示 / 报警灯	CID 上的补充说明	反应	措施
变速箱有故障！小心驾驶		变速箱故障，应急模式已启用。 请到附近的 BMW 售后服务站进行检查	某一离合器可能卡死，某个或多个齿轮对卡死	利用 BMW 诊断系统检查 DKG

5. 驻车锁传感器故障				
检查控制信息	提示 / 报警灯	CID 上的补充说明	反应	措施
变速箱位置 P 有故障！		变速箱有故障，可能无法挂入变速箱位置 P，停车时踩下停车制动器。 请到附近的 BMW 售后服务站进行检查	驻车锁可能未挂入	检查是否挂入了驻车锁。 利用 BMW 诊断系统检查 DKG

6. 驻车锁无法以液压方式松开				
检查控制信息	提示 / 报警灯	CID 上的补充说明	反应	措施
变速箱位置 P 有故障！		变速箱故障，起步时必须手动松开驻车锁，参见用户手册。 请到附近的 BMW 售后服务站进行检查	必须通过应急开锁装置松开驻车锁	松开驻车锁后利用 BMW 诊断系统检查 DKG

7. 某些调节阀失灵				
检查控制信息	提示 / 报警灯	CID 上的补充说明	反应	措施
变速箱有故障！小心驾驶		变速箱故障，加速性能可能降低。 请到附近的 BMW 售后服务站进行检查	可以在发动机功率受限的情况下继续行驶	利用 BMW 诊断系统检查 DKG

8. 变速箱油温度较高或过高且油底壳温度与冷却油温度相比不可信时，**PT-CAN** 总线存在通信故障时				
检查控制信息	提示 / 报警灯	CID 上的补充说明	反应	措施
变速箱有故障！小心驾驶		变速箱故障，某些功能可能受干扰。 可以在不踩下制动器的情况下挂入挡位。 小心驾驶！	只能挂入 2 挡和 R 挡	利用 BMW 诊断系统检查 DKG

续表

9. 制动信号灯开关有故障或信息不可信

检查控制信息	提示／报警灯	CID 上的补充说明	反应	措施
未踩下制动踏板时可挂入挡位		注意！ 尽管如此，挂入挡位前仍要踩下制动踏板。 可以继续行驶。离开车辆前关闭发动机。 尽快到 BMW 售后服务站进行检查	制动信号灯出现故障时可能无法启动发动机	检查驾驶风格，必要时利用 BMW 诊断系统检查车辆

10. 无法以电动机械方式挂入驻车锁

检查控制信息	提示／报警灯	CID 上的补充说明	反应	措施
未挂入变速箱位置 P！		未挂入变速箱位置 P，车辆可能自行移动	驻车锁未工作，停车时必须用驻车／停车制动器	固定住车辆。 检查 GWS 内驻车锁电磁铁的功能。检查 GWS 内驻车锁电磁铁与 DKG 上驻车锁杆之间拉线的功能。 检查 DKG 上驻车锁杆的功能。利用 BMW 诊断系统检查 DKG

11. GWS 功能故障

检查控制信息	提示／报警灯	CID 上的补充说明	反应	措施
选挡杆可能有故障		选挡杆有故障，可以继续行驶。 必要时再次换到所需要的挡位	一个或多个 GWS 功能可能受到干扰	在 GWS 上再次选择行驶模式或按压方向盘上的翘板开关。利用 BMW 诊断系统检查 GWS

12. 发动机扭矩 PT-CAN 总线信息无效

检查控制信息	提示／报警灯	CID 上的补充说明	反应	措施
动力总成有故障		动力总成有故障，可以继续行驶。 加速性能降低。 请到附近的 BMW 售后服务站进行检查	离合器接合和分离舒适性降低，挡位过渡舒适性降低	利用 BMW 诊断系统检查车辆

1.2.2.2　DKG 系统故障分析

与 EGS 一样，DKG 的故障形式也主要有变速箱漏油、异响、电气系统报警等几种。但是由于 DKG 在车辆上配备相对较少，因此在维修中遇到的案例不是很多。

（1）变速箱漏油

一般情况下，变速箱不会产生漏油现象。但是，一些大里程车辆或者是故障车辆，可能由于密封圈老化、剐碰损伤等原因，会有变速箱漏油现象产生。DKG漏油位置一般出现在发动机曲轴后油封、变速箱输入油封、变速箱油底壳这几个位置。

（2）变速箱异响

变速箱异响故障是客户投诉较多的故障之一。但是，实际维修发现，绝大多数所谓的异响故障，实际是变速箱工作时正常的声音。比如，DKG变速箱常出现的反复加速时传动系统"当当"异响。诊断时，注意相同车型的仔细比较，必要时与客户多沟通，耐心解释一下这属于正常现象。

（3）DKG系统报警

一般DKG系统出现电气故障时，常引起组合仪表上相应报警灯的点亮，同时往往会在显示屏上提示"变速箱故障"等检查控制信息，并可能导致车辆无法正常行驶，需要拖车到店进行维修（相关信息参考表1-9）。

（4）驻车锁止器的机械故障

此故障是DKG比较常见的问题，出现此类故障时，每次车辆停止时，都会发出提示音并出现检查控制信息，通知驾驶员变速箱空挡（N）只在发动机运转时可用，或驻车挡（P）只在发动机关闭时可挂入。同时，在对车辆进行快速测试后，会发现5062"DKG驻车锁止器挂钩故障"、5139"DKG：驻车锁止器意外激活"、5059"DKG驻车锁止器：不允许的运动"的故障代码。

虽然DKG系统故障的形式较多，但是，根据其结构分析和实际维修经验，故障可能出现在以下几点：变速箱机油缺失或者变质，变速箱内部部件损坏，驻车锁止器损坏，相关电气部件故障。

1.2.2.3 DKG系统故障诊断方法

（1）变速箱漏油

举升车辆，拆下车底护板，仔细检查变速箱周围是否存在漏油以及漏油的大致位置。

首先，彻底清洗变速箱油底壳油迹，吹干，再喷涂测漏粉末剂，启动发动机或实际试车后，仔细检查变速箱泄漏点是否还有新的油迹。如果还有油迹，仔细查找原因，并按照表1-10进行处理。

表1-10 变速箱漏油处理方法

序号	漏油原因	处理方法
1	放油口螺栓密封不严	更换新的放油口螺栓 更换新的变速箱机油
2	油底壳裂纹	更换新的变速箱油底壳和密封圈 更换新的变速箱机油
3	变速箱油底壳密封圈密封不严	更换新的变速箱油底壳和密封圈 更换新的变速箱机油
4	变速箱输出轴油封密封不严	更换新的变速箱输出轴油封 更换新的变速箱机油
5	变速箱输入轴油封密封不严	更换新的变速箱输入轴油封 更换新的变速箱机油

注意！在更换了新的变速箱机油后，一定要检查自动变速箱中的油位。油位检查的前提是车辆水平停放、车辆进行了防止自行移动的固定（如拉紧手刹、安装车轮挡块等）。由于变速箱机油属于有害物质，操作时需要配备合适的个人防护装备，而且务必使用 BMW 规定的自动变速箱用油。

最后，再次彻底清洗油迹，吹干，喷涂测漏粉末剂。启动发动机运转或实际试车后，仔细检查变速箱油底壳部位是否还有新的油迹。如果还有油迹，则需要申请更换新的变速箱。

（2）变速箱异响

DKG 变速箱常出现一种异响：在低速挡位内不换挡时，反复加速收油出现传动系统"当当"异响。

这是因为 DKG 变速箱内部结构类似于普通的手动变速箱。当反复加速减速时，传动系统间隙会发出切换冲击噪声。属于 DKG 变速箱的产品特性，有的声音偏大，有的声音小，不影响变速箱的性能与寿命，更不影响使用。请对比相近里程数的同款车，同客户解释说明。如果噪声明显过大，请考虑传动系统间隙，检查传动轴、后差速器、两侧半轴以及半轴紧固螺栓有无异常并处理。

（3）DKG 系统报警

一般 DKG 系统出现电气故障时，往往预示着变速箱存在较大问题，急需处理。一般情况下会有相关的检测计划，严格执行检测计划后，一般会提示检查供电、检查油位、编程、更换离合器片、更换阀体、更换变速箱机油、更换变速箱总成等处理方法。

需要特别注意的是，如果更换离合器片、变速箱、编程后，必须执行以下服务功能：

① 换挡杆传感器；

② 自适应离合器滑动点；

③ 换挡叉轴测试。

更新阀体时务必执行以下服务功能：

① 执行机械电子控制系统数据匹配（读取现有机械电子控制系统的变速箱数据，并且在更新后存储到新的机械电子控制系统中）；

② 机油匹配；

③ 学习阀门特性线；

④ 离合器调校；

⑤ 变速箱调校；

⑥ 停车闭锁系统换挡测试服务功能。

执行完服务功能后，路试车辆 20km，然后做诊断并上传数据。

（4）驻车锁止器的机械故障

此故障表现为：每次车辆停止时，都会发出提示音并出现检查控制信息，通知驾驶员变速箱空挡（N）只在发动机运转时可用，或驻车挡（P）只在发动机关闭时可挂入。在对车辆进行快速测试后，会发现 5062 "DKG 驻车锁止器挂钩故障"、5139 "DKG：驻车锁止器意外激活"、5059 "DKG 驻车锁止器：不允许的运动"的故障代码。

当车辆发生此类故障时，不必进行编程、删除调校值、自适应学习等处理手段，而只需要直接更换驻车锁止器即可，更不要更换配电盒及选挡开关。

第2章

分动器 VTG 和动态驱动力分配系统 DPC

2.1 分动器（VTG）

2.1.1 经典故障案例

2.1.1.1 F15 低速行驶有顿挫感

（1）车辆信息

车型	发动机型号	里程 /km
X5 28i，F15	N20	5400

（2）故障现象描述

客户反映：车辆低速踩油门时，车子发顿，冷车时比较明显。

故障现象确认：与客户试车，直行低速行驶时确实有明显的顿挫感。

询问客户该车近期维修历史：

① 行驶 1080km 时，客户反映车辆报警"行驶稳定性失效"，低速行驶车子发冲，检查为分动器烧掉了，更换总成后正常。

② 行驶 4270km 时，车辆再次进厂反映低速行驶车子发顿，检查分动器又坏掉了，内部离合器片已烧蚀，再次进行了总成更换。

（3）故障分析思路及排除方法

根据该车出现的故障现象，结合 VTG 系统结构和工作原理，分析可能的故障原因如下：

① 轮胎、轮辋问题；

② VTG 软件问题；

③ VTG 油问题；

④ VTG 内部故障。

首先检查四个轮胎和轮辋。轮辋和轮胎都是原装的，规格都为 255/50 R19 107W。测量 4 个轮胎花纹深度，两前轮均为 6.5mm，两后轮均为 7.0mm。测量胎压正常。基本可以排除轮胎和轮辋问题。

拔下 VTG 供电保险丝试车，故障消失，说明故障大致出在 VTG 或与 VTG 相连接的部件上。对车辆进行编程后，故障现象依旧存在。

检查 VTG 油，发现已经发黑烧焦，但无油水混合迹象。而且此车为新车，无涉水记录，如图 2-1 所示。

图 2-1　VTG 油

VTG 油已经发黑烧焦，说明 VTG 内部离合器片已烧蚀。鉴于此车之前已经两次更换了 VTG 总成，虽然目前从油质上已经能够确认 VTG 内部烧蚀，如果盲目更换 VTG 总成，虽然可能会暂时解决问题，但是恐怕行驶一段距离后，还会再次出现故障。因此，还是需要仔细查找真正的故障点。

再次整理思路，分析一下 VTG 烧蚀的根本原因：油质和前后轮转速不一致。既然更换 VTG 总成后行驶一段距离，故障还会出现，说明不是油质的问题。那么，都有哪些因素会影响前后轮转速呢？做出思维导图，来进行分析，如图 2-2 所示。

图 2-2　思维导图

已经排除了导图中的首尾两端（VTG 和车轮），还有三个可能要素：前后传动轴、前后主减速器及差速器、前后驱动轴。

举升车辆，仔细检查前后传动轴和前后驱动轴，未发现明显问题。查看前后主减速器的传动比。该车型在 ETK 上显示的传动比前后均为 3.38。查找本车差速器上的标签，只看到后桥差速器上的标签，显示的是 3.38，与该车型在 ETK（电子零件目录）上显示的传动比一致。而前桥未找到相应标签，如图 2-3 所示。

图 2-3　后桥差速器上的标签（传动比 3.38）

传动比是 3.38 是指正常情况下前主减速器的输入端转动 3.38 圈，前轮正好转 1 圈。换算成度数就是前主减速器输入端转 3 个 360°再加 136.8°，前轮转 360°。实车测试一下前主减速器的传动比。我们在前桥壳上的输入端转了 3 圈加 54°时，前轮已经转了 1 圈。这说明前主减速器的传动比不是 ETK 上标示的 3.38，换算下来应该是 3.15，如图 2-4 所示。再次查询 ETK，发现这个传动比的前桥应该装在 X5 3.5i 车型上，而不是本车 28i 上。至此发现了问题所在，前桥主减速器及差速器总成安装错误。查询维修历史记录，发现第一次更换 VTG 时，同时更换了前后驱动桥总成，错误地安装了本该用于 X5 3.5i 车型上的前驱动桥总成。拆下前驱动桥，发现内部的齿轮油也已烧焦发黑，说明前桥主减速器及差速器内部也已经烧蚀。

图 2-4　前主减速器的实际传动比

更换新的前桥主减速器及差速器总成，确认其壳体标签上的传动比为 3.38，如图 2-5 所示。安装后，实际试车，故障现象消失。客户行驶近 4000km 反馈，未再次出现此故障。

图 2-5　前桥差速器上的标签（传动比 3.38）

（4）故障总结

该故障是一例极特殊的装配错误案例。故障可能是车辆在维修装配新部件或总成时，错误安装导致。此类故障在经销商内偶有发生，在此，带给我们以下提醒：

① 部件错误安装容易产生故障且很难诊断。本例中，不同传动比的主减速器，外观和安装尺寸完全相同，甚至有些时候由于 ETK 不完善，其零件号码都可能一样，因此一定要特别注意，可以通过部件上的实际标签进行确认。

而一旦安装了错误的部件，产生故障现象后，可能把我们错误地引导到其他可疑故障点上去，甚至会错误更换怀疑部件，导致不必要的经济损失。因此在诊断中还要留一个"心眼"。表 2-1 以 X5 为例，列举了不同车型的后桥主减速器传动比，供参考。

表 2-1　X5 后桥主减速器传动比

车型	发动机	后桥主减速器	传动比
BMW X5 xDrive40i	B58B30M1	HAG215LWS	3.38：1
BMW X5 xDrive50i	N63B44M3	HAG215LWS	3.15：1
BMW X5 xDrive30d	B57D30O0	HAG215LWS	2.93：1
BMW X5 M50d	B57D30S0	HAG215LWS	3.15：1

从表 2-1 中可以看到，不同车型的后桥主减速器型号一致，但是传动比却有三种。因此，安装时要格外注意。

② 很多机电维修技师认为，判断 VTG 故障，可以通过拔下 VTG 供电保险丝，验证故障是否消失的方法隔离故障。如果故障现象消失，说明故障就出在 VTG 上。

通过本例可以很明确地看到，我们拔下 VTG 供电保险丝后，故障现象消失了，但是最终的故障点却不是 VTG，而是前桥主减速器。因为，拔下 VTG 供电保险丝后，VTG 断开前后桥连接，车辆以后驱形式来行驶。这就隐藏了前桥主减速器传动比错误的问题，导致故障点判断错误，并错误地更换 VTG。

③ 在查修 VTG 方面的故障时，多了一个测试前、后桥主减速器传动比的新思路。

之前，对于传动系统故障，当我们怀疑 VTG 时，思路只局限在轮胎、轮辋、VTG 软件、VTG 油、VTG 内部故障这几个方面，而从前面的思维导图中，我们发现故障也可能出在与 VTG 相连接的部件上，就如本例中的前桥主减速器。其传动比不正确，导致前后轮转速不同，引起 VTG 内部打滑，最终烧蚀损坏。

2.1.1.2　F25 分动器漏油

（1）车辆信息

车型	发动机型号	里程 /km
X3 28i，F25	N20	72600

（2）故障现象描述

客户反映：停车后发现地面上有油迹。

故障现象确认：技师在举升车辆后，发现 VTG 底部确实有漏油痕迹，如图 2-6 所示。

图 2-6　观察到的漏油情况

（3）故障分析思路及排除方法

清洁分动器并且让客户继续行驶车辆约 2000km，然后再次检查分动器是否密封，发现还是有漏油情况，但是漏油不是特别明显，没有油滴存在。询问客户，也没有行驶故障发生。进行 VTG 油位检查，油位也正常。

与客户充分沟通，此类问题只是轻微渗油，从技术角度来说分动器状态正常，不需要进行任何维修，也不会有任何功能故障风险。

（4）故障总结

VTG 漏油是比较常见的一个故障现象，有两个方面需要注意：

① 一些"漏油"只是轻微渗出的油迹且无行驶异常表现，那么这种油迹就不是真实的故障并不建议维修。如果错误地进行了更换维修，就会造成不必要的经济损失。如果漏油是以油滴的形式存在，经过仔细检查确实存在漏油点，则需要根据具体漏油位置，更换通风管、油封等部件，甚至更换分动器总成。

② 在进行漏油点位置判断之前，首先要清洁分动器。清洁时不要使用粉末喷涂剂（P/N 83 19 2 358 648），因为粉末喷涂剂会导致漏油点的误判。建议使用安全清洁剂 2.0（P/N 83 19 2 405 818）对油迹进行清洁，与刹车清洁剂相比其清洁得更干净并且可以更快地干燥。

2.1.1.3　F02 低速转弯时出现冲击

（1）车辆信息

车型	发动机型号	里程 /km
750Li，F02	N63	62500

（2）故障现象描述

客户反映：当车辆在低速转弯或者起步后轻踩油门时，能感觉到冲击。

故障现象确认：技师试车后，发现低速转弯时有冲击现象，在某些情况下，在感受到冲击的同时，还能听到"咔嗒"的声响。

CID 或者 Kombi 上没有任何检查控制信息或者报警灯。

（3）故障分析思路及排除方法

由于客户描述的故障当前存在，先用 ISTA 对车辆进行检测，发现 VTG 控制单元中并没有存储故障代码。

根据该车出现的故障现象，结合 VTG 系统结构和工作原理，分析可能的故障原因如下：

① 轮胎、轮辋问题；

② VTG 软件问题；

③ VTG 油问题；

④ VTG 内部故障；

⑤ 前、后桥主减速器传动比问题。

首先检查车轮，该车安装了 BMW 推荐的轮胎与轮辋组合。检查轮胎状态和花纹深度也都正常。注意：前后轮胎花纹深度差超出很小的范围都会引起车辆行驶中 VTG 冲击。

断开 VTG 的供电线路（拔保险），进行路试，发现故障现象消失了。这说明故障点很大可能在 VTG 本身。

装复 VTG 保险丝，通过以下路径运行检测计划 ABL_DIT_AS2710_KALIB01，车辆处理—服务功能—01 电动马达—分动器变速箱控制—分动箱（VTG）：校准，如图 2-7 所示。检测模块将重新学习离合器的适应值并且和之前的校准值做比较。校准后试车，故障依旧。

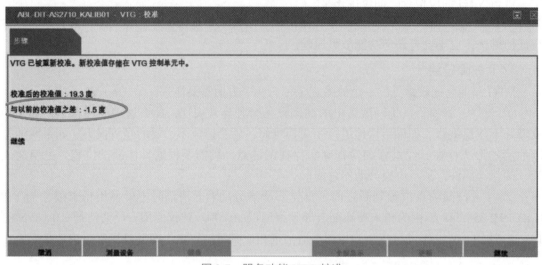

图 2-7　服务功能 VTG 校准

与客户沟通，车辆近期是否出现过事故、水淹等情况。客户说这是一台半水淹的二手车，当时觉得便宜，就购买了。基于此，我们怀疑 VTG 内部可能进水，而进水位置应该就在通风管处。

反复更换了两次 VTG 油（一次主要用来冲洗，一次更换），建议客户行驶至少 200km。客户反馈故障症状极大减轻。

（4）故障总结

该故障是典型的 VTG 油水混合故障案例，此类故障发生概率很大。这是由 VTG 部件结构设计引起的。在 VTG 上部侧面，安装了一个用于通风的结构——通风管及盖帽，见图 2-8。当车辆涉水深度超过该位置时，水可能会由此进入 VTG 内部，引起油水混合问题。混合后，VTG 内部离合器工作状态发生变化，当车辆低速转弯时，由于前后轮出现了轮速差，离合器承受不住扭矩，出现半滑转状态，从而表现为车辆低速转弯时冲击。

(a) 通风管　　　　　　　　　　　　　　　(b) 黄色盖帽

图 2-8　通风管及盖帽

2.1.2　故障解析

2.1.2.1　VTG 结构特点

（1）系统组成及工作原理

BMW 四轮驱动系统的销售名称是大家所熟知的 xDrive。这是一种带分动器的全轮系统。除了杰出的牵引力之外，也更加注重动态行驶。VTG 系统组成见图 2-9。

图 2-9　VTG 系统组成

1—分动器 VTG 控制单元；2—分动器离合器执行机构；3—组合仪表 KOMBI；4—DSC 传感器（横向加速度、纵向加速度和横摆率传感器）；5—转向角传感器；6—DSC 液压单元；7—DSC 控制单元；8—RPA 按钮；9—HDC 按钮；10—DTC 按钮；11—制动液液位开关；12—车轮转速传感器；13—变速箱电子控制系统 EGS；14—数字式发动机电子系统 DME

发动机产生的扭矩在自动变速箱中转化并通过变速箱输出轴传递至分动器。分动器的作用是根据行驶状况以可变方式向前桥和后桥分配扭矩。由于可能存在车轮转速差导致后桥和前桥之间无法建立刚性连接，因此在分动器内部有一个多片式离合器。多片式离合器的作用是实现两个驱动车桥之间的可变式力矩分配。动力传递部件如图 2-10 所示。

在正常的直线行驶时，前桥和后桥如往常一样可以分配到 50∶50 的力。这样前桥就不会获得过多的驱动力矩，可以以最佳方式执行转向任务。在向内打方向盘且弯道行驶稳定时，分动器通过电控多片式离合器将 80% 的力传输至后桥。这可以提高车辆的机动性，有效防止转向不足。

VTG 的主要调节模式如下：

1）不足转向

车辆转弯过程中，当不足转向趋势增强时，VTG 就会将更多驱动力矩分配给后桥。这样可使前桥产生更大侧向力，从而减小不足转向。此外，驱动力分配系统在提高发动机驱动力矩的同时对弯道内侧后车轮进行制动干预，从而在无须车辆减速的情况下使车辆重新获得中性行驶特性，如图 2-11 所示。

图 2-10　动力传递部件

1—右前驱动轴；2—分动器 ATC13-1；3—万向轴；4—右后驱动轴；5—后桥差速器；
6—左后驱动轴；7—左前驱动轴；8—前桥差速器

图 2-11　VTG 对不足转向的调节

红色指示箭头—驱动力分配系统干预；绿色指示箭头—VTG 干预；1—入弯前，VTG 使驱动力矩分配设置稍微偏重后部；2、3—转弯时，VTG 将更多驱动力矩分配给后桥，驱动力分配系统克服不足转向；4—不足转向趋势减小时，重新将更多驱动力矩分配给前桥，驱动力分配系统的干预减弱；5—VTG 重新进行标准分配，不再需要驱动力分配系统进行干预

2）过度转向

在过度转向的行驶情况下，xDrive 以尽可能减轻后桥负荷为目标来分配驱动力矩。同时，DSC 通过对弯道外侧后车轮进行额外干预，迅速稳定车辆并重新恢复中性的行驶特性，如图 2-12 所示。

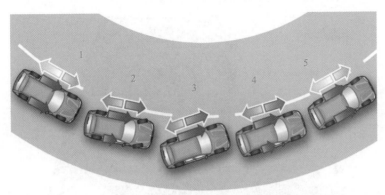

图 2-12　VTG 对过度转向的调节

红色指示箭头—驱动力分配系统干预；绿色指示箭头—VTG 干预；1—入弯前，VTG 使驱动力矩分配设置稍微偏重后部；2—出现过度转向趋势时，VTG 将更多驱动力矩分配给前桥；3—过度转向趋势增大时，驱动力分配系统（SA 2VG）通过对弯道外侧后车轮进行制动干预稳定车辆；4—过度转向趋势减小时，重新将较少驱动力矩分配给前桥，驱动力分配系统的干预减弱；5—VTG 重新进行标准分配，不再需要驱动力分配系统进行干预

（2）分动器

BMW 各类四驱车型上，所使用的分动器比较多。比较常见的有分动器 ATC500（E53）、分动器 ATC700（E70）、分动器 ATC400（E83）、分动器 ATC450（F25）、分动器 ATC 13-1（G12）等。下面以最新的、最先进的 ATC 13-1 为例进行介绍。

分动器 ATC 13-1 将两个驱动车桥上的力矩分配按 50：50 均匀分配。分配计算时还需要其他重要的特性参数，例如不同的车轮滑移值。如果两个驱动车桥的车轮滑移不一致，则可能无法实现 50：50 的力矩分配。在这种情况下，会根据行驶状况以可变方式在 0：100 和 100：0 的理论范围内分配驱动力矩。在多片式离合器分离时，所有扭矩都被传递至后桥。为了能够将扭矩传递至前桥，多片式离合器必须接合。传输力矩在动态稳定控制系统（DSC）中计算并通过 FlexRay 传输至分动器（VTG）控制单元。分动器（VTG）控制单元根据所需的传输力矩计算出齿环上需要调整的角度。调节时所需的扭矩由电动马达产生。根据所要求的力矩分配，多片式离合器压紧力增大。分动器控制单元（VTG）安装在多片式离合器伺服电机的下方，如图 2-13 所示。

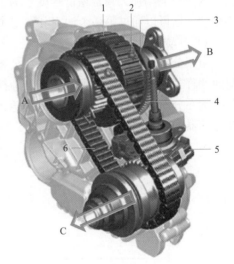

图 2-13　分动器 ATC13-1

A—变速箱驱动装置；B—力矩输出至后桥；C—力矩输出至前桥；1—多片式离合器；2—滚球（3 件）；3—滚球斜面；4—齿环；5—分动器控制单元（VTG）；6—链条

1）油耗优化结构

通过减小牵引力矩实现 VTG 油耗优化，这样可以提高效率。通过全轮系统智能调节，分动器的多片式离合器可以根据行驶状况分离，这样可以减少分动器中的润滑。通过降低油位，最大程度地减少由于旋转的多片式离合器浸没造成的搅动损失，这样可以减少燃油消耗以及多片式离合器的磨损，如图 2-14 中箭头 A 所示。

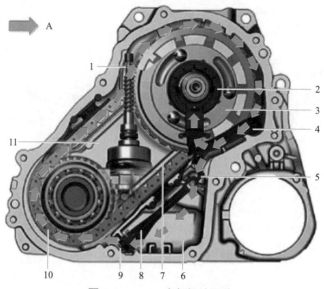

图 2-14　VTG 内部机油回路

1—涡轮轴；2—多片式离合器的隔板；3—齿环；4—带容器的油管；5—换挡轴（操纵机油隔板）；6—油室 2；
7—溢流口；8—机油隔板（油室之间的隔板）；9—弹簧片；10—链条；11—油室 1

如果未向分动器提出扭矩要求（多片式离合器分离），则机油隔板会关闭。机油隔板的作用是将油存储在油室 2 中，通过安装在壳体中的一根杆实现，此时一个弹性体密封件会封闭开口。 通过齿环移动的换挡轴操纵机油隔板并将其保持在规定位置上。这样可以隔离油室，从而将搅动损失降至最低程度。为了确保轴承和密封环的润滑，始终要有特定量的油循环流动。这可以通过第一个油室和第二个油室之间的溢流口来保证。

2）分动器分级

由于分动器的不同部件允许存在公差，因此用于使分动器中的多片式离合器接合的滚球斜面冲程各不相同。但是可以通过合理控制电动马达以使多片式离合器接合来补偿公差。为此必须在分动器（VTG）控制单元中输入公差分级。各个公差都是在生产过程中确定并刻印在分动器上的，如图 2-15 所示。

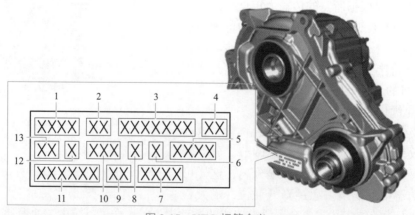

图 2-15　VTG 标签含义

1—总成分组；2—安装位置标记；3—零件号码；4—更改索引；5—生产计数器；6—制造商标记；7—公差分级；
8—安装位置；9—工厂标记；10—生产日；11—供货时编号；12—客户；13—生产年

重要提示！在保养时可以如下确定公差：

① 读取分动器上的公差分级；

② 通过诊断系统读取分级。

可以借助诊断系统中的一项服务功能将四位数分级输入到分动器（VTG）控制单元中。为了使 VTG 控制单元接受，分级必须位于存储范围内。

2.1.2.2　VTG 故障分析

在汽车底盘故障中，VTG 的故障发生频率相对较多，常见的主要有以下几种：

（1）VTG 漏油

一般情况下，分动器不会产生漏油现象。但是，一些大里程车辆或者是故障车辆，可能由于通风管路断裂、密封圈老化、刮碰损伤等原因，会产生分动器漏油现象。漏油位置一般出现在前后输出轴油封、通风管、变速箱输出端和分动器输入端油封、分动器油充注塞、控制模块连接处这几个位置。

（2）行驶中有冲击，并伴有振动和噪声

VTG 故障引起的行驶冲击是客户投诉最多的故障，其根本原因是，当出现前后轮转速差时，由于 VTG 自身问题（如 VTG 油进水或变质、VTG 内部离合器打滑、VTG 软件控制故障等），导致 VTG 的离合器无法完全接合或完全断开，离合器片一边接合一边打滑，才会出现冲击，并伴有振动和噪声，甚至会有警示灯亮起，并在 VTG 中出现故障记录：5463 机械机构断裂。

车辆一般会在以下条件下产生冲击：

① 在车速为 80 ～ 140km/h 时，驱动系产生振动或噪声，在滑行运行时特别明显。

② 在低挡位急加速时，力的传递出现短暂中断（抖振 / 反冲），在自动变速箱中存在相似的滑差 / 打滑。

③ 低速弯道行驶时。

（3）VTG 系统报警，并伴有不同故障现象

同其他底盘电子控制系统一样，VTG 系统虽然结构相对简单，但是也会出现电气故障。出现电气故障时，常伴有组合仪表上相应报警灯的点亮，同时往往会在显示屏上提示"传动系统故障"的检查控制信息，并可能伴有车辆无法行驶、转向困难、加速时冲击等故障，需要拖车到店进行维修（注意前文中提到的拖车注意事项）。

比较常见的 VTG 系统报警有：440101（达到了变速箱使用寿命的极限）、440105（校准：出现错误）、440115（分动器：校准角偏差超出公差范围）、44011B（设置的扭矩超出扭矩特性线范围）、D356E4（信息错误：前后桥纵向力矩分配状态）、CD95E0（信息，超时：纵向力矩分配的信息缺失）等。

2.1.2.3　VTG 故障诊断方法

（1）VTG 漏油

举升车辆，拆下车底护板，仔细检查 VTG 周围是否存在漏油以及漏油的大致位置。

处理客户漏油投诉时，按如下方式操作：

① 检查分动器上以下位置处是否有油迹或是否密封：

a.通风器管。漏油表现：通风器管路上有油迹且变速箱控制单元（上部）可能脏污。

首先观察该车装配的分动器，如果是安装了较短的通风管路，而且不密封，有漏油痕迹，则必须更换为零件号码（TN）为27108485077的长通风器管路，见图2-16（红色箭头）。

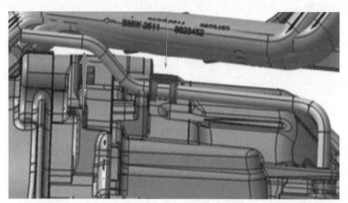

图2-16 长通风器管路（黄色管路）及固定夹（绿色箭头）

然后必须安装零件号码为12127669013的固定夹，以在分动箱上固定通风器管路，见图2-16（绿色箭头）。对于2017年5月之前生产的车辆G11、G12、G30、G31和G38或对于2018年4月之前生产的G01和G02，分动器上可能缺少用于固定长通风器管路的肋条。在该情况下，必须更换分动器并安装零件号码为27108485077的长通风器管路。

如果该车分动器上已装配了长通风器管路，而且不密封，有漏油痕迹。则需要检查分动器上的通风器管路是否已按规定安装或卡紧。如果未卡紧，则按规定插入并固定通风器管路。如果通风器管路断裂，则必须更换。最后清洁分动器并重新测试车辆。

如果在分动器上已安装了正确的长通风器管路并且干燥无漏油迹象，则继续检查漏点。

b.后输出部位。如果主要在后输出轴的油封上有油迹（见图2-17）并且通风器管路干燥，则必须更换后输出轴油封。如果后输出轴油封干燥无漏油迹象，则继续检查漏点。

图2-17 后输出轴油封

c.前输出部位。如果主要在前半部机壳上有油迹，并且分动器和变速箱之间的检查孔干净，则必须更换前输出轴上的油封。如果前半部机壳也干燥无漏油迹象，则继续检查漏点。

　　d. 变速箱输出端或分动器输入端的油封（分动器和变速箱之间法兰表面上的检查孔）。

如果检查孔被油污染，则表示变速箱输出端或分动器输入端上的油封不密封。如果其中一个油封不密封，见图 2-18（分动器输入端），则必须更换。在情况分辨不清楚时，同时更换两个油封。

　　e. 在分动器的前端沿行驶方向上。如果在分动器前部可看到沿行驶方向的油迹（地板饰板或主变速箱底侧），则为其他部件不密封。分动器上不密封不会导致分动器前面区域中的油污染，因此要在变速箱或发动机上查找原因。

　　② 如果可以确认漏油位置，则需要进行相应的更换和维修。在完成维修之后，必须检查分动器的油位，最后清洁分动器并重新测试车辆。

图 2-18　分动器输入端

　　③ 如果还是无法确认漏油位置，先清洁分动器并且让客户继续运行车辆约 2000km，然后再次检查分动器是否密封。如果分动器仍不密封，则需要进行总成更换。

　　注意！由于可能导致误判，不允许将粉末喷雾用于故障检查！

（2）行驶中有冲击，并伴有振动和噪声

　　当车辆出现行驶冲击故障时，可以按照以下步骤进行诊断隔离：

　　① 检测车轮 / 轮胎。前后轮间滚压周长的差值不可大于 1.5%（如有必要用卷尺检查）。车轮 / 轮胎组合和完整生产商标志（包括轮胎标记 ）必须符合 BMW 的许用规定。

　　轮辋 / 轮胎组合可以通过 KSD 进行检查。不同的胎纹深度，例如在仅更换了一个轴的轮胎之后，冲击感会加强。检查轮胎压力。如果存在疑问，例如轮胎混装，应利用标准轮胎对车辆进行判断。然后在车辆行驶约 10km 后重新判断，弯道行驶可以缩短分动器中机油的磨合过程。

　　② 断开 VTG 供电（取下保险丝），以便检查在 VTG 停用时是否仍有冲击的情况。注意：车辆休眠后才能取下保险丝！如果在 VTG 供电断开时仍有冲击，则检查是否取下了正确的保险丝。如果是，则产生冲击的原因不是分动器。用 ISTA 进行其他诊断（如发动机或变速箱），必要时用检测计划处理故障并重新评估车辆。

　　如果在 VTG 供电断开时不再有冲击，则说明故障在 VTG 或与其连接的部件上（如前后桥主减速器）。重新装入保险丝并进行下一步。

　　③ 根据维修手册在 VTG 上规范进行换油。

　　换油后应用 ISTA 的服务功能 ABL-DIT-2710_KALIB_VTGG11 测试模块，车辆处理—保养功能—01 驱动装置—分动器 VTG：校准。

　　该测试模块用于重新示校离合器校准值。最后删除 VTG 和其他相关控制单元中的故障代码。必须告知客户分动器的离合器只随着行驶距离的增加（至少 200km）重新校准。在城市拥堵路况短途行驶将会增加 VTG 离合器的恢复时间。最理想的恢复流程是长途行驶风格并伴随大量的转向以及加速操作。

　　④ 如果在换油和至少行驶 200km 后仍有冲击现象，则更换 VTG 变速箱。

（3）VTG 系统报警，并伴有不同故障现象

如果 VTG 系统相应报警灯被点亮，提示"传动系统故障"的检查控制信息，并伴有车辆无法行驶、转向困难、加速时冲击等故障时，说明 VTG 系统电气部件出现故障或者达到了报警阈值。这可能是 VTG 本身损坏或者软件出现故障。这往往预示着分动器存在较大问题，急需处理。

遇到此类情况，可以先尝试用 ISTA 进行诊断，并执行检测计划。如果无相关的检测计划或者检测计划无法解决问题，则可以对 VTG 控制单元进行编程和设码。如果故障还得不到解决，则需要更换 VTG 控制单元，甚至更换 VTG 总成。

2.2 动态驱动力分配系统（DPC）

2.2.1 经典故障案例

2.2.1.1 E71 后桥异响

（1）车辆信息

车型	发动机型号	里程 /km
X6 M，E71	S63	87700

（2）故障现象描述

客户反映：车辆后部有噪声，越来越明显，还有轻微振动。

故障现象确认：接车后对车辆进行试车，发现客户反映的情况确实存在，仔细分辨，噪声似乎来自后桥位置。

（3）故障分析思路及排除方法

先用 ISID 对车辆进行检测，读取故障代码，发现存在如下故障代码：

58E2 - 后桥差速器（QMVH）油老化

故障代码是当前存在的，可以直接删除。但是噪声和振动依然存在。而且行驶一段时间后，故障代码再次产生。

根据故障现象，结合以上故障代码以及车辆后桥的结构和原理，分析可能的故障原因如下：

① 后桥差速器油质问题；

② 两个后轮轮辋、轮胎问题；

③ DPC 控制单元软件 / 硬件问题；

④ 后驱动轴问题。

首先，检查两个后轮的轮胎和轮辋状态。为此，我们换上了两个相同型号的全新车轮。试车发现，故障依旧存在。说明两个后轮没有问题。

故障码生成了一个检测计划，执行该检测计划，对后桥差速器（QMVH）进行换油。按

要求给该车后桥差速器（带 DPC 系统）更换齿轮油。然后通过服务功能，重置"机油老化状态"（控制变速箱 STATUS_PU0803，RESET_CONTROL_OIL 劣化）。再次试车，发现噪声和振动依然存在。

对车辆进行编程，并确认 DPC 的版本是最新的。再次对车辆进行快速测试，无故障码。试车发现噪声和振动依然存在，但是故障码没有再次出现。

最后，抱着试试看的态度，更换了两个后驱动轴。进行试车，惊喜地发现原来的噪声和振动消失了。对车辆进行快速测试，也无故障码，故障得以排除。

（4）故障总结

底盘部位的噪声和振动故障，一直是令机电维修技师感到比较头疼的问题。首先，噪声和振动的位置不好确定；其次，具体的故障点也难以确定。

本例中，在检测计划的引导下，进行了一次后桥差速器油的更换。事后证明，这是不必要的。经过与技术部门沟通得知，这是由于 DPC 控制单元的编程和诊断软件出现故障，导致错误的报警和故障码显示，应该忽略。这也是我们对车辆进行编程后，车辆进行快速测试，无故障码的原因。因为相关控制单元已经进行了软件更新。

而真正的故障点，后驱动轴的问题，从外观和安装连接上很难发现。这就要求机电维修技师在诊断时要非常仔细，思路清晰。排除了一切可能，那么剩下的就一定是真相。而部件替换法虽然不为本书笔者推崇，也容易导致误判和经济损失，但是到了其他办法用尽的时候，也可以作为一个诊断故障的手段。

2.2.1.2　E71 后桥换油后异响

（1）车辆信息

车型	变速箱型号	里程 /km
X6 M，E71	S63	102000

（2）故障现象描述

客户反映：车辆后桥换油以后，后部有异响。

故障现象确认：接车后进行试车，发现客户反映的情况确实存在，随着车速的提高，异响声音变大。仔细分辨，确定异响来自后桥位置。经与客户沟通得知，客户参与一个连锁汽车维保品牌的优惠活动，在行驶 100000km 后，更换了后桥齿轮油。更换后没多久就产生了异响。

（3）故障分析思路及排除方法

先用 ISID 对车辆进行检测，读取故障代码，发现存在如下故障代码：

58E2 - 后桥差速器（QMVH）油老化

故障码是当前存在的，可以直接删除。但是噪声和振动依然存在，而且行驶一段时间后，故障码再次产生。

根据故障现象，结合以上的故障代码以及车辆后桥的结构和原理，分析可能的故障原因：更换了错误的后桥齿轮油，或更换的油质不良。

检查后桥差速器（QMVH）的油质，放出以后发现有烧焦的迹象。重新更换后桥差速器（QMVH）齿轮油。查询 ISTA，找到相关文件：00 11 259 后驱动桥（动态性能控制）换油。文件标明：后驱动桥有 3 个油室，外侧油室（1、3）储存机油"SAF carbon mod"，但具有不同的加注量；中间油室（2）储存机油"SAF XO Burmah Castrol"。在位置改变（后驱动桥）大于 45°时，会发生机油混合，如图 2-19 所示。

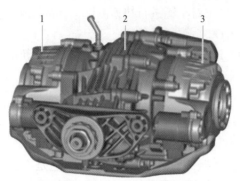

图 2-19　QMVH 的三个油室

后桥差速器（QMVH）内部有 3 个腔室，两侧由于安装有 DPC 的片式离合器，所以需要添加的是类似于变速箱油的 SAF carbon mod。而中间腔室只有主减速器和差速器，所以需要添加的是普通的齿轮油 SAF XO Burmah Castrol。

3 个腔室出于通风和压力平衡考虑，并没有互相密封，而是顶部相通。当车辆倾斜大于 45°，或者车辆发生翻车事故后，这 3 个腔室的油液就会发生混合，此时必须按 ISTA 标准进行更换。

更换时，首先要保证 DPC 在暖机状态下，以达到彻底更换的目的。为此，应该让车辆行驶至少 10km 后，再进行换油。

松开放油螺栓，使用专用设备抽吸旧油。放油螺栓（3 个）位于后驱动桥下方，见图 2-20。放油时注意：接触排出废油时有烫伤危险！吸入机油有中毒危险！眼睛和皮肤接触机油有伤害危险！排出的后驱动桥油要妥善处理。抽吸后，更新带 O 形环的放油螺栓，并按照标准力矩（50 Nm）拧紧。

按照规范，添加正确的新油。首先松开 3 个注油螺栓，如图 2-21 所示。

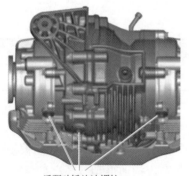

后驱动桥放油螺栓

图 2-20　后驱动桥放油螺栓

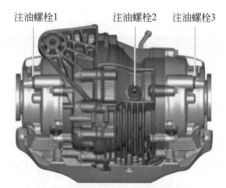

注油螺栓1　　注油螺栓2　　注油螺栓3

图 2-21　后驱动桥注油螺栓

按照表 2-2 所示，使用专用加注设备加注不同容量的不同型号润滑油。加注时，要特别注意：加注的油位一定要低于注入孔下边缘！不遵守规定的加注量要求会损坏后驱动桥！加注后，更新带 O 形环的注油螺栓，并按照标准力矩（50 Nm）拧紧。

表 2-2　后驱动桥注油一览表

加注腔室	型号	加注量 /L
中间加注室（2）	SAF XO Burmah Castrol	0.95 ± 0.02
左侧加注室（1）	SAF carbon mod	0.54 ± 0.02
右侧加注室（3）	SAF carbon mod	0.58 ± 0.02

更换后，通过服务功能，重置"机油老化状态"（控制变速箱 STATUS_PU0803，RESET_CONTROL_OIL 劣化）。再次试车，发现噪声消失。一段时间后，回访客户，故障现象再未发生。

（4）故障总结

该故障是典型的不规范维修和保养导致车辆故障的案例。

本例中，由于机电维修人员在保养时，错误地在后驱动桥的 3 个腔室中，添加了 3 个相同型号的润滑油，且按照以往经验，应该将润滑油添加至注入孔下边缘，而本例加注量偏大，最终导致异响产生。

这一案例给我们的维修技师敲响了警钟。我们很清楚地知道 ISTA 要求安装、维护、保养时一定要注意耗材的型号、加注量、更换新螺栓、拧紧顺序和力矩等问题。但是，很大一部分维修技师还是抱有侥幸心理，贪图方便和维修速度，往往不遵照 ISTA 要求操作。这样很容易导致维修事故的发生，让我们引以为戒！

2.2.2　故障解析

2.2.2.1　DPC 结构特点

（1）系统简介

传统后桥主减速器由一个锥齿轮传动装置和一个差速器组成，始终将驱动力矩平均（50∶50）分配给两侧车轮。驱动力矩始终对称分配到两侧驱动轮上且不会产生偏转力矩。但当两侧驱动轮的附着力不同时就会显示出明显的劣势。两侧驱动轮上较小的附着力限制了可传递到路面上的驱动力。一侧路面附着系数较低时意味着车辆无法移动。驱动力矩转化为无用角加速度传递给附着力较低的车轮，同时无法利用另一个附着力较高的驱动轮。

而从 E71 开始装配的动态驱动力分配系统（DPC）则能很好地解决这一问题。在这种带有叠加单元的后桥主减速器内，差速器两侧各增加了一个叠加单元，驱动力矩可变分配给两个后驱动轴。

动态驱动力分配系统（DPC）具体组成如图 2-22 所示。

通过 xDrive 和动态驱动力分配系统的相互配合，在左右两侧摩擦系数不同的路面上加速时可进一步改善车辆行驶状态。假设右后车轮位于干燥的沥青路面上，左后车轮位于雪地上。除了借助 xDrive 纵向分配驱动力矩外，动态驱动力分配系统还能够在后车轮之间分配驱动力矩。在这种情况下，大部分驱动力矩传输至右后车轮，因为左后车轮摩擦系数较低，所以只能传输较小的驱动力。后车轮间不均衡的力矩分配还具有动态驱动力分配系统也要利用的另外一种作用，即围绕车辆垂直轴产生一个扭矩（M）。这样可在转弯行驶时有效调节车辆围绕垂直轴转动。驾驶员可根据行驶状况利用这种作用更快地转入弯道或减弱这种车身转动，如图 2-23 所示。

（2）系统功能

1）负荷状况

动态驱动力分配系统可在牵引、自由滑行及惯性滑行三种负荷状况下，在后车轮间最佳分配力矩。负荷情况"牵引"表示发动机产生一个正驱动力矩。在这种情况下，BMW 动态驱动力分配系统的功能与其它竞争对手的系统功能基本相同。这个 BMW 动态驱动力分配系统可将最高 1800 Nm 的驱动力矩从一个车轮传递到另一个车轮，如图 2-24 所示。

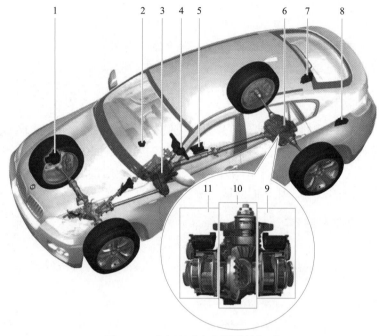

图 2-22　动态驱动力分配系统组成

1—动态稳定控制系统 DSC；2—DSC 传感器；3—VTG；4—转向柱开关中心（SZL）；5—集成式底盘管理系统（ICM）；6—DPC；7—DPC 控制单元；8—VTG 控制单元；9—右侧叠加单元；10—带有差速器的锥齿轮传动装置；11—左侧叠加单元

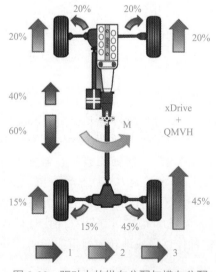

图 2-23　驱动力的纵向分配与横向分配

1—xDrive 分配的纵向力矩；2—车轮上可供使用的驱动力；3—DPC 系统分配的横向力矩

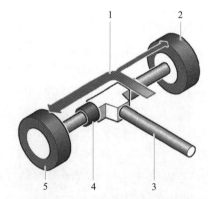

图 2-24　牵引过程中的力矩分配

1—力矩横向分配；2—左后车轮；3—传动轴；4—DPC 的受控叠加单元；5—右后车轮

自由滑行时没有驱动力矩。一种情况是指发动机和变速箱之间存在动力传输，发动机扭矩正好等于损耗扭矩；另外一种情况是驾驶员中断了发动机和变速箱之间的动力传输（选挡杆位于空挡），后桥主减速器输入端的力矩为零。与竞争对手的系统不同，动态驱动力分配系统在这种负荷情况下也可以分配力矩。如果传到一个车轮的是正力矩，则传到另一个车轮的是同样大小的负力矩，如图 2-25 所示。

如果发动机输出负力矩，例如滑行断油期间，则称为惯性滑行。此时动态驱动力分配系统也可进行力矩分配，即可以将负力矩以不对称方式分配到两侧车轮上。甚至可以实现一个车轮分配到很大的负力矩，而另一个车轮分配到较小的正力矩，如图 2-26 所示。

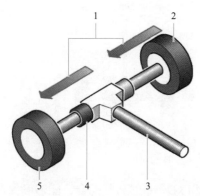

图 2-25　自由滑行过程中的力矩分配
1—力矩横向分配；2—左后车轮；3—传动轴；
4—DPC 的受控叠加单元；5—右后车轮

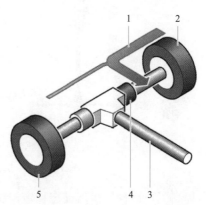

图 2-26　惯性滑行过程中的力矩分配
1—力矩横向分配；2—左后车轮；3—传动轴；
4—DPC 的受控叠加单元；5—右后车轮

2）改善牵引性能

① 从弯道中加速驶出。动态驱动力分配系统可根据轮胎与路面间的附着潜力分配力矩，从而提供最佳的弯道牵引力。在不影响行驶稳定性的情况下，车辆可以更迅速地从弯道中加速驶出。驶过弯道时，车辆的侧倾运动会产生大小不同的车轮支撑力。弯道外侧车轮承受的支撑力大于弯道内侧车轮。所以弯道外侧车轮可传递到路面上的最大驱动力也大于弯道内侧车轮。动态驱动力分配系统巧妙利用了这种作用：转弯行驶期间驾驶员加速时，系统分配给弯道外侧后车轮的驱动力矩大于弯道内侧后车轮。这样可以更好地利用后车轮的附着潜力，从而可以为车辆提供更大的过弯加速驱动力矩。

② 在不同摩擦系数路面上起步。驾驶员可感觉到起步牵引力得到了改善，尤其是在不同摩擦系数的路面上行驶时，因为在不同摩擦系数的路面上行驶时，可以明显感觉到该系统针对具体车轮以可变方式分配驱动力矩。动态驱动力分配系统将驱动力矩分配给能够传递更多驱动力的一侧。对比 xDrive 与动态驱动力分配系统分配力矩的情况，xDrive 系统将驱动力矩平均分配给后桥和前桥。后桥和前桥主减速器将驱动力矩平均传递给左侧和右侧车轮。但左后车轮和左前车轮在结冰路面上无法传递驱动力。此时 ASC+T 对左侧车轮进行制动干预，使其驱动力矩转化为热能。而右侧车轮的驱动力矩全部用于车辆加速。因此总驱动力矩的 50% 可以有效用于车辆起步，如图 2-27（a）所示。

而在此情况下，动态驱动力分配系统将后桥上的驱动力矩几乎全部分配给右后车轮。由于后桥上装有 QMVH 主减速器，因此前车轮上的力矩分配不受影响。因此现在共有 75% 的驱动力矩用于车辆起步（右后车轮 50%，右前车轮 25%）。尤其在不同摩擦系数的路面上行驶时，带有动态驱动力分配系统的车辆可比仅带有 xDrive 的车辆提供更高的有效牵引力以及更快的加速度。因此，动态驱动力分配系统也通过在后桥上横向分配驱动力矩提高了起步牵引力，如图2-27（b）所示。

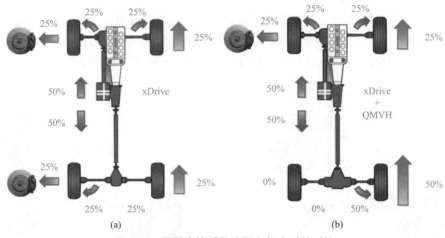

图2-27　不同摩擦系数路面上起步时的对比

③ 提高了灵敏性。虽然动态稳定控制系统DSC和xDrive的巧妙配合，能够确保车辆出色的牵引力和稳定性。但是稳定性和灵敏度之间存在一定程度的目标冲突。而动态驱动力分配系统则能够通过后桥左右车轮驱动力矩的无级分配，从逻辑上弥补DSC和xDrive的不足。该系统几乎完全不受输入力矩大小的影响，因此解决了稳定性和灵敏度之间的目标冲突。

当车辆转弯过程中出现不足转向趋势时，行驶动态的优化说明灵敏度得到提高，见图2-28。

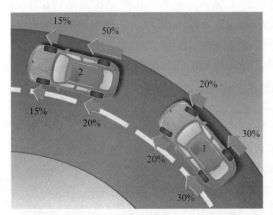

图2-28　在不足转向情况下提高灵敏度
1—车辆驶入弯道时出现不足转向趋势；2—DPC通过力矩分配消除不足转向趋势

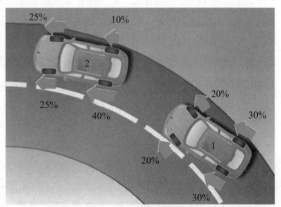

图2-29　在过度转向情况下提高行驶稳定性
1—车辆驶入弯道时出现过度转向趋势；2—DPC通过力矩分配消除过度转向趋势

可以看出，此时车辆对转向操控的响应更直接。通过在后桥上以不对称方式分配驱动力矩，动态驱动力分配系统可以确保最佳的偏转力矩。这种围绕车辆垂直轴的附加受控力矩有助于优化车辆的"主动转弯性"并减小所需转向角。减小所需转向角的同时可提高转向舒适性、降低不足转向趋势并使转弯时的转向性能更精准。

④ 提高了行驶稳定性。除在减小转向角的同时明显提高车辆响应特性外，还可通过力矩分配更有效地控制可能出现的过度转向。动态驱动力分配系统通过抑制车辆围绕垂直轴的转动来提高行驶安全性。出现不稳定趋势如过度转向时，系统将后桥上的驱动力矩转移到弯道内侧车轮上，因此可抑制车辆甩尾。只要重新达到了稳定的行驶动力学状态，xDrive 就会再次将力矩分配恢复到 40 ∶ 60 的基本分配比。如果行驶稳定性仍然接近临界范围，DSC 就会进行相应干预。也就是说，各种行驶动态管理系统在集成式底盘管理系统协调下为了共同的目标相互配合，同时彼此互相补充。因此避让绕行时的行驶特性更易于控制，如图 2-29 所示。

（3）系统组成

1）带有叠加单元的后桥主减速器

动态驱动力分配系统采用的后桥主减速器与传统后桥主减速器（差速器）基本相同，只是在左右两侧各增加了一个叠加单元；被动齿轮和差速器之间以焊接方式连接（以前为螺栓连接）。两个叠加单元的结构基本相同，但在细节上有所不同。例如，左右两侧的电机和行星齿轮组不同。如图 2-30 所示，此后桥主减速器也有 3 个储油室，但它们通过一个共用通道通风。

(a) 左侧叠加单元　　(b) 差速器与减速器　　(c) 右侧叠加单元

图 2-30　带有叠加单元的后桥主减速器

在前面的案例中，我们已经了解到，在带有叠加单元的后桥主减速器上共有 3 个加注螺栓和三个排放螺栓。中间部分（带有差速器的锥齿轮传动装置）使用标准机油（准双曲面齿轮油），左右两侧叠加单元内使用专用机油。在带有叠加单元的后桥主减速器中这两种机油均为终生免更换机油。所有 3 个储油室共用减速器壳体顶部的一个通风装置。拆卸和安装带有叠加单元的后桥主减速器时，倾斜度不能超过 45°（机油可能会通过共用的通风装置流出）。

两个叠加单元主要由一个执行机构（电机）、一个齿轮传动机构、一个球道、一个片式制动器和一个行星齿轮箱组成。该行星齿轮箱与标准行星齿轮箱的不同之处在于没有齿圈，如图 2-31 所示。

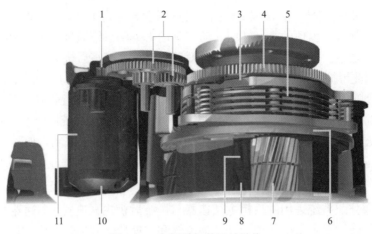

图 2-31　右侧叠加单元的结构

1—电机驱动小齿轮；2—传动齿轮；3—球形压盘；4—球道驱动齿轮；5—片式制动器套件；6—行星齿轮架；
7—行星齿轮；8—内侧太阳轮；9—外侧太阳轮；10—电机位置传感器；11—右侧电机

　　片式制动器和球道采用这样的结构是为了在发生故障时确保电机断电。在此球道与支撑盘之间的压力弹簧套件起到了重要作用。压力弹簧套件通过球道和空转的电机打开片式制动器并使其保持完全打开状态。这样可以确保出现故障时车辆可自行调节力矩分配损失，如图 2-32 所示。

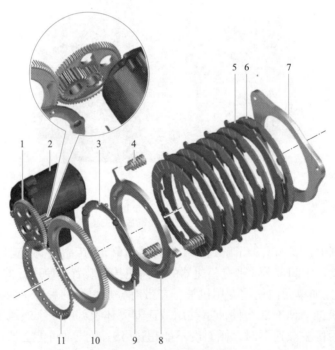

图 2-32　片式制动器和球道

1—传动齿轮；2—左侧电机；3—钢球导向环；4—压力弹簧套件；5—摩擦片支架；6—摩擦片；
7—支撑盘；8—球道压盘；9—钢球（4 个）；10—球道驱动齿轮；11—左侧半轴球轴承

2）电机

DPC 系统使用交流异步电机，三相电压由 DPC 控制单元产生。这样可在金属转子周围形成一个旋转电磁场，该电磁场在转子处产生一个力矩。选择异步电机设计方案是因为它结构简单坚固耐用。此外，断开相电压时异步电机轴可自由移动。这是安全方案的组成部分，因为出现故障时会断开相电压，如图 2-33 所示。

左侧和右侧电机结构不同，相电压和温度传感器插头（2）设码也不同。这样可以避免混淆或连错两侧电机。两个电机通过电机固定螺栓（4）与叠加单元相连。因此电机与叠加单元内的机油接触。由于轴承（6）没有进行密封，因此小齿轮和电机的整个转子都在机油中转动。为此在电机上装有以下壳体密封件：密封环（5）、安装在电机位置传感器接缝处的密封环（图 2-33 中未画出）、安装在相电压和温度传感器（2）插头上的密封垫。

更换一个或两个电机时要注意以下几点：

① 拆卸电机时可能会流出少量机油。流出的油量与总量相比很小，因此无须添加机油。

② 更换时只能使用正确的左 / 右侧电机。可借助电子零件目录确认电机。

③ 更换一个或两个新电机后，必须借助诊断系统启动一个试运行程序。此时电机位置传感器数据传输到 DPC 控制单元。

3）传感器

电机温度传感器（1）是一个热敏电阻器，DPC 控制单元测量电阻并由此确定电机内的温度。在图 2-34 中还可以看到密封剂（2），该密封剂用于壳体与插头之间的密封。这样可以避免机油从此处流出。同时密封剂还充当导热介质，从而使温度传感器承受与电机其它部件基本相同的温度。用于测定两个叠加单元内齿轮油温度的两个传感器对称安装在两侧，如图 2-34 所示。

图 2-33　左侧电机

1—电机位置传感器插头；2—相电压和温度传感器插头；3—轴承盖螺栓；4—电机固定螺栓；5—密封环；6—轴承；7—电机小齿轮

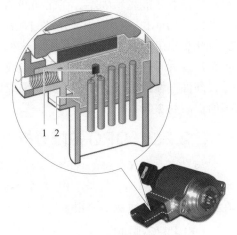

图 2-34　电机温度传感器

1—电机温度传感器；2—密封剂

（4）磨合阶段

与传统后桥主减速器相比，带有叠加单元的后桥主减速器无须满足任何特殊或附加的磨合要求。新后桥主减速器也不会影响或减弱任何功能。需要注意的是，后桥主减速器的两个系统组件会出现明显磨损，即叠加单元内的片式制动器和齿轮油。用于这两个组件的计算模型可以补偿磨损或监控其数值是否过高。

片式制动器的持续磨损可通过相应的电机控制得到补偿。通过后台持续进行的适配过程可以确定恰好没有进行力矩分配的电机位置。行驶期间最后的"零位"自适应数据存储在 QMVH 控制单元存储器内，用作下次行驶的起始值。在整个使用过程中，片式制动器的磨损都能得到补偿。它的结构以及电机调节的范围都确保了这一点。因高温产生的摩擦和负荷也会导致叠加单元内的齿轮油老化。为此计算磨损时要考虑到叠加单元内齿轮油的老化程度，齿轮油的老化程度有两个影响因素：叠加单元的运行次数和叠加单元内齿轮油的温度。

在正常以及动态驾驶方式下，齿轮油可随车辆一直使用而无须更换。磨损算法的结果保持在允许范围内。只有在非常频繁、极度运动的驾驶方式下，才有必要在使用期限内更换齿轮油。随后磨损算法会产生一个故障代码存储器记录。诊断系统根据该记录提出更换齿轮油建议。注意，此处所指的"齿轮油"和"更换齿轮油"仅限于叠加单元的两个油室。差速器所用机油仍然终生免更换。在转向角信号受限的情况下起步转向柱开关中心（SZL）内的转向角传感器只能直接测量相对转向角。其测量范围为 $-180°$ ～ $+180°$。系统可以根据方向盘转动圈数和相对转向角计算出绝对转向角。SZL 供电中断时（例如断开蓄电池接线），此信息就会丢失。之后启动车辆时，首先只能提供相对转向角。SZL 通过车轮转速传感器信号确定第一次起步时方向盘的转动圈数。

一旦 SZL 供电中断，这种情况可能会给四轮驱动车辆带来很大麻烦。例如在积雪路面上启动车辆。驾驶员以迅速踩下加速踏板的方式起步，从而导致所有车轮打滑或必须通过 ASC+T 进行制动干预。出现上述情况时，SZL 可能无法立即获得方向盘圈数信息。只有车轮停止打滑才能重新确定。在此期间动态稳定控制系统无法发挥其全部功能，动态驱动力分配系统的功能也无法使用。在此过渡阶段通过亮起 DSC 警告灯和一条检查控制信息提醒驾驶员注意稳定控制系统功能受限。这种情况并不表示出现故障，而是系统暂时无法使用，遇到客户投诉时应向其说明。两个电机或叠加单元齿轮油可能出现温度过高现象。温度过高会导致部件损坏或过度磨损。为此应采取以下预防措施：识别出这种行驶状态时，暂时将温度限值提高约 2℃。

2.2.2.2　DPC 故障分析

与 EGS、VTG 一样，DPC 也有类似的由电机控制的片式离合器结构，因此 DPC 的故障形式也主要有漏油、异响、电气系统报警等。但是由于 DPC 在车辆上配备相对较少，因此在维修中遇到的案例不是很多。

（1）DPC 漏油

一般情况下，DPC 不会产生漏油现象。但是，由于 DPC 的特殊结构（3 个腔室、3 个排油螺栓、3 个注油螺栓），其漏油概率比 EGS 和 VTG 要大一些。一般情况可能由于密封圈老化、剐碰损伤等原因，会有漏油现象产生。DPC 漏油位置一般出现在排油螺栓处、注油螺栓处、通风装置处、电机和传感器安装处这几个位置。

（2）异响

DPC 异响故障是客户投诉较多的故障之一。实际维修中，明确异响发生的位置是成功隔离故障的关键所在。但具体的故障点难以确定。

DPC 的异响一般有两种情况：

1）DPC 本身产生异响

车辆在滑行时，由于没有驱动力矩，后桥内的主减速器由于存在一定的齿轮啮合间隙，会发出稍大一些的声音，对声音比较敏感的客户就会认为这是异响故障。其实，这是正常的齿轮啮合的声音。如果声音很大，且不仅在滑行中出现，则很有可能是油液变质或缺少油液，也可能是 DPC 控制单元软件出现故障。

2）DPC 外部异响

DPC 外部异响一般是与其连接的部件出现了变形、干涉、损坏等，如后部传动轴、两个后驱动轴、DPC 安装螺栓松动。

（3）DPC 系统报警

一般 DPC 系统出现电气故障时，常伴有组合仪表上相应报警灯的点亮，同时往往会在显示屏上提示"传动系统故障"等检查控制信息，以及后桥差速器（QMVH）油老化的故障码，并可能导致车辆无法正常行驶，需要拖车到店进行维修。

虽然 DPC 系统故障的形式较多，但是，根据其结构分析和实际维修经验，故障可能出现在以下几点：DPC 机油缺失或者变质，DPC 内部部件损坏，DPC 控制单元软件故障。同时，DPC 维修费用也相对较高。

2.2.2.3　DPC 故障诊断方法

（1）DPC 漏油

举升车辆，仔细检查后驱动桥周围是否存在漏油以及漏油的大致位置。

首先，彻底清洗后驱动桥油迹，吹干，再喷涂测漏粉末剂，实际行驶试车后，仔细检查泄漏点是否还有新的油迹。如果还有油迹，仔细查找原因，并按照表 2-3 进行处理。

表 2-3　DPC 漏油的处理方法

序号	漏油原因	处理方法
1	放油口螺栓密封不严	更换新的放油口螺栓（含密封垫） 更换新的 DPC 润滑油（注意区分两类）
2	注油口螺栓密封不严	更换新的注油口螺栓（含密封垫） 更换新的 DPC 润滑油（注意区分两类）
3	通风器管路密封不严	更换新的 DPC 总成
4	电机安装处密封不严	更换新的密封圈 更换新的 DPC 润滑油（注意区分两类）
5	传感器安装处密封不严	更换新的密封圈 更换新的 DPC 润滑油（注意区分两类）

注意！要使用专用加注设备加注不同容量的不同型号润滑油。加注时，要特别注意，加注的油位一定要低于注入孔下边缘！否则可能会损坏后驱动桥！

最后，再次彻底清洗油迹，吹干，喷涂测漏粉末剂。实际试车后，仔细检查后驱动桥部位是否还有新的油迹。如果还有油迹，则需要申请更换新的 DPC 总成。

（2）异响

DPC的异响有时很难判断。首先要区分是DPC本身产生的异响，还是外部连接部件产生的异响。

可以通过隔离的方法来进行判断。首先，断开DPC两侧电机插头，再进行试车检查。如果异响消失，则说明问题发生在DPC内部的叠加装置上。按照如下步骤进行处理：

① 执行服务功能：QMVH试运行。对DPC系统调校值进行初始化，若无效，进行下一步骤。

② 对DPC控制单元进行编程，若无效，进行下一步骤。

③ 规范进行一次换油操作，注意加注不同容量的不同型号润滑油，若无效，进行下一步骤。

④ 更换DPC总成。

如果断开DPC两侧电机插头，试车检查发现异响依旧。则说明异响发生与DPC关系不大，主要与后部传动轴连接、输出轴变形损坏有关。

（3）DPC系统报警

一般DPC系统出现电气故障时，往往预示着变速箱存在较大问题，急需处理。一般情况下会有相应报警灯点亮，提示"传动系统故障"的检查控制信息，并伴有车辆行驶抖动、异响等故障现象，说明DPC系统电气部件出现故障或者达到了报警阈值。这可能是DPC本身损坏或者软件出现故障。

遇到此类情况，可以先尝试用ISTA进行诊断，并执行相应的检测计划。根据相关维修经验，很多时候都是由DPC的片式离合器温度过高引起的。如果无相关的检测计划或者检测计划无法解决问题，则可以先执行服务功能：QMVH试运行。对DPC系统调校值进行初始化，若无效，再对DPC控制单元进行编程和设码。如果故障还得不到解决，则需要更换DPC控制单元，甚至更换DPC总成。

第3章

转向系统

3.1 电动机械式助力转向系统（EPS）

3.1.1 经典维修故障案例

3.1.1.1 F35（3系）转向助力失灵

（1）车辆信息

车型	发动机型号	里程/km
320Li，F35	N20	36400

（2）故障现象描述

客户反映：车辆转向时，当方向盘转角很大时，转向助力功能失效。

故障现象确认：接车后对车辆进行检查，发现客户反映的情况确实存在，但未发现相关报警信息。当前故障存在。

（3）故障分析思路及排除方法

由于客户描述的故障当前存在，先用 ISTA 对车辆进行检测，故障代码如下：

3210903900　助力转向系统失效

此故障代码比较特殊，一共十位数字，与我们常见的六位数字与字母组合的故障代码完全不同，并且没有相应的检测计划提供给维修技师。

根据 EPS 系统结构和工作原理，分析可能的故障原因如下：

① 插头连接问题；

② 转向系统相应杆件、球头问题；

③ 电气线路故障；

④ 转向阻力矩传感器故障；

⑤ EPS 总成（包括助力电机和控制单元）故障。

根据以往的经验，首先对于 EPS 的 3 个插头，供电插头、扭矩传感器插头、EPS 控制单元插头，逐一进行外观检查，未发现插头脱落、松动等现象。接下来，断开电源（蓄电池负极），拔下 3 个插头进行内部连接检查，未发现进水、腐蚀、断脚、位移等问题。重新牢固安装 3 个插头，通电后检查，故障现象未消失，排除插头连接问题。

对转向横拉杆、球头及与转向相关的底盘杆件进行检查，未发现变形、干涉、松动等故障现象，排除杆件问题。

利用 ISTA 查询 EPS 相应电路图，如图 3-1 所示，找到并规范连接好相应的适配器。首先测量 A67*2B 的 1 号引脚 EPS 供电电压，测得为系统电压 12.6V，正常。测量 A67*2B 的 2 号引脚接地线，正常。测量转向阻力矩传感器的线路，供电和接地都正常，原地转向时信号线电压也有变化，说明传感器线路本身没有问题。测量 A67*1B 的 6 号引脚模块供电电压，测得 12.6V，正常。最后分别测量 A67*1B 的 1、4 号引脚至 A173*8B 的 31、32 号引脚的导通情况，测得线路电阻接近 0Ω，线路正常。

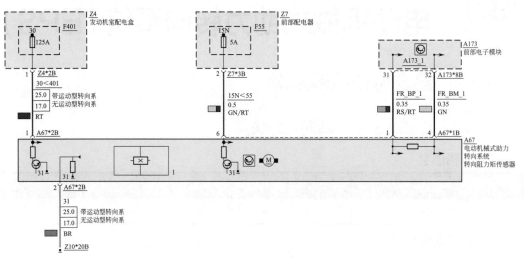

图 3-1　EPS 电路图

至此，已经测量了所有的线路，均为正常。只剩下转向阻力矩传感器和 EPS 总成，而且本车的转向阻力矩传感器不支持单独更换，一旦出现故障必须更换 EPS 总成。考虑到更换 EPS 总成价格太高，在没有绝对把握之前，不敢贸然尝试更换，维修一度陷入两难境地。

后来想到 BMW 技术部门的 PUMA 文件是否有相关的说明呢？经过查询，真的找到有关的 PUMA 文件：V5-CN 62880426-09-19-11-28 方向盘达到最大转向角时发出噪声，转向助力功能失灵。根据此文件提示，检查 EPS 下部 5 个固定螺栓，是否有因锈蚀严重，导致松动、变形、脱落的现象。

仔细检查该车 EPS 螺栓发现，下部一个与副梁连接的螺栓有锈蚀、松动现象，如图 3-2、图 3-3 所示。

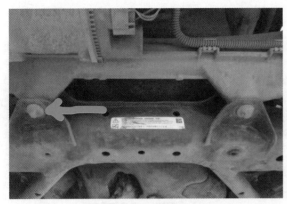

图 3-2　与副梁连接的螺栓有锈蚀、松动 1

图 3-3　与副梁连接的螺栓有锈蚀、松动 2

根据 PUMA 要求，不能单纯拧紧、更换固定螺栓，必须更换 EPS 总成。因为螺栓松动、变形、缺失，可能会导致 EPS 内部损坏，如果仅拧紧或更换固定螺栓，故障可能无法得到根本解决。经与客户沟通，决定更换 EPS 总成，并进行相应的设码与试运行。更换后经多次路试，故障现象再没有出现，也没有出现相关报警，后来回访客户得知，也没有再出现故障，故障得以修复。

（4）故障总结

该故障是典型的 EPS 机械问题导致电气故障的案例。

此类问题一般处理起来比较棘手。其一，容易造成误判。在进行车辆快速测试后，出现了一条奇怪的故障代码，显示 EPS 助力功能失效，这可能把我们错误地引导到电气类故障中去。其二，螺栓腐蚀、松动的故障点，很容易在故障诊断中被忽略。一般情况下，我们可能比较容易发现插头脱开、杆件变形、部件撞击等外在现象，但是对于螺栓松动、部件内部进水等隐蔽故障往往忽视。

在车辆装配中，EPS 的安装位置靠近车辆底部，虽然有下部护板作为防护，但是也极易受到水浸、撞击等损伤。因此也就容易产生线路短路、部件内部机械损坏、部件内部电路烧蚀、接触电阻、杆件变形等问题，从而引起转向沉重、转向异响、系统警告、系统报警等故障现象。

3.1.1.2　F18（5 系）转向器异响

（1）车辆信息

车型	发动机型号	里程 /km
520Li，F18	N20	93000

（2）故障现象描述

客户反映：车辆熄火 3min 后前面嗡嗡响，同时仪表提示蓄电池放电量增加。

故障现象确认：技师试车发现，锁车休眠后能听见机舱内嗡嗡响，用听诊器能分辨出异响明显来自方向机。

（3）故障分析思路及排除方法

① 由于客户描述的故障当前存在，先用 ISTA 对车辆进行检测，故障代码如图 3-4

所示。

故障码存储器	KOMPfdCI01-KOMBI	锁卸编号4	信息（重心纵向加速度，ID 目前是否存在？55.0.2）缺失，接收器 KOMBI，发射器 DSC/ICM
KOMB01	KOMBI-JCI01-KOMBI	0xE11515	信息（横向加速度，ID 55.0.2）缺失，接收器 KOMBI，发射器 DSC/ICM
MEVD1724	DME-MEVD172P-DME	0x1D2404	电子节温器，控制：断路
MEVD1724	DME-MEVD172P-DME	0x213601	动力管理：休眠电流故障
MEVD1724	DME-MEVD172P-DME	0xCD9203	LIN，信息；水箱百叶窗：缺少
PDC_01	JBBF-E3-PDC	0x80322E	前部左外超声波传感器，信号线：对地短路或断路
PDC_01	JBBF-E3-PDC	0x803234	前部左侧中部超声波传感器，信号线：对地短路或中断
PDC_01	JBBF-E3-PDC	0x80323A	前部右侧中部超声波传感器，信号线：对地短路或中断
PDC_01	JBBF-E3-PDC	0x803240	前部右外超声波传感器，信号线：对地短路或断路
PDC_01	JBBF-E3-PDC	0xE2170C	KOMBI 接口（车外温度，0x2CA）：信号无效
SZL_01	SZL_LWS-03-SZL_LWS	0x803428	SZL：LIN 低电压
SZL_01	SZL_LWS-03-SZL_LWS	0x803434	SZL：SZL 低电压
TRSVC01	TRSVC-01-TRSVC	0x800B9F	TRSVC：电压过低
TRSVC01	TRSVC-01-TRSVC	0xCAAC0F	KOMBI 接口（车外温度，0x2CA）：信号无效
ZBE5_01	ZBE-05TC-FRONT	0x801405	CON：低电压

图 3-4　故障代码

② 故障码生成了相应的检测计划。按照优先级，首先执行电源诊断的检测计划。识别到休眠电流不正常，大于 1000mA 频率 15 次。

由于异响的故障现象发生在锁车休眠后，因此，执行服务功能 power down，让车辆强制休眠以模拟故障发生条件。休眠后可听见方向机嗡嗡响。此时，测量方向机休眠电流为 540mA 左右，明显过大。断掉方向机供电插头，休眠电流正常，异响消失。

初步判定：方向机不能正常休眠导致自身嗡嗡响。测量结果见图 3-5。

(a) 未断掉供电插头的休眠电流　　　　　　　(b) 断掉供电插头后的休眠电流

图 3-5　测量结果

③ 参考相关电路图（图 3-6）。车辆休眠后测量方向机插头电压，A67*1B，1#、4# Flexray 电压均为 0V 正常，A67*1B 3# 15N 电压为 12.45V（正常休眠的情况下为 0V），从保险丝 F43 处测量，电压为 12.45V，拔掉保险丝从方向机处测量 15N 电压为 0V，测量 Z1*7B 6# 至 A67*1B 3# 导线，无断路，对电源对地均不短路。

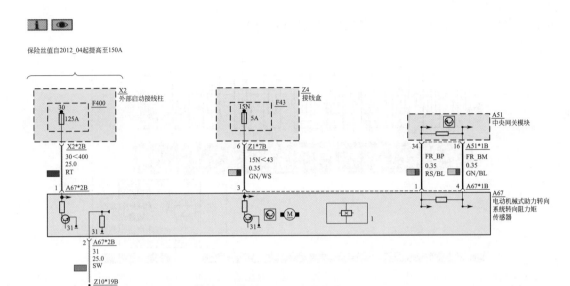

图 3-6　供电电路

④ F43 的供电由 Z1 中的继电器来控制，见图 3-7。可能的故障原因：前部配电器 Z1 中的 15N 继电器故障或者 JBE（接线盒电子装置）故障导致继电器休眠时无法断开。由于此继电器无法单独更换，因此互换前部配电器，故障依旧。再互换 JBE，故障依旧，此时诊断陷入僵局。

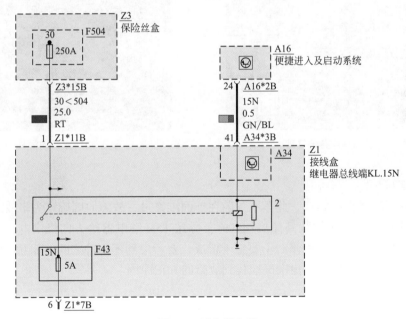

图 3-7　继电器电路

⑤ 故障能确定到继电器这一块，继电器之前的控制单元又能排除了，那么到底是什么原因导致继电器休眠后持续吸合呢？继续从继电器入手，当查到保险丝电路图（图 3-8）时，发现此继电器不只给方向机供电，此时突然想到是不是其他控制单元或者执行器故障导致休眠后继电器持续吸合呢？当拔下这些保险丝供电输出插头，挨个测量供电时发现，Z1 7B*3#

有 12V 电压，对应保险丝 F46，其他引脚电压均为 0V。

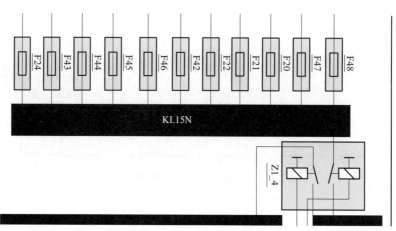

图 3-8   保险丝电路图

⑥ 查询电路图（图 3-9）发现 F46 是为水箱百叶窗供电的，当拔下 X148*1B 测量百叶窗线束时发现，此插头前端是 6 根线后端是 2 根线，去往 PDC 的线束插接点 X187*1B 前端是 3 根线后端是 6 根线，感觉有点不对劲。查询这两个插接点的电路图，发现这两个插头插反了，将插头插对后删除故障码试车，故障排除，见图 3-10。

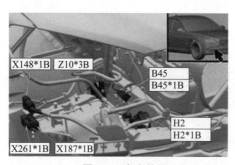

图 3-9   实车位置

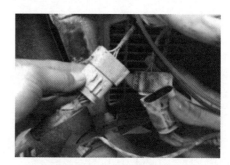

图 3-10   插错的插头

（4）故障总结

故障维修后，经询问客户，此车不久前在外面维修过，故障原因确定为事故维修时 PDC 和百叶窗插头插反，电压加载到保险丝 F46 上导致 15N 继电器给方向机供电，因此关闭点火开关后方向机异响。车辆维修时不要急于求成，要考虑到零部件之间的相互影响，要细心去看每一个故障码，才能更快更准确地找到故障的真正原因。

3.1.2   故障解析

3.1.2.1   EPS 结构特点

（1）系统功能

应用电动机械式助力转向系统（Electric Power Steering，EPS）是减少 CO_2 排放量系列措施中的一项。BMW 集团目前已经将这种转向系统推广到绝大多数车型上。BMW E85 和 E86 已经开始装 EPS，MINI R56 也带有该系统，E92 的 330d 首次采用了一种新型 EPS。负责提供转向助力的电机与转向器采用轴平行布置结构，以便为减少 CO_2 排放量做出最大贡献。

电动机械式助力转向系统（EPS）与传统液压式助力转向系统相比，两者的主要区别在于产生助力力矩（使驾驶员施加到方向盘上的力减小）的方式不同。

液压转向系统的特点在于通过内燃机的带传动机构或电气方式驱动助力泵。助力泵在液压系统内形成用于产生转向助力的压力或体积流量。EPS 则直接通过一个电机产生转向助力，电机将其产生的力矩施加到转向柱或转向器上。因此该系统通常还需要附加的齿轮传动机构来连接电机和现有的转向组件。

在其它方面，EPS 保留了转向系统的基本结构（例如用于液压式、也用于电动机械式转向系统的齿轮齿条式转向器）。在研发过程中对转向性能（例如转向力大小、转向力传输路径、传递路面信息等）提出了严格要求，因此不断针对目前所有车型进行优化，以确保 BMW 客户可以继续体验 BMW 车辆的卓越转向性能。

表 3-1 按照助力单元（由电机和减速器组成）的安装位置区分不同的 EPS 系统。

① BMW Z4 的 EPS。助力单元安装在车内转向柱上部，又称为转向柱型 EPS（C-EPS）。

② MINI 的 EPS。助力单元安装在小齿轮（转向柱和齿轮齿条式转向器之间的传输部位）上，又称为小齿轮型 EPS（P-EPS）。

③ BMW 3 系或 1 系的 EPS-APA。助力单元与齿轮齿条式转向器平行，这是 BMW 目前采用的主要类型。

表 3-1　不同车型 EPS 结构类型

项目	EPS-APA	P-EPS	C-EPS
车辆	BMW 3 系、1 系（E9x、E87 等）	MINI(R56)	BMW Z4（E85，E86）
制造商	ZF	JTEKT	ZF
电机类型	无电刷式直流电机	无电刷式直流电机	无电刷式异步电机
电机和减速器的安装位置	与齿轮齿条式转向器平行	转向柱和齿轮齿条式转向器之间传输部位处的小齿轮	转向柱上部
减速器的结构	齿形带传动机构和循环球式减速器	蜗杆和蜗轮	蜗杆和蜗轮

EPS 主要功能有：

1）根据车速提供转向助力

在液压转向系统内，只有通过附加组件才能实现的电子转向助力功能以软件形式集成在电动机械式助力转向系统内，因此可以结合 EPS 为客户提供该功能。客户希望在车辆掉头或停车入位时能够尽可能轻松自如地进行转向操作。在高速行驶时则要求转向设置不灵敏，从而更易于保持行驶方向。根据车速传感器信号和驾驶员施加的转向力矩，EPS 在低速行驶时（和车辆静止时）提供较大的转向助力（最舒适的感觉）。车速较高时，EPS 则会减少转向助力，因此要求驾驶员施加更大的转向力，这样有助于保持行驶方向。

如图 3-11 所示，助力辅助效果不仅取决于车速，而且还受驾驶员施加的转向力矩的影响。如果驾驶员施加较小的转向力矩，EPS 的助力力矩也会相对较小。这样可以达到出色的

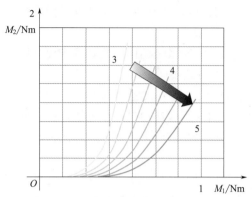

图 3-11　EPS 根据车速提供转向助力
1—驾驶员施加的转向力矩；2—EPS 的助力力矩；
3—车速为零；4—车速提高；5—最高车速

自动定中心效果，即在直线行驶时转向系统不过于敏感。驾驶员施加较大转向力时，曲线会经平稳过渡变化为梯度较大。因此驾驶员可在突然转动方向盘或掉头等情况下获得所需的较大转向助力。

各曲线之间的过渡不是跳跃进行的，而是循序渐进的。EPS 根据需要计算出相应的特性曲线值。除了早期部分车型（如 3 系和 1 系）以外，绝大部分 BMW 车辆都可以通过 SPORT 按钮，或中央信息显示屏上的"设置"菜单进行调节，以使用不同的转向助力曲线。

2）方向盘主动回位

除基于车桥运动学原理的自然复位特性外（如主销内倾和后倾），还可以通过相应控制电机辅助方向盘回位。辅助方向盘回位需要以下四个传感器信号：车速、驾驶员施加的转向力矩、转向角、转向角速度。

但转向角信号仅用于结合电机位置传感器信号进行校准，以便确定回位目标值（转向角为零）。确定回位目标值之后，"方向盘主动回位"功能利用电机位置传感器信号将方向盘回位，因为该信号的分辨率高于转向角传感器信号，因此可实现精确控制。如果因 SZL 出现故障等情况而无法提供转向角传感器信号，则"方向盘主动回位"功能无法运行。其它 EPS 功能仍保持启用状态。客户可能会用"跑偏"来形容此时的车辆状态，因为方向盘无法像正常状态下那样自动返回到直线行驶位置上。如果有客户投诉"车辆跑偏"，应考虑到的故障原因不仅包括底盘出现机械故障，而且还包括 EPS 与转向柱开关中心或转向角传感器之间出现信号或通信故障。在这种情况下，EPS 无法提供"方向盘主动回位"功能。因此进行四轮定位前应先检查 EPS 的故障代码存储器，必要时还要执行存储器内的检查计划，以便确定是否能够提供转向角传感器信号。

如果驾驶员在驶出弯道时松开方向盘，这时就需要启用方向盘主动回位功能。在这种情况下，辅助 EPS 进行识别的信号值为：转向角明显不为零，并且驾驶员施加的转向力矩基本为零。随后 EPS 控制电机产生回位力矩，通过该力矩确保方向盘平稳移动到直线行驶位置附近。与液压助力转向系统相比，客户可以明显感觉到回位特性得到改善，参见图 3-12。

EPS 可以更动态、更准确地返回到直线行驶位置上。这点适用于所有 BMW 的电动机械式助力转向系统，因为所有这些系统都包括"方向盘主动回位"功能。

图 3-12 中所示的没有方向盘主动回位功能时的 EPS 回位特性仅供对比。该回位特性不如液压助力转向系统的回位特性，原因在于电机和减速器的惯性较大。

3）主动缓冲

需要加以缓冲的方向盘自行移动可能是由驾驶员无意间的转向输入或路面、车轮干扰造成的，如图 3-13 所示。

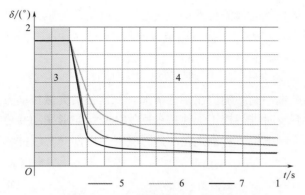

图 3-12　不同转向系统的回位特性

1—时间；2—方向盘角度；3—驾驶员保持转向角度不变（转弯行驶）；4—驾驶员松开方向盘（驶出弯道）；
5—液压助力转向系统的回位特性；6—没有方向盘主动回位功能时的 EPS 理论回位特性；
7—带有方向盘主动回位功能时的 EPS 回位特性

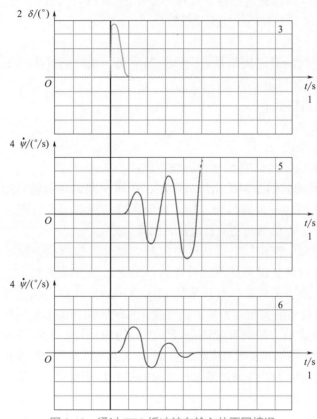

图 3-13　通过 EPS 缓冲转向输入的不同情况

1—时间；2—方向盘角度；3—方向盘角度的变化过程（来自驾驶员的转向输入，突然拉动方向盘）；4—偏转率；
5—没有主动缓冲功能时的理论车辆状态：转向输入后，转动情况随着车速的增高不断加剧；6—带有主动
缓冲功能时的理想车辆状态：即使车速较高，也可以充分缓冲转动情况

缓冲路面干扰：前桥的设计方案（双摆臂弹簧减振支柱车桥），已经可以确保车轮的垂直运动在转向横拉杆上产生较小的横向力。由于连接电机和齿条的减速器传动比较大，因此电机的惯性对车轮传递给方向盘的作用力也有缓冲作用。EPS 的电子缓冲功能弥补了这种机

械缓冲效果的不足。该功能对齿条移动情况（根据电机位置传感器信号）进行分析并控制电机。这样可通过定量方式将外部干扰传递至方向盘，一方面可使驾驶员充分了解路面状况，另一方面也可以防止方向盘上出现较大的干扰性振动。

缓冲来自驾驶员的转向输入，特别是在高速行驶时，如果驾驶员无意间突然转动方向盘，会对车辆稳定性产生不利影响。在某些情况下，驾驶员突然拉动方向盘会造成车辆左右摆动，如果驾驶员没有及时进行校正干预，车辆就会开始蛇形摆动并最终失去控制。EPS 识别出这种转向输入并控制电机，特别是在高速行驶时，以便充分缓冲移动情况，因此可防止车辆左右摆动。

4）主动反馈路面情况

部分由于电机惯性产生的缓冲作用，使 EPS 转向系统无法像液压助力转向系统那样提供清晰的路面状况反馈信息。

为了确保 EPS 车辆获得基本相同的路面反馈特性，EPS 会对描述车辆行驶状态的信息进行分析。EPS 功能逻辑根据这些信息计算出一个附加"EPS 路面信息"。因此驾驶员可获得与液压助力转向系统非常相似的路面反馈特性。

5）状态控制

EPS 的状态控制功能最终决定是否允许控制电机。该功能产生一个授权信号并发送给 EPS，EPS 负责协调控制和调节功能的规定值。

允许进行控制的条件如下：

① 点火开关已接通；

② 发动机正在运转；

③ 没有 EPS 输入信号故障或 EPS 内部没有故障。

研发 EPS 最主要的目的是确保出现故障时，车辆状态仍在驾驶员的掌控之中。因此绝不允许任何方向突然出现较大的转向力矩。为此，EPS 具有很多监控功能，用于识别传感器、执行机构和参与 EPS 功能的相关系统是否出现故障。

所有无法继续可靠、准确控制电机的故障状态都会导致电机控制中断，继而关闭 EPS 功能。其结果也会导致驾驶员无法继续获得转向助力。但该措施主要用于防止错误控制电机。出现故障时转向助力消失是一种预定的 EPS 系统响应特性。虽然驾驶员可能会感觉这种特性有些意外，但只要加大控制力量，仍可确保车辆转向性能不受影响。

无论是电动机械式助力转向系统还是液压助力转向系统，出现故障时转向助力都会消失。出现故障时，这两种系统的反应相似。出现故障情况时，组合仪表内的相应警告灯会亮起，EPS 不再提供转向助力，并通过显示出相应的检查控制符号，同时在中央信息显示屏内出现说明信息来提醒驾驶员注意。

6）协调规定值

在 EPS 软件的一个中央部位对用于控制电机的控制和调节功能规定值进行协调。出现状态控制功能的授权信号时，EPS 通常会使各个规定值相加并以总信号形式输出。在特定传输情况下，EPS 会在输送规定值之前对其进行过滤。

例如：内燃机启动时，EPS 开始运行，助力力矩以曲线形式增至所需数值，出于功能原因，EPS 降低转向助力（参见下面"辅助功能"一节）。出现故障时，EPS 将会突然取消电机的控制信号，而非对其进行过滤，以便尽快阻止错误操控。

7）辅助功能

只有处于特殊运行状态时，才会注意到下述功能。以下内容有助于针对客户投诉问题区分真正的故障状态和不需要进行维修的特殊运行状态。

① 防止过载。EPS 组件温度过高时，EPS 就会减小转向助力。通过减少对电机的控制限制 EPS 自身产生的热量，从而防止组件承受过高热负荷。温度达到大约 100℃时，这项措施就会开始生效，直至温度达到 115℃时转向助力降为零。减小转向助力达到特定程度时，组合仪表内的警告灯就会亮起，并在故障代码存储器内存储一条故障代码。

除减小转向助力外，EPS 还会要求 DME 提高电风扇功率，以便产生额外的冷却能力。环境温度较高且转向操作猛烈时，特别是在车辆静止时，可能就会出现这种过载现象。

试图使前车轮转向某个坚实障碍物时（例如路沿）可能会出现另外一种过载现象。如果在较短时间间隔内反复出现这种情况，也会减小转向助力。这样一方面可以防止 EPS 组件承受过大的机械负荷，另一方面也可以提醒客户转向时遇到了坚实的障碍物。

EPS 通过比较电机控制信号和电机移动情况识别出过载情况。出现过载情况时，EPS 减小转向助力。接到客户投诉时，要在进行维修工作前询问客户出现过载现象的限制条件。必要时要向客户说明这些保护功能的工作原理。

② 软件功能形式的限位位置。虽然 EPS 转向器内设有机械限位位置，但仍提供在即将到达机械限位位置前以坡度曲线形式减小转向助力的功能。虽然客户会感觉到转向阻力增大，但转向至限位位置的过程会明显变得更加平稳顺畅。

此外，该功能还可以减小转向系统机械和电气组件的负荷，从而有助于在获得可靠功能的同时确保较长的使用寿命。

（2）系统概览

1）机械结构

电动机械式助力转向系统与车辆之间连接部位的设计尺寸与以前所用的液压助力转向系统完全相同。图 3-14 为最常见的轴平行布置结构的电动机械式助力转向系统。

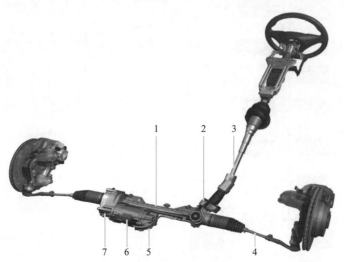

图 3-14　带有轴平行布置结构的电动机械式助力转向系统
1—齿轮齿条式转向器；2—转向力矩传感器；3—转向柱；4—转向横拉杆；
5—EPS 控制单元；6—带有电机位置传感器的电机；7—减速器

　　EPS 由以下主要组件构成：转向力矩传感器、EPS 控制单元、带有电机位置传感器的电机、减速器、齿轮齿条式转向器。这些组件构成一个单元（通常称为"EPS 齿轮齿条式转向器"），只能整个更换。如图 3-15 所示，更换时需从转向横拉杆和转向柱下部断开整个单元。安装新的 EPS 齿轮齿条式转向器后，必须进行四轮定位和轨迹调整。进行试运行时必须根据具体车型为 EPS 准确设码，并完成进行限位位置自适应的诊断功能。

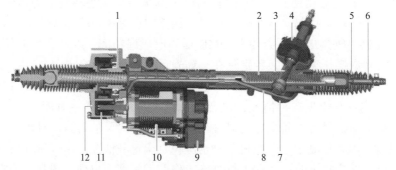

图 3-15　带有轴平行布置结构的 EPS 齿轮齿条式转向器内部结构
1—球螺纹驱动装置（减速器的组成部分）；2—齿条；3—小齿轮；4—转向力矩传感器；5—橡胶防尘套；
6—转向横拉杆；7—压块；8—转向力矩传感器的信号和供电导线；9—EPS 控制单元；
10—电机；11—齿形带传动机构（减速器的组成部分）；12—减速器壳体

2）电气结构

　　图 3-16 是 E 系列车型的总线架构。在新的 F、G 系列车型上，一些控制单元发生了一些改变。比如 CAS、JB 集成到了 BDC（车身域控制器），DSC-SEN 集成到了 DSC，SZL 已经取消。虽然模块位置发生了物理改变，但是实际控制方式却没有太大变化。

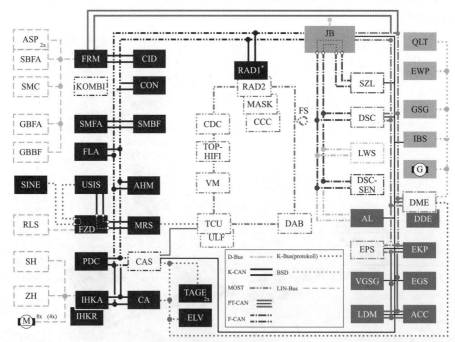

图 3-16　EPS 相关系统总线概览
CAS—便捷登车及启动系统；EPS—EPS 控制单元；DME—数字式发动机电子系统；JB—接线盒；DSC—动态
稳定控制系统；KOMBI—组合仪表；DSC-SEN—DSC 传感器；SZL—带转向角传感器的转向柱开关中心

图 3-17 为 EPS 系统输入输出原理图，具体参数信息参见表 3-2 和表 3-3。

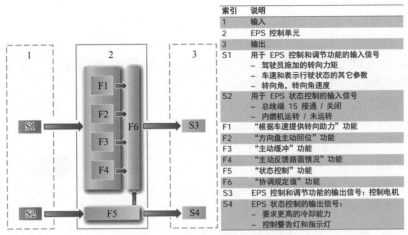

索引	说明
1	输入
2	EPS 控制单元
3	输出
S1	用于 EPS 控制和调节功能的输入信号 　– 驾驶员施加的转向力矩 　– 车速和表示行驶状态的其它参数 　– 转向角，转向角速度的输入信号
S2	用于 EPS 状态控制的输入信号 　– 总线端 15 接通／关闭 　– 内燃机运转／未运转
F1	"根据车速提供转向助力"功能
F2	"方向盘主动回位"功能
F3	"主动缓冲"功能
F4	"主动反馈路面情况"功能
F5	"状态控制"功能
F6	"协调规定值"功能
S3	EPS 控制和调节功能的输出信号：控制电机
S4	EPS 状态控制的输出信号： 　– 要求更高的冷却能力 　– 控制警告灯和指示灯

图 3-17　EPS 系统输入输出原理图

表 3-2　EPS 输入参数

发送装置	转向柱开关中心 SZL	数字式发动机电子系统 DME	动态稳定控制系统 DSC	便捷登车及启动系统 CAS
信号	驾驶员施加的 转向角	内燃机正在运转	车速和表示行驶状态 的其它参数	要求故障信息
传输	PT-CAN	PT-CAN	PT-CAN	PT-CAN 接线盒 K-CAN
接收装置	EPS 控制单元	EPS 控制单元	EPS 控制单元	组合仪表
功能	方向盘主动回位	状态控制	提供转向助力， 主动反馈路面情况	控制警告灯和指示灯

表 3-3　EPS 输出参数

发送装置	EPS 控制单元	
信号	要求更高的冷却能力	要求故障信息
传输	PT-CAN	PT-CAN、接线盒、K-CAN
接收装置	数字式发动机电子系统（DME）	组合仪表
功能	控制电风扇	控制警告灯和指示灯

　　在此，需要说明一下 EPS 为什么需要与 DME 进行信号交流，因为有些客户投诉转向助力瞬时减小，其原因就在于此。

　　这是因为 DME 内有一个智能化发电机调节功能（IGR）。此功能是减少 CO_2 排放量的又一项举措，系统根据行驶状态和蓄电池的充电状态调节发电机电压。因此在一些阶段内，车载网络电压保持之前的常规值（大约 13.8V）。但在某些情况下，电压也会降至 12V 或稍稍低于 12V。

EPS 组件（特别是电机）的设计额定电压为 12V，达到该电压时，可以满足提供最大转向助力和转向速度的要求。如果在发电机电压为 12V 时要求最大的 EPS 功率，就会因电机耗电量较大而导致 EPS 供电导线出现电压降。因此 EPS 输入电压可能会明显低于 12V，从而造成转向助力减小。

为了避免出现这种意外情况，IGR 有一种针对 EPS 的附加功能，执行该功能时无须与 EPS 直接交换信号，其功能范围如下：观察是否出现需要较高 EPS 功率的运行状态。为此对转向角速度和车速这两种总线信号进行分析。如果在转向角速度较高的同时车速较小，就会识别出较高的 EPS 功率。控制方式为：识别出较高的 EPS 功率后，提高发电机功率并短时提高车载网络电压。这项功能可确保 EPS 的输入端始终至少提供 12V 的额定电压，而且在很大程度上不受其它参数的影响。识别出 EPS 功率较高的状态和提高车载网络电压是一个调节过程，该过程最多 2s 就会结束。

由于这种情况很少发生，因此不会出现在客户投诉范围内。如果有特别细心的客户投诉转向助力瞬时减小，原因可能出在上述调节过程。如果反复出现相关投诉问题，最好进行供电诊断。

（3）系统组件

1）转向力矩传感器

根据驾驶员的不同要求，控制 EPS 提供的转向助力大小。驾驶员的要求体现在驾驶员

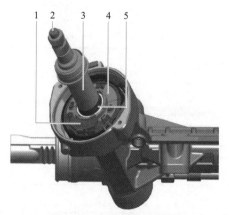

图 3-18　转向力矩传感器
1—带有电子分析装置的传感器元件；2—扭力杆（顶端）；
3—输入轴；4—卷簧；5—磁环

施加到方向盘上的力或力矩上。转向力矩传感器负责准确提供该信号，为此该传感器安装在下部转向柱和齿轮齿条式转向器之间的焊缝位置处，如图 3-18 所示。

传感器元件（1）对输入轴（3）和磁环（5）的扭转进行探测和电子分析，所采用的测量原理为霍尔效应。由于已知输入轴内部的扭力杆（2）刚度，因此电子装置可根据扭转程度计算出转向力矩的大小。随后通过直接导线以数字形式将转向力矩发送至 EPS 控制单元。

传感器采用双传感器结构，因此可在出现故障时提高使用效率。如果在运行过程中识别出两个传感器的偏差超过允许限值，系统就会根据两个传感器数值中更可靠的信号继续计算，并确保整个 EPS 功能正常运行。如果直到行驶循环结束时仍存在故障状态，就会产生一条故障代码存储器记录，并且下次开始行驶循环时 EPS 不再运行。

2）EPS 控制单元

除电子控制装置外，EPS 还带有控制电机的供电电子装置。供电电子装置包括一个星点继电器，借助该继电器可在出现故障时使电机绕组电路断路。电路断路时电机轴可自由转动，即可以防止出现电机电动卡止的故障情况。

在控制单元内集成有一个温度传感器，该传感器用于识别过载情况（工作原理参见"辅助功能"一节）。

EPS 控制单元（和电机）壳体的所在位置会受到较大的温度变化和外部湿度影响。因此壳体上有一个由 Goretex 材料制成的隔膜，该隔膜用于平衡壳体内部与周围环境之间的压力，还可防止该部位有湿气侵入，如图 3-19 所示。

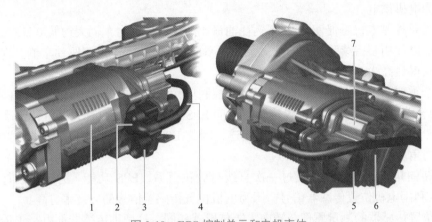

图 3-19　EPS 控制单元和电机壳体

1—电机壳体；2—转向力矩传感器导线接口；3—总线连接接口；4—连接转向力矩传感器的导线；
5—供电接口；6—由 Goretex 材料制成的隔膜；7— EPS 控制单元壳体

在 EPS 控制单元和电机的壳体上还带有 3 个电气连接插头，分别为 EPS 供电插头、总线连接插头（PT-CAN，包括唤醒导线）、转向力矩传感器的供电和信号导线插头。

在进行相关维修时要注意：必须更换 EPS 转向器时，只能断开用于"供电"和"总线连接"的电气连接件，不能断开连接转向力矩传感器的导线。如果有客户投诉无法获得足够的转向助力，原因可能在于供电接口处出现了电压降。出现这种情况时要检查供电接口是否腐蚀。

3）带有电机位置传感器的电机

电机的主要任务是产生 EPS 控制单元计算的力矩。

电机采用无电刷式直流电机（制造商为 SIEMENS 公司）。虽然电机用直流电来驱动，但其工作原理以交流同步电机为基础。EPS 控制单元的供电电子装置将供电电压（直流电压）转化为相电压，以便在相绕组上产生一个旋转磁场。

该电机可安装在 EPS 内，具有效率高、磨损小、使用寿命长、耐热负荷能力强、所需安装空间小、在较大转速范围内有恒定大扭矩等特点，如图 3-20 所示。

EPS 几乎只有在电机可以产生恒定扭矩的转速范围内，才会驱动电机。只有在个别情况下，包括驾驶员转向速度过快时，才会到达扭矩随转速下降的特性曲线范围。比较细心的驾驶员可能会在转向助力减小时感觉到这一点。液压助力转向系统减小转向助力时会感觉到转

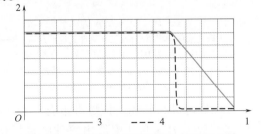

图 3-20　可提供的扭矩与转向速度的关系
（EPS 与液压助力转向系统对比）

1—电机转速与转向角速度；2—扭矩；3—EPS 电机
扭矩和转速的关系；4—转向系统的转向助力
泵扭矩和转向角速度的关系

向阻力突然增大（转向费力），EPS 减小转向阻力的过程持续进行，因此通常感觉更加舒适。

最大耗电量（瞬时）为 85A，因此达到额定电压 12V 时峰值功率大约为 1kW。根据这种较大的电流强度确定后备厢内用于防止功率电路短路的保险丝规格。与峰值功率不同，执行 EPS 功能所需的平均功率非常小。该功率仅有 20～40W（取决于驾驶方式），因为系统仅根据需要为电机供电。

根据需要控制电机是促使 EPS 车辆耗油量比液压转向助力车辆大约低 0.2L/100km 的主要原因。而以往用于持续驱动转向助力泵的功率现在则几乎完全用于驱动车辆。根据具体情况，可以获得最高 2kW 的纵向动力。

另一个重要的结构元件虽然安装在 EPS 控制单元的印刷电路板上，但紧靠在电机轴旁：电机位置传感器。这样，电机位置传感器可向 EPS 控制单元发送有关电机转子准确位置的信息。由于电机通过减速器与齿条固定相连，因此 EPS 控制单元可根据转子位置确定车轮位置和转向角。

通过转向角传感器信号校正过一次直线行驶位置后，EPS 功能（例如"方向盘主动回位"）就会利用电机位置传感器信号。因为电机位置传感器信号的分辨率更高。

电机位置传感器的测量原理与转向力矩传感器相同。这两种传感器都由霍尔传感器元件组成，霍尔传感器元件与转动的磁轮相邻。转向力矩传感器设计用于探测较小的扭转角度，而电机位置传感器设计用于探测较大的扭转角度（必须能够探测出转动整整一圈的情况）。

电机位置传感器也采用双传感器结构，但两个传感器的分辨率不同，以便能够有效探测出快速和缓慢的移动情况。

4）减速器

减速器将电机产生的扭矩传输到齿条和前车轮上，如图 3-21。

总传动比大约为电机转动 20 圈方向盘转动 1 圈。这种大传动比结合电机的高扭矩可产生所需的转向横拉杆作用力。这种大传动比结合电机的转动质量还能对路面和车轮的干扰起到缓冲作用（参见"主动缓冲"小节）。

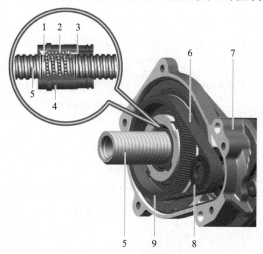

图 3-21　EPS-APA 的减速器

1—用于取出滚珠的机械机构；2—滚珠的返回通道；3—用于放入滚珠的机械机构；4—球螺纹驱动装置的螺母；5—齿条的球形螺纹；6—齿形带；7—减速器壳体；8—小齿轮；9—大齿轮

减速器由两个子单元组成：齿形带传动机构、球螺纹驱动装置。

电机轴直接驱动齿形带传动机构的小齿轮。通过齿形带和大齿轮使球螺纹驱动装置的螺母进行转动。该螺母带有一个滚珠返回通道，在通道两端分别有一个向齿条的球形螺纹放入滚珠和从中取出滚珠的机械机构。因此滚珠在一个封闭的"循环回路"内移动。由于螺母无法沿齿条方向移动，因此在球形螺纹内移动的滚珠会向齿条施加一个纵向的作用力。

减速器与电机固定连接在一起，无法对单个部件进行维修和调整工作。减速器及其部件

（以及齿形带）的设计使用期限与车辆使用寿命相等。

如果齿条端部的防尘套损坏，水可能会进入减速器壳体内，继而进入转向器内。水会造成部件腐蚀，时间久了会在车辆转向时发出较大噪声。但出现这种情况时仍会提供 EPS 转向助力。为了防止转向器内积水过多（例如涉水行驶后），在减速器最深的部位装有一个排水阀。

维修时注意：发现防尘套损坏时必须更换防尘套，以免有水进入转向器内。除防尘套外，还需更换减速器最深部位处的排水阀，可在维修套件中找到排水阀。转向器移动部件腐蚀时通常不会影响正常转向。腐蚀通常是产生转向噪声的原因。如果有客户投诉转向噪声较大，而且确定该噪声是由 EPS 转向器产生，则必须更换整个 EPS 转向系统。

5）齿轮齿条式转向器

EPS 转向系统的齿轮齿条式转向器功能与液压转向系统的齿轮齿条式转向器相同。齿轮齿条式转向器将驾驶员的转向要求以及 EPS 的助力力矩转化为施加给转向横拉杆的作用力，最终促使前车轮转动方向。

选择齿条的结构和尺寸时，要确保只需对车辆其它组件结构进行微调即可安装一个电动机械式助力转向系统。特别是通过转向横拉杆与车轮连接的部位以及与转向柱连接的部位都与之前所用液压助力转向系统的相关部位完全相同。

齿条的传动比也与以前相同。因此无论车辆安装哪种转向系统，转向器总传动比都相同。与液压助力转向系统一样，在小齿轮卡入齿条的部位也有一个压块。该压块可为齿条进行导向，此外还用于在制造商生产过程中对整个单元进行调整。

在生产过程中只能借助压块对齿条和小齿轮进行一次性调整。不能也不允许在维修车间内进行上述调整工作（除非个别车型有厂家技术支持文件，允许调整）！压块以纯弹簧机械方式安装在 EPS 转向系统内，没有使用液压支座。

3.1.2.2　EPS 故障分析

EPS 系统的主要故障形式是转向沉重以及转向异响。

（1）转向沉重

EPS 系统相对比较简单，它是一个机电一体化控制系统。其工作过程是：EPS 控制单元采集电压、车速、驾驶模式、转向阻力、电机位置等信号后，经过计算，得出目标值，然后向 EPS 电机发送指令信息，包括旋转方向、旋转角度、旋转力矩等信息，EPS 电机会带动转向器的机械杆件运动，从而实现车轮转向。

因此，转向沉重故障既可能是由传感器、控制单元、执行器等电气部件问题引起的，也可能是由机械杆件变形、干涉问题引起的。这需要在实际故障诊断中仔细进行区分。

（2）转向异响

当车辆转弯时，如果出现"吱吱吱吱""嗒嗒嗒嗒""咔嗒咔嗒"等异常响声时，根据其结构分析和实际维修经验，故障可能出现在以下几点：

① 轮胎；

② 轮辋；

③ 发电机传动带；

④ 前轮杆件、球头；

⑤ EPS 通风单向阀破损；

⑥ 转向器内部间隙过大。

3.1.2.3　EPS 故障诊断方法

（1）转向沉重

当车辆转弯时，如果出现转向沉重故障，可以按照先机械后电气的原则进行故障点隔离。当然，如果对车辆 ISTA 快测后，发现存在相关故障代码，则必须先进行相应的检测计划来处理电气问题。具体诊断步骤及方法如下：

① 举升车辆，一位技师在车内进行转向操作，另一位技师目视检查转向机构杆件是否有变形、干涉问题。若发现问题，则更换相应杆件。若无，执行下一步。

② 检查 EPS 下部固定螺栓，是否有因锈蚀严重，导致松动、变形、脱落的现象。若发现问题，则更换 EPS 总成。注意！不能只更换螺栓。若无，执行下一步。

③ 目视检查 EPS 的三个插头：供电插头、扭矩传感器插头、EPS 控制单元插头。逐一进行外观检查，是否发现插头脱落、松动等现象。若发现问题，处理插头。若无，执行下一步。

④ 断开电源（蓄电池负极），拔下 3 个插头进行内部检查，是否发现进水、腐蚀、断脚、位移等问题。若发现问题，进行插头、导线维修。若无，执行下一步。

⑤ 电气线路测量。利用 ISTA 查询 EPS 相应电路图，找到并规范连接好相应的适配器。使用数字万用表或 IMIB，进行如下测量：

a. 测量 EPS 供电电压、接地线是否正常。标准值：供电电压 12.6V，接地电压 0V。

b. 测量转向阻力矩传感器的供电电压、接地线是否正常，原地转向时信号线电压是否有相应变化，线路是否存在断路、短路现象。标准值：供电电压 5V，接地电压 0V。导线电阻约为 0Ω，线间电阻无穷大。

c. 电机供电电流是否随转向阻力变化而变化。标准值：在 10 ～ 85A 之间正常变化。

测量结果判断与处理方法：

如果测量出的供电电压与标准值不符，则说明供电存在故障，应检查保险丝、供电线路、插头、继电器（若有）、继电器控制线路（若有）、供电装置等。

如果测量出的接地电压与标准值不符，则说明接地存在故障，应检查接地线、插头、接地点等。

如果测量出的导线电阻大于 1Ω，则说明导线存在导通故障，应检查和更换导线。

如果测量出的线间电阻不是无穷大，则说明所测导线间存在短路故障，应维修导线。

可以利用电流夹钳来测量电机供电电流。测量时注意电流夹钳连接方向，并预先调零。如果电流过小或无变化，应检查导线。

以上线路测量若发现问题，进行相应维修。若无，执行下一步。

⑥ 更换新的转向阻力矩传感器。部分车型的 EPS 提供转向阻力矩传感器单独更换方案，可以进行尝试。

⑦ 对 EPS 模块进行编程、设码。此操作可以处理可能的软件问题。

⑧ 更换 EPS 总成，并进行编程、设码及转向系统试运行。

涉及控制单元供电 / 接地、传感器及控制单元内部故障，在检查诊断时，需仔细全面地了解系统的原理和控制逻辑，采用合理高效的隔离手段，仔细验证所怀疑的故障位置，只有这样才能有效地解决比较复杂的车辆故障。

（2）转向异响

底盘异响故障一直都是车辆故障诊断中的难点，转向异响的诊断有时同样比较棘手。这就需要在进行诊断时，仔细辨认异响发生的位置和条件。当出现转向异响时，可以尝试按照以下几种情况处理：

① 当车辆大角度转向，比如原地掉头时，车轮位置发出"吱吱吱吱"的响声，一般为前轮杆件变形、前轮定位参数失调、轮胎/轮辋问题。需要进行四轮定位检测调整，或更换杆件、轮胎/轮辋。

② 当车辆大角度转向、起步、急加速时，发动机舱位置发出刺耳的"吱吱吱吱"的响声，一般为发电机传动带松动打滑。需要按标准调节传动带张紧度。

③ 当车辆转向时，底盘位置发出"咔嗒咔嗒"的响声，一般为前轮杆件变形或转向拉杆球头损坏。需要更换相应杆件。

④ 当车辆只在向某一方向转向时，如只向左转时或者只向右转时，底盘位置发出"咔嗒咔嗒"的响声，一般为侧向撞击力，导致转向器内部助力机构的循环球碎裂，或者循环球与球道之间间隙过大。需要更换转向器总成。

⑤ 当车辆在向左右两个方向转向，都能听到底盘位置发出"咔嗒咔嗒"的响声时，一般为 EPS 通风单向阀破损，导致转向器内部进水，或者由于磨损导致转向器内部间隙过大。需要更换转向器总成。各别转向器允许对内部间隙进行调整（如 F25），需要严格按照 ISTA 要求，使用专用工具进行调整，并更换相应部件。

3.2　24V EPS

3.2.1　经典维修故障案例

3.2.1.1　F02 快速打方向时转向系统报警

（1）车辆信息

车型	发动机型号	里程/km
750Li，F02	N55	96760

（2）故障现象描述

客户反映：车辆低速转弯时，当方向盘转角较大且快速转向时，显示器上出现转向系统报警提示。

故障现象确认：接车后对车辆进行检查，发现客户反映的情况确实存在，同时感觉转向稍显沉重，CID 显示转向系统故障。

（3）故障分析思路及排除方法

先用 ISID 对车辆进行检测，读取故障代码，发现存在如下故障代码：

218001 辅助蓄电池充电器：内部故障

218301 蓄电池充电装置：分离原件／导线

根据故障现象，结合以上的故障代码以及 24VEPS 系统特有的结构和原理（图 3-22），分析可能的故障原因如下：

① BCU：辅助蓄电池充电装置故障；

② 断路继电器故障；

③ 12V 辅助蓄电池故障；

④ 相关导线及插接器故障。

由于这两个故障代码生成了一个对应检测计划，这为接下来的故障隔离提供了很大的便利。执行该检测计划，按检测计划首先目视检查两个蓄电池、断路继电器及辅助电池充电装置之间的插头和导线，一切正常。

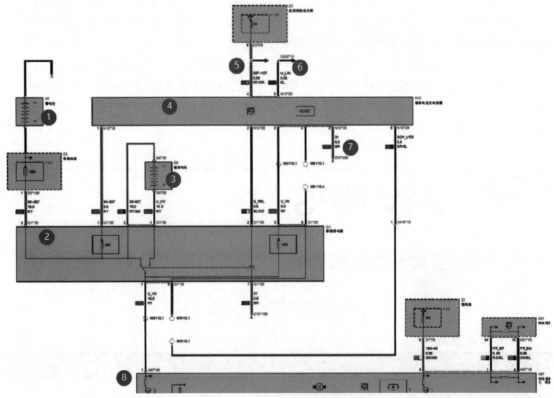

图 3-22　24V EPS 电路图

1—主蓄电池；2—断路继电器；3—辅助蓄电池；4—BCU（包括 DC/DC 转换器）；
5—BCU 供电线；6—LIN 线；7— BCU 接地线；8—EPS 电机

检测计划要求测量辅助电池在原地快速转向时的电压。按要求使用万用表测量转向系统电压，电压为 8.52V。接下来要求检查断路继电器的供电和接地电压，测量 Q1*4B Pin2 引脚，电压为 14.32V，测量 Q1*4B Pin1 引脚搭铁正常。

按检测计划提示需要更换 BCU 及断路继电器。为车辆更换新的 BCU 及断路继电器后，试车时却失望地发现，故障现象依旧存在。问题到底出在哪里呢？

我们已经更换了新的 BCU 及断路继电器，问题还没有解决（图 3-23）。再次分析故障可能原因，我们把目光再次投向辅助蓄电池。之前是利用万用表读取的蓄电池电压，可能会不准确。再次通过 IMIB 测量辅助电池在原地快速转向时的波形，结果发现低于检测计划中的 6.7V 电压值，从而判断辅助蓄电池损坏，如图 3-24 所示。

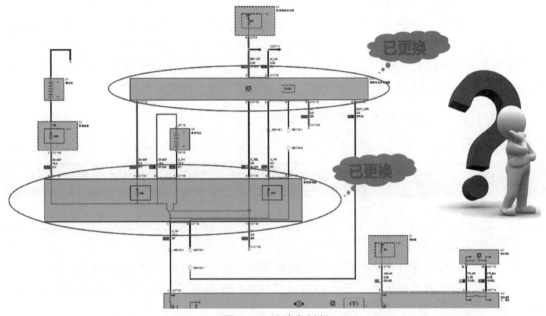

图 3-23　故障点判断

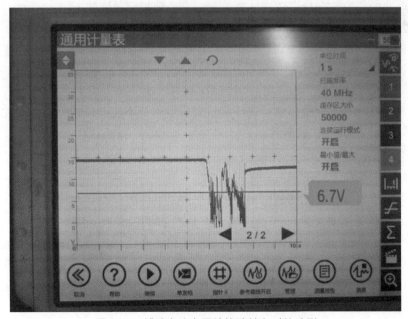

图 3-24　辅助电池在原地快速转向时的波形

更换后经多次路试故障现象再没有出现，也没有出现相关报警，后来回访客户得知也没有再出现此类故障。故障得以修复。

（4）故障总结

该故障是典型的 24V EPS 电气故障的案例。

在 24V EPS 系统中，增加了一个小的 12V 辅助蓄电池。它与车辆的主蓄电池串联后，得到 24V 电压，从而为 EPS 提供更大的助力。一个 BCU 装置负责给辅助蓄电池充电，一个断路继电器控制 12V 和 24V 电压的切换。

在车辆行驶中，由于一些客户习惯大角度快速打方向，导致瞬间大电流烧蚀断路继电器和 BCU。而当 BCU 损坏后，辅助蓄电池无法正常充电，也会损坏。上面进行的故障隔离，没有按规范进行辅助蓄电池测试。正常应该使用蓄电池测试仪或示波器进行测试，因为万用表无法捕捉到瞬间电压值，从而导致错误的维修结论，这一点需要多加注意。

3.2.1.2　F02 维修时烧坏保险丝

（1）车辆信息

车型	发动机型号	里程/km
750Li，F02	N55	96760

（2）故障现象描述

与 3.2.1.1 F02 快速打方向时转向系统报警是同一辆车。机电技师在进行辅助蓄电池检查时，断开辅助蓄电池的负极后，不小心将该负极线与车身碰了一下，结果出现了短路火花，"啪"的一声，有保险丝熔断的声音。

（3）故障分析思路及排除方法

辅助蓄电池的负极与车身搭铁连接在一起，会造成短路故障吗？

如图 3-25 所示，用蓝色标示的线路即为辅助蓄电池负极的连接情况。可以看到，辅助蓄电池的负极通过一个保险丝 F507，与主蓄电池的正极连接。因此，当辅助蓄电池的负极与车身搭铁连接时，就会把主蓄电池的正极与车身搭铁连接，从而造成短路故障，F507 会瞬间熔断。

保险丝 F507 位于 Z3 保险丝盒，属于集成式保险丝，不能够单独更换。因此熔断后，只能将 Z3 整体更换，经济损失比较大。

（4）故障总结

这是一例典型的 24V EPS 电气故障的案例。

对于蓄电池来说，其负极都是与车身连接形成搭铁。因此，许多维修技师会错误地认为所有蓄电池的负极都能安全地与车身连接。但是在 24V EPS 系统中，增加了一个小的 12V 辅助蓄电池。它与车辆的主蓄电池串联后，得到 24V 电压，从而为 EPS 提供更大的助力。辅助蓄电池的负极通过一个保险丝 F507，与主蓄电池的正极连接。因此，如果错误地把辅助蓄电池的负极与车身搭铁连接时，就会造成短路故障，F507 会瞬间熔断，维修费用也会很高，这一点需要多加注意。

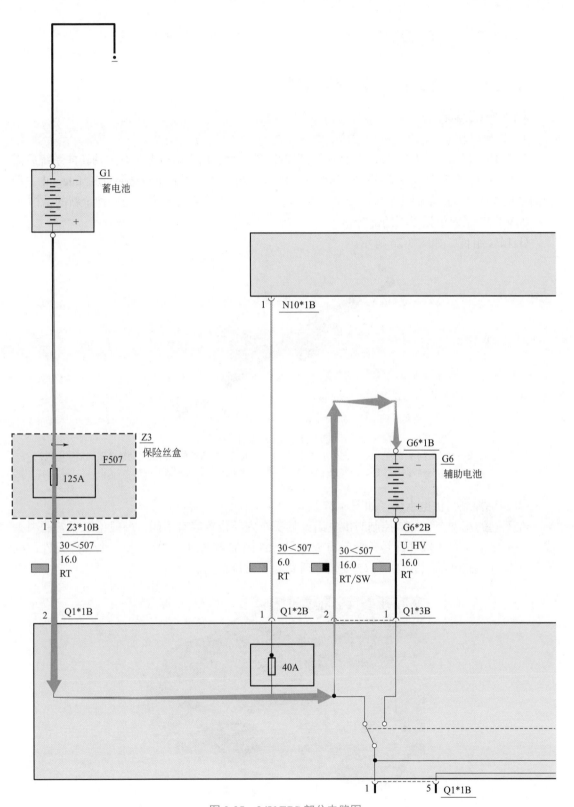

图 3-25 24V EPS 部分电路图

3.2.2 故障解析

3.2.2.1 24V EPS 系统结构特点

(1) 系统概览

1) 机械结构

对于 F12（6 系）、F02（7 系）及后续开发的同类车型，由于前桥上装有主动转向系统后需要更高转向力，12V 转向系统提供的功率无法继续满足需要。因此带有选装配置 Integral 主动转向系统（2VH）的车辆开始采用 24V EPS。这对于转向助力系统来说，是一种全新的结构。

24V EPS 系统包括以下两部分：

① EPS 组件，如图 3-26 所示。

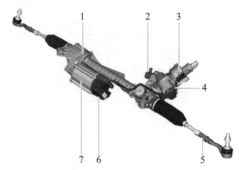

图 3-26　EPS 组件

1—减速器；2—主动转向系统锁；3—转向力矩传感器；4—带电机位置角度传感器的主动转向系统伺服电机；
5—转向横拉杆；6—EPS 控制单元；7—带有电机位置传感器的电机

② 24V 控制与供电组件，如图 3-27 所示。

在不同的车型上，24V 控制与供电组件的实车安装位置略有不同，一般位于后备厢中央或右侧位置。主要组成部件是一个带有充电单元的附加蓄电池（12V）和一个隔离元件，以及附加蓄电池充电单元 BCU。F12 安装在后备厢中央位置内。

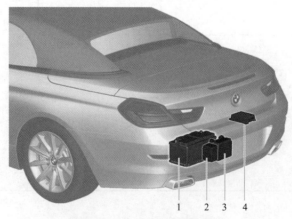

图 3-27　24V 控制与供电组件

1—蓄电池；2—隔离元件；3—附加蓄电池；4—附加蓄电池充电单元（蓄电池充电单元 BCU）

2）电气结构（图 3-28）

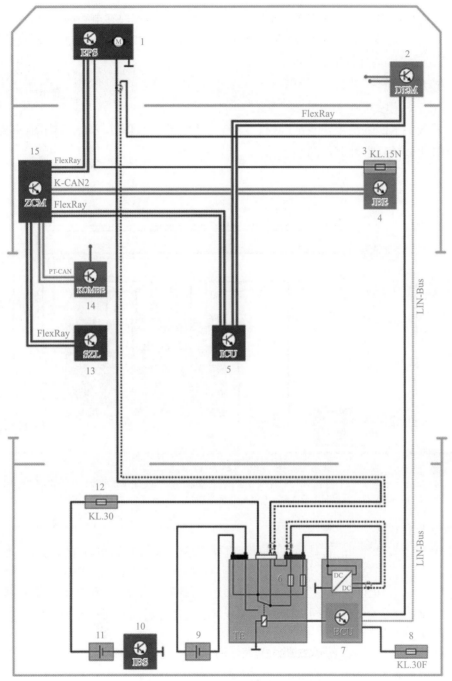

图 3-28　24V EPS 电气结构

1—电子助力转向系统（电动机械式助力转向系统）EPS；2—数字式发动机电子系统 DME；3—接线盒配电盒；4—接线盒电子装置 JBE；5—集成式底盘管理系统 ICM；6—隔离元件；7—附加蓄电池充电单元（蓄电池充电单元 BCU）；8—后备厢配电盒；9—附加蓄电池；10—智能型蓄电池传感器 IBS；11—蓄电池；12—蓄电池配电盒；13—转向柱开关中心 SZL；14—组合仪表 KOMBI；15—中央网关模块 ZGM

充电单元通过一个 DC/DC 转换器为附加蓄电池充电。它监控附加蓄电池的充电状态以及铺设在车辆地板上 24V 导线的导线屏蔽层。

充电单元接通隔离元件中的继电器，从而使附加蓄电池集成在电路内。只有接通该继电器后才会为 EPS 提供 24V 供电。出现故障时，EPS 也能以 12V 电压运行。没有故障时，从总线端 15 起接通隔离元件中的继电器。

（2）运行模式

1）12V 运行模式

接通总线端 KL.15 前或出现故障时，隔离元件处于 12V 位置。附加蓄电池不再与蓄电池串联且断开电路，如图 3-29 所示。

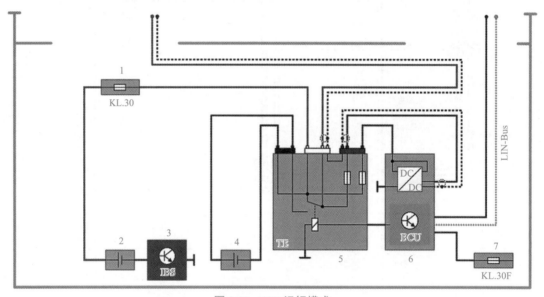

图 3-29　12V 运行模式

1—蓄电池配电盒；2—蓄电池；3—智能型蓄电池传感器 IBS；4—附加蓄电池；5—隔离元件；
6—附加蓄电池控制单元（含蓄电池充电元件 DC/DC 转换器）；7—后备厢配电盒

2）24V 运行模式

以 24V 运行 EPS 时，隔离元件中的继电器串联连接蓄电池和附加蓄电池，如图 3-30 所示。

正常工作时，BCU 会通过 LIN 线将附加蓄电池的充电状态发送给发电机控制单元 DME，而 DME 会结合 EPS 的转向阻力矩信号，通过计算后同样通过 LIN 线向 BCU 发出是否吸合继电器的指令。

3）附加蓄电池充电模式

24V 运行模式下，可通过充电单元为附加蓄电池充电。充电单元从车载网络获取所需能量。在电动机械式助力转向系统 EPS 处于 24V 运行模式时，通过附加蓄电池充电单元（蓄电池充电单元 BCU）为附加蓄电池充电。由于蓄电池和附加蓄电池串联连接，使得 EPS 电路电压为 24V，因此只能通过特殊措施为附加蓄电池充电。

为此在附加蓄电池充电单元（蓄电池充电单元 BCU）内装有一个 DC/DC 转换器，用于在输入端和输出端建立相互独立的不同电压。此时从车载网络获取能量并将其传输至附加蓄电池，如图 3-31 所示。

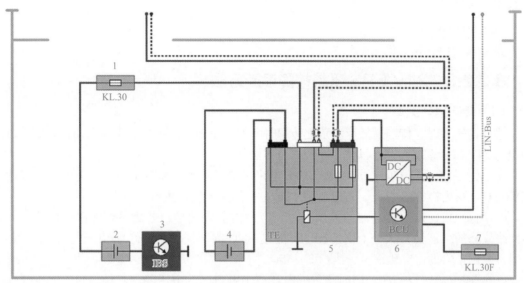

图 3-30   24V 运行模式

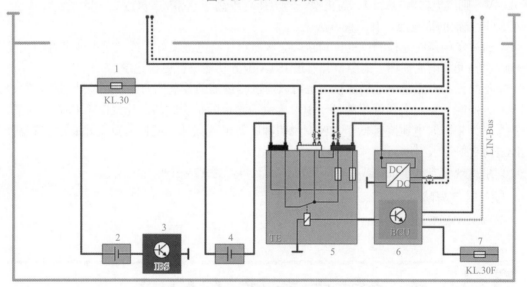

图 3-31   24V 运行模式下的附加蓄电池充电

3.2.2.2   24V EPS 系统故障分析

24V EPS 系统的主要故障形式是转向稍显沉重以及转向异响。

（1）转向稍显沉重

24V EPS 系统与 12V EPS 系统相比，多了一套辅助蓄电池控制及充电系统。此套系统包括 3 个元件：辅助蓄电池、控制单元 BCU 及继电器。正常工作时，BCU 控制继电器吸合，两个 12V 的蓄电池串联，形成 24V 电压给 EPS 电机供电。此时供电电压高，提供的转向助力大。当 EPS 系统出现电气故障时，继电器断开，附加蓄电池与蓄电池不再串联并且断开电路，处于 12V 供电模式。此时供电电压低，提供的转向助力稍小。

因此，转向稍显沉重故障可能是由多出的 3 个元件辅助蓄电池、控制单元 BCU、继电器及相关线路引起的。

（2）转向异响

参考 12V EPS 相关信息。

3.2.2.3　24V EPS 系统故障诊断方法

（1）转向稍显沉重

当车辆转弯时，特别是低速大角度转弯时，如果出现转向稍显沉重的现象，就基本可以确定为 24V EPS 系统问题。具体诊断步骤及方法如下：

① 原地大角度打方向，同时测量 EPS 电机供电线是否存在 24V 电压。若电压可以达到 24V 左右，则更换 EPS 总成。若电压为 12V 左右甚至更低，执行下一步。

② 测量 BCU 发给继电器的控制信号，应为占空比信号。若测不到此占空比信号，则 LIN 线故障的可能性很大，个别情况也可能是 BCU 内部损坏。需修理 LIN 线或更换 BCU。若可以测到正常的占空比信号，执行下一步。

③ 原地大角度打方向，同时测量继电器两个触点间的电压降。若触点间的电压降远高于 0.04V，则继电器触点烧蚀，需更换。若电压降不高于 0.04V，执行下一步。

④ 检查辅助蓄电池。有两种方法：

a. 通过专用蓄电池检测仪进行判断，应该显示"蓄电池良好"或"蓄电池良好需充电"。否则说明辅助蓄电池损坏，需更换并通过 ISTA 服务功能进行更换记录。

b. 如果没有专用蓄电池检测仪，也可以通过测量辅助蓄电池的电压降辅助判断。原地大角度打方向时，瞬时电压降不能低于 10V。由于测量的是瞬时值，建议使用 IMIB 示波器进行测量。如果瞬时电压降远低于 10V，说明辅助蓄电池损坏，同样需更换并通过 ISTA 服务功能进行更换记录。

如果出现转向过于沉重或者打不动的情况，可参考 12V EPS 相关信息。

（2）转向异响

参考 12V EPS 相关信息。

3.3　主动转向系统（AL）

3.3.1　经典维修故障案例

3.3.1.1　X5 转向系统报警

（1）车辆信息

车型	发动机型号	里程 /km
X5，E70	N52	141500

（2）故障现象描述

客户反映：该车 DSC 灯、4×4 灯、主动转向灯亮起，主动转向失灵，转向较重。

故障现象确认：接车后对车辆进行检查，试车行驶一段时间后，组合仪表上面的 DSC 灯、4×4 灯、主动转向灯亮起，熄火后再启动故障现象消失，行驶一段时间后又会再次出现。故障当前存在。

（3）故障分析思路及排除方法

先用 ISID 对车辆进行检测，读取故障代码，发现存在如下故障信息：DSC 主动转向接口；DSC 车轮转速信号，故障当前不存在，频率为 2 次，逻辑计数器为 33，里程数 141481km；AL 电机位置传感器，故障当前不存在，频率为 5 次，逻辑计数器为 40，里程数为 141477km。

根据故障现象，结合以上的故障代码以及 AL 系统特有的结构和原理（图 3-32）。分析可能的故障原因如下：DSC 单元与 AL 的接口及线路、AL 电机位置传感器、轮速传感器有故障。

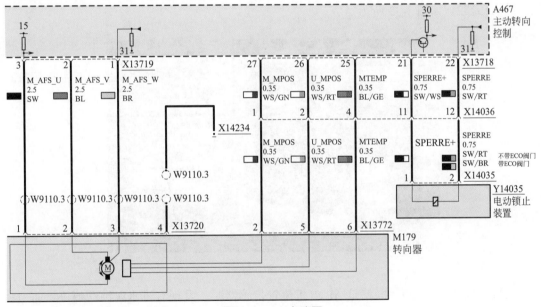

图 3-32　AL 电路图

因故障码当前不存在，为了使故障更加清晰明了，反复进行故障测试，通过故障变化来进一步锁定故障源。

多次模拟故障现象再次测得的故障码如下：

① DSC 主动转向接口。

② DSC 车轮转速信号，故障当前不存在，频率为 2 次，逻辑计数器为 28 次，里程数为 141515km。

③ AL 电机位置传感器，当前不存在故障，频率为 8 次，逻辑计数器为 40，里程数为 141510km。

对这两次的故障数据进行对比分析，共同点是 DSC、AL，另外，它们各自存储的故障码都是相同的，不同的是它们的故障频率、逻辑计数器以及故障出现时的里程数。

故障频率分析：电机位置传感器的故障频繁程度相比第一次检测，呈现明显的递增趋势（由 5 变到 8）；而 DSC 没有变化。

逻辑计数分析：逻辑计数器计算方式，第一次出现某故障时逻辑计数器将设置为数值 40，控制模块识别出该故障不再出现时，逻辑计数器内的数值就会在控制模块关闭时减少 1 个数值。故障状态为"目前没有故障"时逻辑计数器内的数值就会在控制模块关闭时再次减少 1 个数值。但故障状态再次变为"目前存在故障"时，逻辑计数器内就会再次存储数值 40。相比第一次的故障码，DSC 车轮转速传感器的逻辑计数器数值呈明显的递减趋势（由 33 降到 28），根据逻辑计数器的计算方式，确定 DSC 故障记忆只是在主动转向不起作用时，进行干预产生的附加的故障码，这并不代表 DSC 有故障。电机位置传感器的逻辑计数依然为 40，说明它在这段时间内又重复出现了。

最后再从故障码出现时的里程数先后顺序的角度进行分析：电机位置传感器故障记忆的里程数要提前于 DSC 的故障记忆的里程数（约为 5km），而且它具有故障的主动性。从以上分析可得，AL 电机位置传感器就是故障源，选取检测计划查找电路图，测量电机位置传感器线路 X13772，如图 3-33 所示。

图 3-33　实车位置

当拔下插头 X13720，也就是 AL 电机位置传感器时，发现有进水腐蚀的痕迹，而后将该插头进行清洗，分别对其供电、搭铁、通信进行测量，都正常。由此可见电机位置传感器由于进水造成内部损坏。

（4）故障总结

该故障是典型的连锁式电气故障的案例，即当出现一个故障点后，可能会连锁导致多个故障产生。这就为我们进行故障诊断带来了一定的困难。

此类连锁式电气故障，常常是由模块、总线、供电、接地、线束引起。发生时，往往表现为大量的故障现象、多个报警灯点亮、大量故障码生成。进行此类故障诊断时，不要急于进行测量和隔离，要静下心来，仔细思考这些故障之间的逻辑联系，借助故障码详细信息、总线架构图、系统原理等手段，从这些信息中获得对维修有价值的信息，利用假设、反证、推理等综合分析方法，大胆对怀疑的模块、传感器等电气元件进行验证，找明故障根源，在根源上解决问题。

本案例中，我们没有急于对电气元件进行检测，而是反复进行故障测试，巧妙地利用了逻辑计数分析故障发生的频率和时间逻辑，从而快速锁定故障点。

3.3.1.2　E60 方向盘颤动

（1）车辆信息

车型	发动机型号	里程 /km
530Li，E60	N52	152000

（2）故障现象描述

客户反映：该车在停车或低速行驶时，可听见从转向器传来的敲击声，同时可感到方向盘轻微颤动。

故障现象确认：接车后对车辆进行检查，试车行驶一段时间后，确实能够听到"嗒嗒嗒嗒"的有规律的敲击声，方向盘颤动不明显，故障当前存在。

（3）故障分析思路及排除方法

先用 ISID 对车辆进行检测，读取故障代码，未发现任何故障信息。

打开发动机舱，仔细倾听声音发出的位置，感觉在转向柱下部，靠近转向器小齿轮位置。实车检查发现，该车装备 217（主动转向控制 AL），而该套装备正是安装在此位置附近。

抱着怀疑的态度，检查 AL 的电路插头和线束，未发现问题。拔掉该插头，暂时隔离了主动转向控制系统。在停车或低速行驶时，均听不到此前的敲击声，也感觉不到方向盘的轻微颤动了。

断掉主动转向控制系统后，故障现象消失，说明故障很可能就发生在 AL 系统上。对于该系统，我们能够进行的维修只有模块编程和整体更换转向器总成。尝试对 AL 系统进行编程。编程后，再次验证故障现象，无敲击声和颤动，故障排除。

（4）故障总结

该故障是典型的电控系统软件问题引发的故障。

AL 系统的电子马达锁，受模块错误指令控制，不断执行开锁和解锁操作，导致锁芯与马达之间产生有规律的"嗒嗒"敲击声，并将敲击振动传导至方向盘，引起方向盘轻微颤动。

拔掉电气插头，暂时隔离怀疑部件的诊断方法在此起到了关键作用。这一方法在之前的 VTG 系统诊断时，也曾经用到。正如 VTG 诊断时所说，断开部件隔离问题的方法，不能完全排除被断开部件本身。这一点再次提醒机电维修人员注意。

3.3.2　故障解析

3.3.2.1　AL 系统结构特点

（1）系统功能

BMW 在 E60（5 系）上首次使用了动态行驶的转向系统：主动转向系统（AL）。后来在

BMW E70、F02 等车型上都有使用。它既可以与液压助力转向系统（SVT）相配，也可以与电动助力转向系统（EPS）相配。

这种电子控制的转向系统以助力转向系统的瞬时助力为基础，借助可变的转向传动比为驾驶员提供助力。该转向系统的核心件是所谓的重叠式转向器。重叠式转向器是一个集成于分体式转向柱内的行星齿轮组。一个电机根据车辆行驶速度通过蜗杆传动机构驱动行星齿轮组。这样该转向系统就会根据行驶状况，通过改变转向轴与齿轮之间的传动比使转向角增大或减小，见图 3-34。

在紧急状况下，该转向系统可以有针对性地改变驾驶员所转到的车轮转向角并因此使车辆快速稳定下来（与驾驶员相比）。

主动转向系统通过动力传动系统 CAN（PT-CAN）和新款底盘 CAN（F-CAN）连接到车载网络内。

主动转向系统可以有针对性地改变驾驶员所转到的前轮转向角，它在灵活性、舒适性和安全性方面树立了新的标准。

AL 系统拥有以下功能：

1）可变的转向传动比

可变的转向传动比功能可根据行驶速度和驾驶员要求的转向角自动匹配转向传动比。转向系统的设计要求是，速度较高时传动比较大，速度较低时传动比较小。

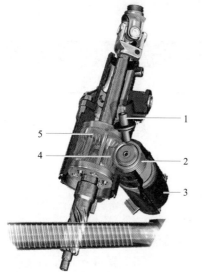

图 3-34　主动转向
1—电磁锁；2—蜗杆传动机构；3—电机；
4—蜗轮；5—行星齿轮组

速度较低时或驻车时，主动转向系统的执行单元能显著提高车辆操控的轻便性，转动方向盘时不必换手。停车状态下转动 2 圈即可将方向盘从一侧限位位置转到另一侧限位位置。速度较高（大于 120km/h）时，主动转向系统可以使转向传动比大于常规转向系统。速度较高时，伺服电机会反向补偿方向盘转角。同时，提高的转向力矩（电子转向助力系统）可防止出现不希望的转向移动，见图 3-35。

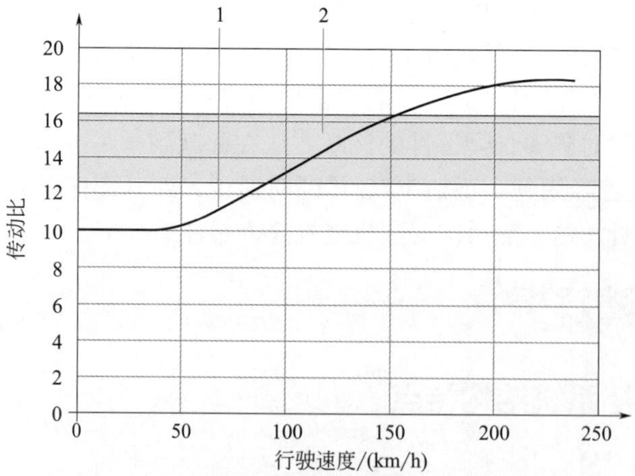

图 3-35　行驶速度与转向传动比对应关系
1—AL 传动比曲线；2—不带 AL 传动比范围

2）偏转率调节

主动转向系统可辅助 DSC 使车辆稳定下来。在动态行驶的临界状况下，主动转向系统可以有针对性地改变驾驶员所转到的车轮转向角且可以使车辆快速稳定下来（比驾驶员快得多）。DSC 的动作阈值高于主动转向系统的动作阈值。如果系统识别到车辆处于过度转向状态，主动转向系统最先开始工作，以便使车辆稳定下来。只有通过该转向系统已无法保证车辆稳定时，DSC 才开始工作。

3）偏转率控制升级版（GRR+）

与偏转力矩补偿功能一样，"偏转率控制升级版"功能可在不同摩擦系数路面（沥青、冰或雪）下制动时为驾驶员提供支持。这项功能是车辆的一个重要安全特性。

在不同摩擦系数路面（沥青 / 冰或雪）下制动时，会围绕 z 轴或垂直轴产生一个力矩（偏转力矩）并使车辆变得不稳。

在这种特殊情况下主动转向系统控制单元根据当前偏转率、纵向和横向加速度计算出所需要的前车轮转向角（最大 $\pm 4°$），以便使车辆保持稳定状态。

这种主动反向转向产生一个围绕 z 轴或垂直轴的反力矩（图 3-36 中红色箭头），并补偿之前形成的偏转力矩（图 3-36 中黄色箭头）。因此车辆在 DSC 制动和 AL 转向功能的巧妙配合下稳定下来，同时提供了同级别车辆中独有的新安全方案。

偏转率控制升级版功能的特点是可缩短制动距离，因为通过偏转率控制升级版功能可以在高摩擦系数侧提供更高的制动压力。

它与偏转力矩补偿功能的区别在于：对偏转力矩补偿功能来说，提前自动进行反向转向的一个重要计算基础是前车轮制动压力差，该压力差由 DSC 测得，DSC 根据此差值计算出前车轮转动角度并输出给 AL 控制单元。在偏转率控制升级版中，这项由 DSC 控制单元和 AL 控制单元共同执行的功能现在已完全集成在 AL 控制单元内，因通信速度较快，所以两个单元之间配合更精确，可参考图 3-36、图 3-37 进行对比。

4）转向助力支持

转向助力支持通过常规的齿轮齿条式液压助力转向机构实现，电子转向助力系统可作为选装装备。

车辆未安装主动转向系统时，电子转向助力系统的电子装置和软件位于 SGM（安全和网关模块）内。安装了主动转向系统时，用于转向助力支持的软件位于主动转向系统控制单元内。用于控制电子转向助力系统阀门和液压泵内阀门（ECO）的输出端位于 SGM 内。ECO 用于调节液压泵的液体体积流量，这样即可根据当前需要为转向助力系统提供合适的流量。

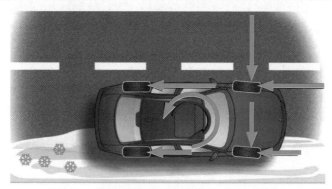

图 3-36　附着系数不同时利用 DSC 和 AL 制动

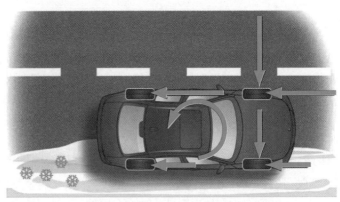

图 3-37　附着系数不同时利用 ABS 制动

5）系统安全功能

主动转向系统出现非期望的自转向动作时，可认为该系统处于临界安全状态。

系统安全状态（Failsafe）是执行单元电机最节能的状态。不管这种安全状态是由电压降低造成的，还是该系统有意关闭造成的，都必须确保执行单元不干涉转向系统工作。此时一个电磁锁会插入执行单元的蜗杆传动机构内将执行单元锁死。该锁由一个弹簧预紧，通电后会逆着预紧力方向移动，然后保持不动。因此，供电中断后该锁会插入执行单元的蜗杆传动机构内。

重叠式转向器锁死后可确保驾驶员能通过转向柱继续手动转向。此后该转向系统的功能与常规转向系统相同。方向盘与前轮之间的纯机械传动仍然保持不变。主动转向系统执行单元的电机通过三相导线连接。对地短路可防止电机转动一圈，因为电机最多只能转动 120°（360°∶3）。

图 3-38　AL 指示灯和可变指示灯

电子转向助力系统阀门断电时，会切换到快速行驶特性线，转向助力会相应降低。ECO 处于断电状态时，泵的体积流量为 7 L/min。

如果主动转向系统控制单元未将有效信息发送到 PT-CAN 上，那么 100ms 后 SGM 将按取决于行驶速度的备用特性线工作。备用特性线可确保处于被动状态的主动转向系统拥有足够的转向性能。

该系统的故障状态通过组合仪表内的一个 AL 指示灯、一个可变指示灯以及检查控制信息向驾驶员通报（图 3-38）。

这个检查控制信息表示：AFS 失灵！转向时要小心。

控制显示屏中出现信息："转向性能已更改！可继续行驶。方向盘可能偏斜。尽快到 BMW 售后服务部检查。"

AL 系统电路接通条件：

主动转向系统的电路接通条件是总线端 KL. 15 接通且发动机正在运转。启动发动机后，系统将执行方向盘位置与车轮转向角的同步化处理。这样才能确保系统处于关闭状态（被动状态）时，移动方向盘后方向盘位置与车轮转向角协调。驾驶员可以感觉到方向盘移动和车轮移动的情况。

（2）系统概览

1）机械结构（图 3-39）

图 3-39　E70 AL 结构

1—DSC 传感器；2—转向柱开关中心（SZL）；3—AL 控制单元；4—AL 执行单元；5—储油罐；
6—转向器；7—液压泵；8—转向助力系统冷却器

2）电气结构

请注意，图 3-40 是 E70 车型的总线架构。在新的 F、G 系列车型上，一些控制单元发生了一些改变。比如 JB 集成到了 BDC，DSC-SEN 集成到了 DSC，SZL 已经取消。虽然模块位置发生了物理改变，但是实际控制方式却没有太大变化。

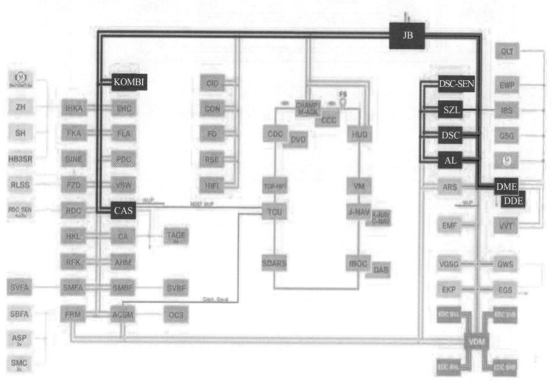

图 3-40　E70 AL 总线架构

CAS—便捷登车及启动系统；DSC—动态稳定控制系统；KOMBI—组合仪表；AL—主动转向系统；JB—接线盒；
DME—数字式发动机电子系统；DSC-SEN—DSC 传感器；DDE—数字式柴油机电子系统；SZL—转向柱开关中心

图 3-41 为 E70 AL 系统电路图。

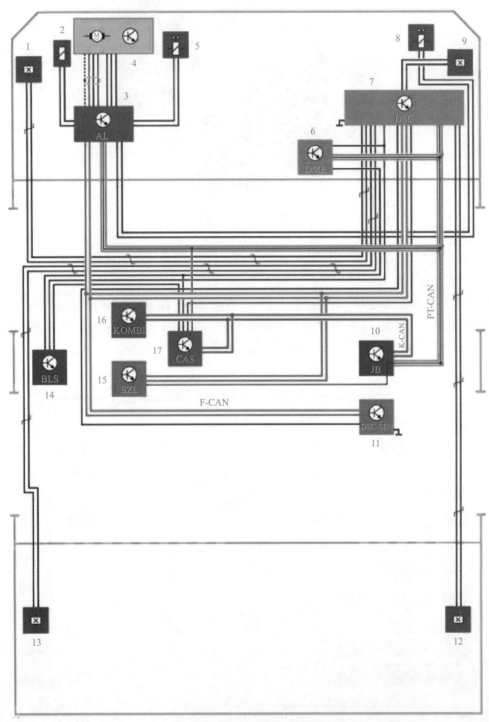

图 3-41　E70 AL 系统电路图

1—左前车轮转速传感器；2—电磁锁；3—AL 控制单元；4—AL 执行单元；5—EVV 阀（电子控制旁通阀）；6—数字式发动机电子系统；7—动态稳定控制系统；8—Servotronic 阀；9—右前车轮转速传感器；10—接线盒；11—DSC 传感器；12—左后车轮转速传感器；13—右后车轮转速传感器；14—制动信号灯开关；15—转向柱开关中心；16—组合仪表；17—便捷登车及启动系统

（3）系统组件

1）AL 控制单元

E70 的 AL 控制单元位于左前侧车轮罩饰板下 A 柱上，不同车型安装位置可能不同。AL 控制单元通过 PT-CAN 和 F-CAN 集成在车载网络内。AL 控制单元根据不同输入信号计算出用于 AL 执行单元的控制信号。

每次打开点火开关后该系统都进行一次行驶前检查，同时进行 AL 控制单元初始化。初始化期间不控制 AL 执行单元。系统检查传感器信号，必要时进行校准。如果识别到故障，就会根据位置情况立即启用故障状态"Error"，或者在"Fail"状态下停用偏转率控制（GRR+）。

与"Fail"状态不同，处于故障状态"Error"时无法操纵执行单元。成功进行初始化后将启用状态"Drive"。

转向助力系统所需的体积流量由 AL 控制单元根据以下输入参数计算得出：转向角速度、车速、经计算得出的累积转向角和发动机转速。

AL 控制单元直接连接在液压泵内的 EVV 上，该控制单元通过 PWM 信号调节流量，使其与所需体积流量相当。

AL 控制单元带有两个处理器，这两个处理器以异步方式处理信号且可确保非常高的系统安全性。这两个处理器与 AL 的连接通过普通导线实现。

计算规定值以控制 AL 执行单元的功能算法存储在 AL 控制单元内。AL 控制单元内的电子装置通过三相导线交替为 AL 执行单元供电。AL 控制单元根据不同的输入信号算出用于控制主动转向系统执行单元的信号。

2）AL 执行单元

AL 执行单元位于转向器旁，安装在 Servotronic 阀与齿条之间的分体式转向柱内。

AL 执行单元由一个无电刷式同步直流电机和叠加减速器（两级行星齿轮箱）组成，见图 3-42、图 3-43。

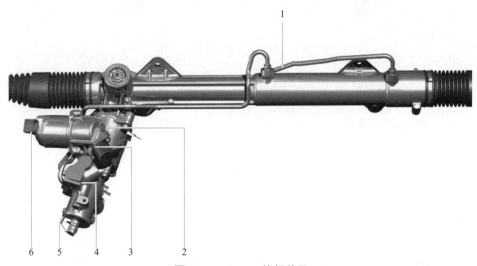

图 3-42　E70 AL 执行单元

1—齿轮齿条；2—行星齿轮箱壳体；3—电磁锁；4—Servotronic 阀；5—转向轴；6—电机

主动转向系统执行单元的核心组件是带有两个输入轴和一个输出轴的行星齿轮箱。与使用液压助力转向系统时一样，输入轴与下部转向轴连接，转向阀位于其中间。第二个输入轴由电机通过一个自锁蜗杆传动机构（减速）驱动。

蜗杆传动机构的自锁功能和通过锁止件实现的锁止功能可确保蜗杆只能通过电机来转动。蜗杆传动机构驱动一个蜗轮，蜗轮则将驾驶员输入的车轮转角叠加起来。

无电刷式直流同步电机与蜗杆传动机构固定连接在一起并以无间隙方式嵌入蜗轮内。电机转动方向、转速和持续运行时间由所安装的 AL 执行单元电机位置传感器监控，以便计算冗余转向角。具体结构原理如图 3-44 所示。

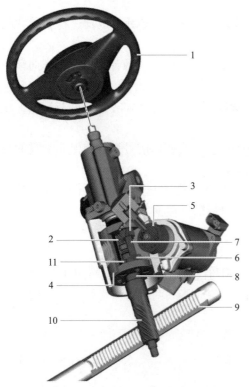

图 3-43　E70 AL 叠加减速器
1—方向盘；2—输入端太阳轮；3，6—行星齿轮；4—行星齿轮骨架（齿圈）；5—电机蜗轮；7—行星齿轮架轴；8—下部转向轴；9—齿条；10—小齿轮；11—输出端太阳轮

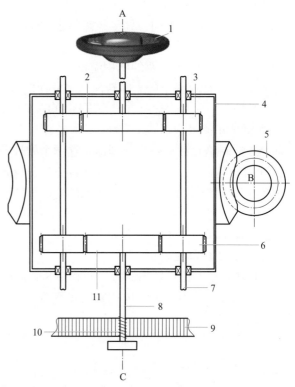

图 3-44　E70 AL 结构原理图
1—方向盘；2—输入端太阳轮；3，6—行星齿轮；4—带蜗轮的行星齿轮骨架（齿圈）；5—电机蜗轮；7—行星齿轮架轴；8—下部转向轴；9—齿条；10—小齿轮；11—输出端太阳轮；A—输入轴Ⅰ；B—输入轴Ⅱ；C—输出轴

带蜗轮的行星齿轮骨架（4）以机械方式将输入端太阳轮（输入轴Ⅰ）与输出端太阳轮（输出轴）连接在一起。

如果电机蜗轮（5）（输入轴Ⅱ）处于静止状态，带蜗轮的行星齿轮骨架（4）（齿圈）也固定在一个位置处，作用力通过该机械连接从方向盘传递至齿条，同时也反向传递。

因为同一轴上的两个行星齿轮尺寸不同，所以从方向盘至齿条的传动比为 1∶0.76。

只要电机向两个方向中的一个反向转动，行星齿轮骨架及行星齿轮就会随之转动。这意味着，向一个方向转动时输入轴Ⅰ和Ⅱ为正叠加；向另一个方向转动时，因两个输入轴反向运转而形成负叠加。

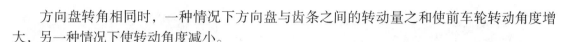

方向盘转角相同时，一种情况下方向盘与齿条之间的转动量之和使前车轮转动角度增大，另一种情况下使转动角度减小。

3）电磁锁

电机上安装了一个电控电磁锁。断电时电磁锁通过弹簧力嵌入蜗杆传动机构的锁止齿隙内。为松开电磁锁或取消锁止功能，电磁锁上必须施加约 1.8A 的吸引电流（约 500ms），吸持电流低于 1A，如图 3-45 所示。

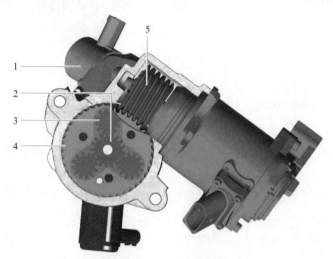

图 3-45　E70 AL 电磁锁

1—电磁锁；2—输入端太阳轮；3—行星齿轮；4—齿圈；5—电机齿轮

4）电机位置传感器

执行单元的电机位置传感器位于 AL 执行单元电机的背面，由一个传感器芯片（磁阻元件）和一个磁铁组成，见图 3-46。

执行单元的电机位置传感器按磁阻原理测量电机转子位置。传感器芯片从水平和垂直方向磁场测量结果得到信号。传感器芯片将这个角度信息处理为数字信号，然后通过双线导线将这个方波信号传输至 AL 控制单元，双线导线反过来为电机位置传感器提供 7.5V 供电电压。执行单元电机位置传感器的测量范围为 180°。半圈数由 AL 控制单元计数，关闭点火开关时存储计数值。

转子位置信息由 AL 控制单元通过一个直接连接的导线以脉冲宽度调制方式发出。

5）总转向角传感器

在 E60 的 AL 系统上，还安装了总转向角传感器。

这个总转向角传感器用于采集转向齿轮的旋转角信号，由此获得车辆的车轮转向角（或转向角）。这个总转向角传感器用法兰连接在转向器下部，如图 3-47 所示。

该传感器在后续车型的 AL 系统中已经取消。

（4）AL 系统维修提示

1）转向角匹配

更换 SZL 或带齿条的转向器时必须进行转向角匹配（Offset）。这项工作必须在 KDS 上进行。转向器上的总转向角传感器出厂时由转向器制造商按齿条中心进行匹配。

总转向角传感器

图 3-46　E70 AL 电机位置传感器　　　　图 3-47　E60 AL 总转向角传感器

1—电磁锁；2—电机；3—执行单元的电机位置传感器

2）对收音机的干扰

收音机内出现干扰可能是因为执行单元三相导线的屏蔽层未连接到主动转向系统控制单元的壳体上。

3）诊断、设码

电子转向助力系统诊断时会把电子转向助力系统作为一个单独的控制单元进行控制，电子转向助力系统的输出端位于 SGM 内。通过设码输入车辆专用的配置，系统才可以正常工作。

3.3.2.2　AL 系统故障分析

AL 系统的主要故障形式是转向系统报警以及异响。

（1）转向系统报警

AL 系统是构建在常规液压助力转向系统（E60/E70）或电动助力转向系统（F02）之上的一种辅助转向系统。因此，常规助力转向系统（SVT/EPS）出现电气故障时，有时也会影响到 AL 系统的正常工作，而当 AL 系统出现电气故障时，反过来也会影响到常规助力转向系统的正常工作，从而产生相关故障码和报警信息。实车上，由于 AL 电机的安装位置比较靠近车辆底部，因此比较容易出现因涉水导致的电气故障。

一般 AL 系统出现电气故障时，常引起上面章节中提到的转向系统报警灯的点亮，同时往往会产生故障码信息，如总转向角匹配错误、DSC 主动转向接口、AL 电机位置传感器等。如果验证车辆故障现象时，发现上述报警灯点亮和故障码，就基本可以将故障点锁定在 AL 系统上面。

（2）异响

当车辆转弯或不转弯时，转向器位置如果出现"吱吱吱吱""嗒嗒嗒嗒"的异常响声，根据其结构分析和实际维修经验，故障可能出现在以下两处：

①AL 电机；

②电磁锁。

3.3.2.3　AL 系统故障诊断方法

（1）转向系统报警

当车辆出现主动转向系统报警灯点亮，并存在相关故障码时，可以按照先易后难的原则进行 AL 系统故障点隔离。当然，如果对车辆 ISTA 快测后，故障代码自动生成了相应的检测计划，就可以通过规范执行相关检测计划来处理电气问题。

如果未找到相关检测计划，则可以按照如下诊断步骤及方法进行排查：

① 对 AL 电机和控制单元的插头和导线进行外观检查。检查插头是否安装牢靠，线路是否磨损或断开。若发现问题，进行相应维修。若无，执行下一步。

② 断开电源（蓄电池负极），拔下 AL 电机的插头，仔细观察是否有水迹和腐蚀迹象。若发现问题，则更换插头、线束。注意！不能只进行插头内部清洁。若无，执行下一步。

③ 连接 ISTA，调用 AL 控制单元功能，读取并对比总转向角传感器与方向盘转角传感器的数据及状态。转动方向盘，同时观察转向角数据。正常状态下，方向盘转向角数据应与所转动的方向及角度相符，左正右负。低速或停车打转向时，总转向角数据要大于方向盘转角数据。若发现问题，可先进行服务功能"转向系统试运行""AL 主动转向试运行"，无效后再进行传感器更换。若无问题，执行下一步。

④ 对 AL 模块进行编程、设码。此操作可以处理可能的软件问题。

⑤ 更换线束。先更换电机至插接器线束，再更换模块至插接器线束。此操作可以分段处理线束问题。

⑥ 更换 AL 总成，对 AL 模块进行编程、设码以及系统试运行。

（2）异响

底盘异响故障一直都是车辆故障诊断中的难点，AL 系统异响隐蔽性更大。这就需要在进行诊断时，仔细辨认异响发生的位置和条件。当出现异响时，可以尝试用隔离的方法进行处理。即当怀疑异响发生在 AL 系统时，可以先后断开 AL 电机插头和电磁锁插头。然后在低速下或停车时打转向，如果此时异响消失，则说明问题出在 AL 电机插头或者电磁锁上。

如果转向器位置出现"吱吱吱吱"的异常响声，根据其结构分析和实际维修经验，故障一般为 AL 电机齿轮与齿圈配合不良。

如果转向器位置出现"嗒嗒嗒嗒"的异常响声，根据其结构分析和实际维修经验，故障一般为电磁锁错误控制。

3.4　后桥侧偏角控制系统（HSR）

3.4.1　经典维修故障案例——G12 行驶中跑偏

（1）车辆信息

车型	发动机型号	里程/km
760Li，G12	N74	64500

（2）故障现象描述

客户反映：该车行驶时，双手松开方向盘，车辆会向右跑偏。

故障现象确认：接车后对车辆进行检查，试车行驶一段时间后，确实发现行驶中车辆持续向右跑偏的现象，故障当前存在。

（3）故障分析思路及排除方法

① 先用 ISID 对车辆进行检测，读取故障代码，未发现任何故障信息。

② 对前后轮胎、轮辋进行检查，未发现失压、损伤和变形，四轮轮胎花纹深度磨损均匀。

③ 举升车辆，检查车辆底部，相关杆件无明显变形和碰撞痕迹。

④ 对车辆进行四轮定位检测。后轮外倾角、后轮前束、前轮外倾角、前轮前束的实车测量值都在标准范围之内。仔细观察调整前的检测报告（图 3-48），发现几何驱动轴线为 +0°33′，超出标准值（+0°00′）很多。

车辆

BMW汽车带外倾角校正计算的定位检测　**KDS II**

Beissbarth © * KDS II

M * R- * * OK * BMWOEM / 38.00 / 798 / C

日期：16.02.2014 20:23:21

程序版本 v5.0b2011/v5.0b2001	CCD版本 v5.0b2003	车型数据版本 BMW PROFESSIONELL v38.01		序列号 C20002719	服务功能 17.10.2013
车身高度 后轴			**检测数据**		**车型数据**
车身高度（外倾角校正）	左侧　右侧	**+648.0 mm**	**+649.0 mm**	-20.0 mm [**+621.0 mm**] +40.0 mm	
车身高度 前轴			**检测数据**		**车型数据**
车身高度（外倾角校正）	左侧　右侧	**+650.0 mm**	**+650.0 mm**	-20.0 mm [**+636.0 mm**] +40.0 mm	
后轴		**调整前检测**		**车型数据**	
外倾角	左侧 右侧	**-1°44'** **-1°28'**		-0°25' [**-1°28'**] +0°25' -0°25' [**-1°29'**] +0°25'	
左右外倾角差		**-0°20'**		[**0°30'**]	
单独前束	左侧 右侧	-0°02' +0°03'			
总前束		**+0°01'**		-0°12' [**+0°13'**] +0°12'	
几何驱动轴线		**+0°33'**		-0°12' [**+0°00'**] +0°12'	
前轴		**调整前检测**		**车型数据**	
后倾角（20度测量）	左侧 右侧	+6°05' +6°33'			
左右后倾角差		**-0°28'**		[**0°30'**]	
转向前展差	左侧 右侧	-1°59' -1°58'			
外倾角	左侧 右侧	**+0°19'** **+0°35'**		-0°30' [**+0°19'**] +0°30' -0°30' [**+0°21'**] +0°30'	
左右外倾角差		**-0°16'**		[**0°30'**]	
单独前束	左侧 右侧	+0°15' +0°02'			

图 3-48　定位调整前的检测报告

在四轮定位检测和调整时，我们一般关注 4 个参数：后轮外倾角、后轮前束、前轮外倾角、前轮前束。这也是我们经常进行定位调整的重要参数。那么，几何驱动轴线又是什么呢？该怎么调整呢？是什么原因引起的该参数超差呢？

从定义上看，几何驱动轴线是后轮前束的角平分线。在车辆行驶过程中，后轮会沿着这条线滚动前进，见图 3-49。而报告中的数值应该是几何驱动轴线角，即几何驱动轴线与车辆纵向中心平面的夹角。

当几何驱动轴线角为零时，即几何驱动轴线与车辆纵向中心平面重合时，后轮会按照正直朝前的方向行驶。当几何驱动轴线角不为零时，几何驱动轴线与车辆纵向中心平面不再重合，后轮会推动车辆向左或向右行驶，从而产生所谓的"推头"现象，导致车辆向左或向右持续跑偏。

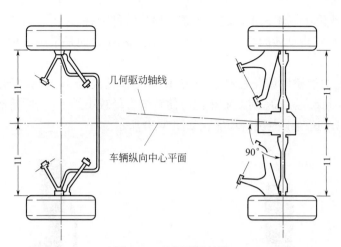

图 3-49　几何驱动轴线

根据故障现象，结合以上定位参数原理，分析可能的故障原因如下：后轮轮胎、轮辋失压、损伤和变形，轮胎花纹磨损严重不均匀；后轮杆件变形；后桥侧偏角控制装置错误调节。（本车具有 HSR 配置）

对于第一、第二个可能原因，在做四轮定位之前已经通过检查加以排除了。我们把怀疑的目光放在了 HSR 系统上面。

首先，利用 ISTA 的服务功能：HSR 电机位置传感器初始化。以此将 HSR 系统的电机置于初始位置。之后进行路试，发现刚开始行驶时，车辆跑偏现象消失。当行驶一段时间，经过了几次转向后，跑偏的故障现象再次出现。问题未得到根本解决。

接下来，我们对 HSR 系统进行控制单元编程。编程结束后，关闭点火开关，让车辆正常休眠一段时间。再次进行路试，发现车辆跑偏现象彻底消失。故障得到解决。

（4）故障总结

该故障是典型的电控系统控制单元软件问题引发的故障。

HSR 系统的独立控制单元收集转向信号、自身电机转角信号、电机所带动的横向拉杆位置信号等，经过计算，控制 HSR 电机旋转方向和角度，以此来调节后轮的转向角度，从而更好地保持车辆行驶的稳定。

由于控制单元受多种因素影响，导致内部的程序或者数据容易损坏、丢失、错误，从而引起对执行器的错误控制，导致故障现象的发生。本案例正是由于 HSR 模块软件程序问题，导致电机错误地向一个方向调节，而引起车辆持续向右侧跑偏。经过模块编程后，重新写入或者修改正确的程序或数据，模块就能再次正确地控制执行机构，故障就得以顺利解决。

3.4.2　故障解析

3.4.2.1　HSR 系统结构特点

（1）系统功能

为了提高行驶舒适性和动力性，BMW 在 6 系、7 系、X5、X6、X7 这些大型车辆上，采用了可转向后桥设计，即 HSR 系统。后桥侧偏角控制系统（HSR）和主动转向控制系统（AL）的组合被称作整体式主动转向系统（IAL 特种装备 2VH）。注意，自 G 系列开始，BMW 所装备的整体式主动转向系统（IAL）不再配备 AL，而是采用一种可变齿比的运动型转向系统。

固定在后桥上的后桥侧偏角控制系统 HSR 可实现最大 ±3° 的后车轮转向角。因此与不带后桥侧偏角控制系统 HSR 的车辆相比可使转弯直径减小约 1m。后桥侧偏角控制系统可在约 5km/h 至最高车速范围内执行功能，如图 3-50 所示。

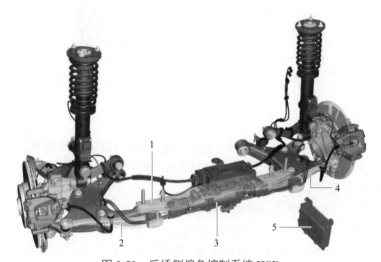

图 3-50　后桥侧偏角控制系统 HSR
1—支撑板；2—左侧前束控制臂；3—HSR 执行机构；4—右侧前束控制臂；5—HSR 控制单元

由动态稳定控制系统 DSC 发出后桥车轮转向角调节请求。通过电机使组件内部的一个螺杆传动装置转动。该装置使两个前束控制臂线性移动。后桥侧偏角控制系统 HSR 可通过位置传感器确定线性移动从而计算出两个后桥车轮转向角。

HSR 系统具有如下功能：

1）正常转弯时的转向调节

在不超过约 60km/h 的车速范围内，后桥侧偏角控制系统 HSR 向与前桥转向系统转向角相反方向转向。这样可提高车辆的转弯性能，如图 3-51（a）所示。

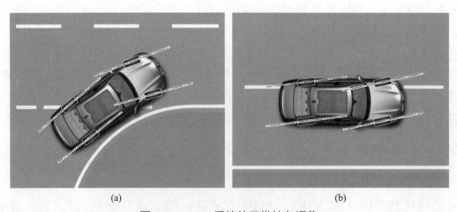

(a)　　　　　　　　　　　　　(b)

图 3-51　HSR 系统的正常转向调节

超过约 60km/h 的车速范围后，后桥侧偏角控制系统 HSR 向相同方向转向，这样可使车辆保持直线行驶，如图 3-51（b）所示。

2）转弯行驶时的行驶动力调节

快速更换车道时，所有车辆都有明显的横摆趋势且可能导致过度转向。动态稳定控制系统 DSC 识别出驾驶员指令与车辆响应间存在偏差时，就会通过后桥转向干预稳定车辆。这种快速稳定干预几乎不会让驾驶员有所察觉。在很大程度上可不再进行时间滞后的 DSC 制动干预。因此车辆更加稳定且行驶动力保持不变，如图 3-52 所示。

(a) 通过制动干预避免不足转向(DSC)   (b) 通过后桥转向干预避免不足转向(HSR)

图 3-52　HSR 系统的行驶动力调节

M—通过行驶动态管理系统对车辆产生的偏转力矩进行干预；1—不足转向车辆的行驶路线；2—中性行驶特性车辆的行驶路线；3—各车轮制动干预（DSC）；4—后桥转向干预（HSR）

如果驾驶员在快速行驶时低估了转弯曲率，可能会对突然出现的不足转向而感到意外。后桥侧偏角控制系统 HSR 在不足转向行驶情况下也可进行校正干预，从而进一步提高主动安全性。

3）在特殊路面上的行驶动力调节

在单侧光滑路面上紧急制动时，车辆可能会向路面附着力较高的一侧偏转。紧急制动时，传统车辆的驾驶员必须进行校正干预。在附着系数不同的路面上制动时，动态稳定控制系统 DSC 通过进行后桥转向干预，调节起到稳定作用的偏转力矩。

通过图 3-53 中的对比，可以看到，不带 DSC 的车辆制动时，在干燥路面侧可以获得最大制动力，在湿滑或结冰路面侧只能获得较小制动力。在此产生逆时针偏转力矩，可能会导致车辆向右甩尾。带 DSC 的车辆制动时，给车轮分配制动力时会使作用于车辆的偏转力矩减小。因此车辆仍然保持良好可控性。制动距离可能会稍有延长。而带 DSC 和 HSR 的整体主动转向系统车辆制动时，DSC 控制单元计算出后车轮转向角，后桥侧偏角控制系统 HSR 的执行机构将转向角计算值转化为两个后车轮的主动车轮转向角。借助由此产生的稳定性偏转力矩可施加最大制动力，使制动距离最短。转向干预与制动干预的完美配合可提高主动行驶安全性和车辆行驶动力性。

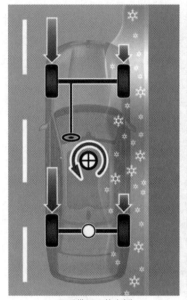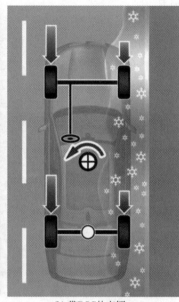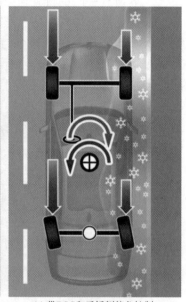

(a) 不带DSC的车辆　　　　　　(b) 带DSC的车辆　　　　　(c) 带DSC和后桥侧偏角控制
　　　　　　　　　　　　　　　　　　　　　　　　　　　　系统HSR的车辆

图 3-53　HSR 系统的特殊路面调节

4）带防滑链时的自动关闭功能

HSR 系统有一个特点，为确保在任何情况下车轮都能自由转动，当后桥上安装了防滑链时，停用后桥转向系统。

防滑链自动识别功能可为驾驶员提供帮助，识别到的状态在控制显示中显示出来。虽然车辆具有这项功能，但是手动设置仍是驾驶员的责任。

使用防滑链时，驾驶员必须通过 iDrive 在设置菜单内设置"防滑链已安装"。如果忘记设置也没关系，系统还带有防滑链自动识别功能：通过车轮转速传感器信号可以得到链节在车轮上滚动的频率（仅限 BMW 许可使用的防滑链）。控制单元可以根据这些典型的信号样本计算出相应车轮上是否安装了防滑链。

超过使用防滑链行驶时允许的最高车速 50km/h 时，尽管设置为防滑链运行模式，后车轮转向系统仍将再次启用！

（2）系统概览

1）机械结构（图 3-54）

后桥侧偏角控制系统 HSR 的螺杆传动机构采用自锁式设计。因此系统失灵后车辆行驶特性与没有后桥侧偏角控制系统 HSR 的车辆相同。

安装支撑板时需要一个专用的校正装置，维修时必须使用该校正装置。因此，一般情况下，不允许松开后桥侧偏角控制系统 HSR 上的支撑板。不符合该要求，则需进行后桥四轮定位调整。

2）电气结构（图 3-55、图 3-56）

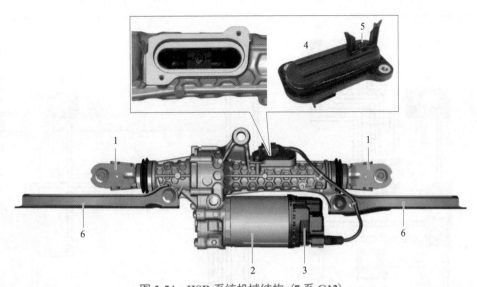

图 3-54　HSR 系统机械结构（7 系 G12）

1—前束控制臂固定架；2—电机；3—HSR 控制单元（后桥侧偏角控制系统）；4—螺杆位置传感器
（PLCD 传感器）；5—永久磁铁；6—支撑板

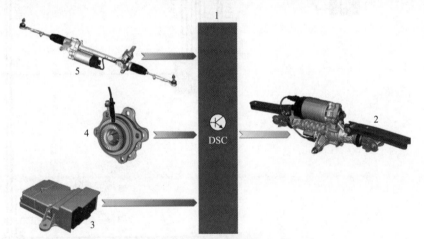

图 3-55　HSR 系统电气结构（7 系 G12）

1—动态稳定控制系统 DSC；2—后桥侧偏角控制系统 HSR；3—横摆率和横向
加速度；4—车轮转速；5—转向角（EPS）

（3）系统组件

1）伺服电机

电动机械式作动器由一个伺服电机组成，该电机通过一个螺杆传动装置移动两根转向横拉杆。转向横拉杆与前束控制臂连接。作动器的最大提升运动设计为 8mm，可在车轮上引起一个最大 3°的转角。后轮转向系统的螺杆传动装置采用自锁结构。发生系统故障后，车辆的行驶性能就像没有后轮转向系统一样。

2）电机位置传感器

电机位置传感器由一个磁阻元件和一个永久磁铁组成。永久磁铁位于伺服电机转子轴的正面上。磁阻元件测量水平和垂直方向上的磁场方向。电机位置传感器的测量范围为 180°。

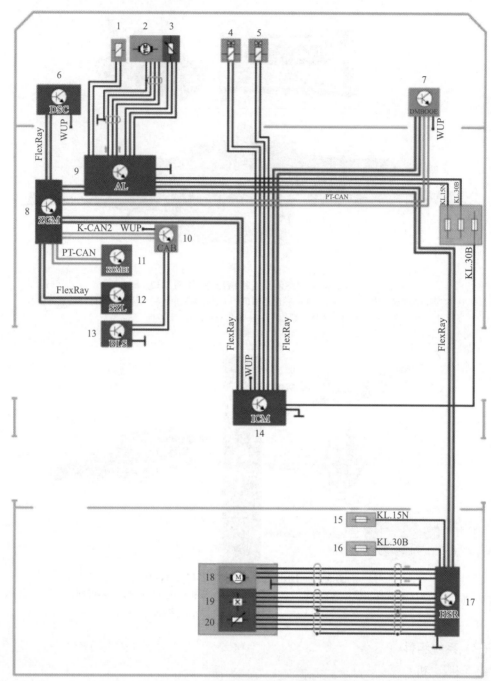

图 3-56　HSR 系统电路图（7 系 F02）

1—AL 锁止件；2—AL 电机；3—AL 电机位置传感器；4—EVV 阀；5—Servotronic 阀；6—动态稳定控制系统；7—发动机电子系统；8—中央网关模块；9—主动转向系统；10—便捷登车及启动系统；11—组合仪表；12—转向柱开关中心；13—制动信号灯开关；14—集成式底盘管理系统；15—右后配电盒；16—蓄电池配电盒；17—后桥侧偏角控制系统；18—HSR 电机；19—霍尔传感器；20—转向横拉杆位置传感器

3）转向横拉杆位置传感器

转向横拉杆位置传感器是一个无接触位置传感器（PLCD，永磁铁线性无接触位移测量）。转向横拉杆位置传感器主要由一个软磁性材料制成的专用铁芯组成。在这个铁芯的整个长度上缠绕着一个线圈（初级线圈）。在铁芯两端各有一个短的分析线圈，一个靠近传感器的永久磁铁，会导致局部磁饱和，因此可以确定位置，如图 3-57 所示。

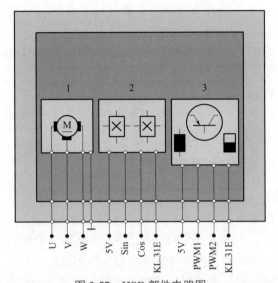

图 3-57　HSR 部件电路图
1—伺服电机；2—电机位置传感器；3—转向横拉杆位置传感器

（4）HSR 系统维修提示

① 作动器中的部件之一失灵时，预计将出现以下情况：

a. HSR 控制单元内出现故障代码存储器记录；

b. 组合仪表中的固定报警灯和指示灯亮起；

c. 组合仪表上出现检查控制信息。

② 在下列操作后必须进行 HSR 系统试运转：

a. 偏转测试；

b. HSR 电机位置传感器初始化设置；

c. 后桥车轴测量。

HSR 系统试运转后将作动器置于中间位置（在维修后需要）。

3.4.2.2　HSR 系统故障分析

HSR 系统的主要故障形式是转向系统报警以及车辆行驶时持续向一个方向跑偏。

（1）转向系统报警

HSR 系统是逻辑上对 AL 系统的补充，两者组合为 IAL 系统。所以，当 HSR 系统出现电气故障时，可能影响到整体的车辆转向，从而可能会产生相关故障码和报警信息。实车上，由于 HSR 系统整体的安装位置比较靠近后桥底部，因此比较容易出现因涉水、托底等导致的电气故障。

一般 HSR 系统出现电气故障时，常引起组合仪表上转向系统报警灯的点亮，同时往往会产生故障码信息，如后桥侧向偏离调节、车辆整体转向系统、HSR 电机位置传感器等。如果验证车辆故障现象时，发现上述报警灯点亮和故障码，就基本可以将故障点锁定在 HSR

系统上面。

（2）车辆行驶时持续向一个方向跑偏

当车辆直线行驶时，双手松开方向盘，车辆会向一个方向持续跑偏。（注意与时左时右跑偏情况的区分）

可以在排除轮胎、轮辋、杆件、定位参数超差等因素后，对 HSR 系统进行检查。

根据其结构分析和实际维修经验，故障可能出现在以下三处：

① HSR 电机内部故障；

② 插头、线路故障；

③ HSR 控制单元软件故障。

3.4.2.3　HSR 系统故障诊断方法

（1）转向系统报警

当车辆出现主动转向系统报警灯点亮，并存在相关故障码时，可以按照先易后难的原则进行 AL 系统故障点隔离。当然，如果对车辆 ISTA 快测后，故障代码自动生成了相应的检测计划，就可以通过规范执行相关检测计划来处理电气问题。

如果未找到相关检测计划，则可以按照如下诊断步骤及方法进行排查：

① 对 HSR 电机和控制单元的插头和导线进行外观检查。检查插头是否安装牢靠，线路是否磨损或断开。若发现问题，进行相应维修。若无，执行下一步。

② 断开电源（蓄电池负极），拔下 HSR 电机的插头，仔细观察是否有水痕和腐蚀迹象。若发现问题，则更换插头、线束。注意！不能只进行插头内部清洁。若无，执行下一步。

③ 连接 ISTA，调用 HSR 控制单元功能，读取电机位置传感器和转向横拉杆位置传感器的数据及状态。若发现数值异常，比如实际值过大，可先进行服务功能"HSR 系统试运行"，无效后再进行 HSR 模块编程、设码。此操作可以处理可能的软件问题。若无，执行下一步。

④ 对 HSR 系统进行整体更换。更换后，对 HSR 模块进行编程、设码以及系统试运行。

（2）车辆行驶时持续向一个方向跑偏

对于车辆行驶跑偏，还是要遵照常规的隔离方法进行。

① 先用 ISID 对车辆进行检测，读取故障代码。如有故障信息，参照上面的检查步骤。

② 检查轮胎胎压、花纹深度是否正常，是否有损伤和变形；轮辋是否有损伤和变形。

③ 举升车辆，检查车辆底部，相关杆件无明显变形和碰撞痕迹。

④ 对车辆进行四轮定位检测。后轮外倾角、后轮前束、前轮外倾角、前轮前束的实车测量值都在标准范围之内。

⑤ HSR 编程、设码。

⑥ HSR 系统总成更换。

第4章

制动系统

4.1 动态稳定控制系统（DSC）与集成动态稳定控制系统（DSCi）

4.1.1 经典维修故障案例

4.1.1.1 F52 制动踏板踩不动

（1）车辆信息

车型	发动机型号	里程 /km
118i，F52	B38	285

（2）故障现象描述

客户反映：几次在较窄路况下，停车下车观察能否通过，再上车后就出现制动踏板踩不动，即使启动发动机，也踩不动制动踏板；发动机有时熄火，仪表盘上有报警，屏幕也显示不能挂入 P 挡等现象。

故障现象确认：客户是位年轻女士，首次购置 BMW 1 系，用车非常爱惜。与客户试车，故障现象无法再现。仪表当前无报警，CID 无检查控制信息显示。

询问客户该车近期维修历史，无任何维修。

（3）故障分析思路及排除方法

由于无法重现故障，只能结合客户描述的故障现象，分析故障的可能原因：

① 制动踏板踩不动，可能失去真空助力或 DSC 故障，需要检查刹车真空助力系统和 DSC；

② 发动机偶尔熄火，检查是否有积炭，检查 DME 控制线路等；

③ 无法挂入 P 挡，需要检查选挡杆控制线路。

既然客户反映仪表曾出现报警，也有检查控制信息显示。因此，利用 ISTA 调取服务功能"检查控制信息"，发现有 557 代码（未挂入 P 挡），频率 1 次，如图 4-1 所示。

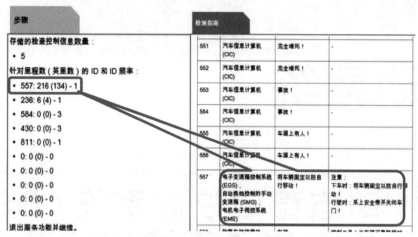

图 4-1　服务功能"检查控制信息"中的显示

暂时未发现有用信息。接下来，按照刚才的分析，对该车进行检查。首先对制动真空助力系统进行测试，密封性良好，启动发动机后真空度较好，暂时未发现任何故障。接着对 DSC 系统读取故障代码，执行相关元件测试，均无问题。接着查找发动机偶尔熄火的原因。拆检节气门，无积炭；检查节气门及 VVT 线路，正常。再通过 ISID 读取选挡杆数值，一切正常。以上，针对客户反映的问题，检查一切正常。

这是一辆刚行驶几百千米的新车，故障现象又无法再现，仅有一个检查控制信息的记录，很难确定故障原因。仔细观察，该记录中提示一条信息：下车时，将车辆固定以防自行移动。会不会是客户操作不当呢？顺着这个思路，再次分析问题，分析结果见表 4-1。

表 4-1　故障原因分析

客户描述的故障现象	再次分析可能的原因
停车时发动机熄火	停车 MSA 自动熄火
着车后制动踏板踩不动	此时变速箱在 D 挡，无法启动发动机，多次踩刹车，真空助力卸掉，所以制动踏板硬，踩不动
启动时显示未挂入 P 挡	由于此时在 D 挡，未能启动发动机，因此仪表提示未挂入 P 挡

再次验证推断，路试实际模拟故障发生时的情况。停车时 MSA 熄火，此时打开驾驶员门，拔下安全带，由于该车是机械选挡杆，此时依然还是在 D 挡（电子选挡杆 GWS 才会自动跳到 P 挡），于是仪表提示"未挂入 P 挡"。

再次读取检查控制信息 ABL，ID 557 频率增加到 6 次，这样就可以解释，由于 MSA 功能发动机熄火，开驾驶员门，出现"未挂入 P 挡"的提示，如图 4-2 所示。

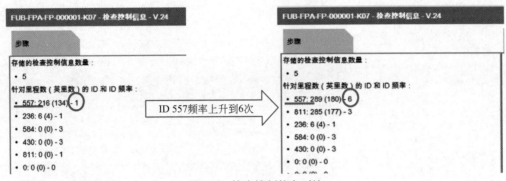

图 4-2　检查控制信息对比

结论：该车无故障，属于客户使用问题，无须进行维修。再次陪同客户试车，模拟所谓的"故障"，客户所谓的"故障"再次出现。给客户做好解释工作，客户理解，无抱怨。

（4）故障总结

接车时，前期的问诊非常重要，这也就是 BMW 诊断五步法里面的第一步：核实客户抱怨。如果问诊不详细准确，顺着客户的思路走，认为有抱怨就有故障，则将会给下一步的维修带来很大的麻烦。

类似案例，有时候不是车辆故障，而是操作问题、功能问题、条件不满足等因素导致"假"故障的出现。这就需要我们车间的机电技术人员，充分利用 ISTA 深层次检测功能，而不只是停留在是否有故障码层面上，加上耐心细致的分析，综合得出结论，对客户做出有理有据的解释，客户反而认为我们更专业。

4.1.1.2　F49 DSC 报警

（1）车辆信息

车型	发动机型号	里程 /km
X1 28i，F49	B48	9200

（2）故障现象描述

客户反映：车辆突然间出现多个报警信息。

故障现象确认：维修技师在车辆进场后，通过仪表报警信息，确认为 DSC 系统报警。

连接 ISTA 进行车辆快速测试，读取故障代码，如图 4-3 所示。

（3）故障分析思路及排除方法

我们首先根据故障代码 48082A "车轮转速传感器：供电，右后，OBD"执行检测计划，测量右后轮转速传感器供电，测得为系统电压 12V，正常；再测量接地电压，0V，接地也正常。交换左后和右后轮转速传感器，故障没有转移，说明传感器本身没有问题。维修技师结合另外一个故障码"驻车制动器功能照明灯，对正极短路"，认为行车制动和驻车制动同时出现问题，故障肯定在 DSC 模块。于是非常肯定地订购 DSC 单元，更换后出门试车，没有几千米就又出现了相应的报警现象。

ATM	—	0xB7F325	应急扬声器：断路
DME_BX8		0x1B0A21	不良路段识别信息，车轮转速传感器，信号，缺少
DME_BX8		0x1BD608	车辆速度信息，右后车轮转速传感器，信号，功能异常
DME_BX8		0xCD944D	信号（车轮实际转速，46.0.1）无效，发射器 DSC
DME_BX8		0xCDA558	信号（车轮实际转速，46.0.1）发射器 DSC
DSC_I1	—	0x480753	驻车制动器：功能照明灯，对正极短路
DSC_I1	—	0x48082A	车轮转速传感器：供电，右后，OBD
DSC_I1	—	0xD356E6	信息（纵向力矩前桥后桥分配状态，18.3.4）不是当前的 DSC，发射器 VTG
GSAW01	—	0xCF2ED2	信号（右后车轮速度，0x254）无效，发射器 DSC
LMV_F45	—	0x440203	车轮实际转速状态无保证
LMV_F45	—	0xCF5486	信号（车轮实际转速未受保护，0x254）无效，发射器 DS

图 4-3　故障代码

再次仔细地查看了一下电路图，如图 4-4。该系统只是非常简单的线路连接，ISTA 报的故障又是典型的电气故障，可能的原因有轴承信号齿故障、线路故障（包括线路干扰）、软件故障、DSC 损坏。

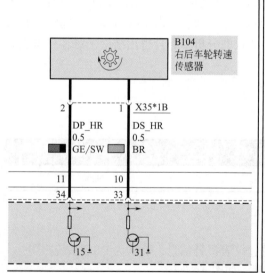

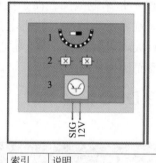

在车轮轴承密封件中安装了48对磁极。在此北极和南极彼此交替(类似于增量轮的轮齿和空隙)。车轮转速传感器由2个霍尔传感器和1个电子分析装置组成。

索引	说明	索引	说明
1	增量齿圈	2	霍尔传感器
3排座椅	电子分析装置		
引脚布置			

引脚Pin	说明
SIG	脉冲宽度调制信号
12V	DSC控制单元供电

图 4-4　车轮转速传感器线路图

重新分析可能原因：对于这种典型的电气故障码，故障现象又是间歇性出现，轴承信号齿问题不大，更换 DSC 时也进行了软件编程，控制单元软件和硬件应该无问题。还是线路问题的可能性非常大，之前的测量一定是有瑕疵的。

我们拔掉 DSC 插头测量 10 号和 11 号右后轮转速传感器的电阻，测量时 IMIB 提示过电压，然后测量 11 号供电线，在 DSC 插头已经拔下的时候出现了蓄电池电压，问题找到了，右后轮转速传感器供电线与正极线短路，导致车轮转速传感器报供电故障。

接下来是怎么样查找短路点。我们采用分段的晃动线束来查找短路点，当晃动到右前防火墙线束连接处时供电线的电压出现了变化，如图 4-5 所示。

图 4-5　右前防火墙导线连接处

我们已经锁定了故障点，接下来需要进行导线维修。查询 ETK 系统，此段线束不单独提供更换方案，需要更换全车大线。考虑到客户时间问题以及维修费用问题，建议在外部单独拉线进行维修。

修复时发现有一个故障码还是删不掉"驻车制动器：功能照明，对正极短路"。测量线束时发现此线束也和正极短路了，一并进行修复，修复后功能正常，路试正常。

（4）故障总结

本案例是一个非常典型的线路短路故障。本案例的排查过程，有两个方面需要我们多加注意：

① 维修方案的制定不要"想当然"。本例中，维修技师发现行车制动和驻车制动同时出现问题，就把故障锁定在主控单元 DSC 模块。于是错误更换 DSC 单元，试车，故障再次重现。而本例中，恰巧两个系统同时出现问题，并非主控单元故障。因此，在进行部件更换和维修前，要充分利用电气测量、功能检查等手段，明确真正的故障点后，再进行相应维修。以免由此造成经济损失和维修效率的下降。

② 对于线路故障，可以采用二分法进行逐段排查（具体方法，见本系列图书的电气分册）。待确定了故障是哪一段线路后，再通过线路测量确定是短路故障、断路故障还是存在接触电阻。当确定为短路故障，特别是偶发故障时，则可以采用分段的晃动线束来查找短路点，以最终锁定短路位置。

4.1.1.3　F35 轮速传感器故障

（1）车辆信息

车型	发动机型号	里程 /km
328Li，F35	N20	12600

（2）故障现象描述

车辆起步行驶正常，20km/h 以上车速行驶，仪表上动态稳定控制系统和安全气囊灯点亮。

故障现象确认：该车因为后部事故而进店维修，技师已经更换了右后车轮（包括车轮轴承）及悬架的所有部件。且车辆全部组装完毕，到了最后路试阶段，出现了该故障现象。

难道是安装上的问题？但是技师很有信心地表示不可能安装错误，安装时特地看了一下轴承的端面，确认与旧件类似才进行安装的。

（3）故障分析思路及排除方法

由于故障当前存在，先用 ISTA 对车辆进行检测，发现存在下列故障代码：

CD944D　信号（车轮实际转速，46.0.1）无效的发送器 DSC

420611　DSC 接口（车轮转速）：车轮转速与输出转速和涡轮转速的偏差是不允许的

D017A3　接口 DSC（车轮传感器实际齿面数，64.1.2）：信号无效

480686　车轮转速传感器：启动识别，右后

D017C5　DSC 接口（车轮实际转速，46.0.1）：信号无效

1B0A21　不良路段识别：接收不到车轮转速信号

以上故障代码能够全部清除，重新试车以后故障代码又重复出现。运行相关检测计划，提示更换右后车轮转速传感器。且查看 DSC 控制单元数据流，发现右后车轮速度不能正常显示。技师调换了左后及右后车轮转速传感器后，再次进行路试，依然存在上述故障代码。

根据该车出现的故障现象，结合 DSC 系统结构和工作原理，分析可能的故障原因如下：

① 车轮转速传感器故障；

图 4-6　右后车轮轮架处的小孔

② 车轮轴承故障；

③ 车轮转速传感器至控制单元线路故障；

④ 控制单元故障；

⑤ 其它未知故障。

进一步检查线路，经检测，未发现异常。难道控制单元有问题？为了验证是否为 DSC 控制单元内部故障，我们开始进行传感器波形测量分析。使用直流 DC 耦合，分别测量左后车轮转速传感器和右后车轮转速传感器的电流波形。对比后发现，右后车轮转速传感器始终没有波形显示。

由此可以断定，问题还是出现在车轮转速传感器处。通过图 4-6 所示的右后车轮轮架处的小孔，可以发现问题所在。对比左后车轮，此处看到的不是车轮轴承密封件上的褐色的多极密封环，而是金属材质密封件。于是决定拆下车轮轴承进行检查，最终发现轴承装反，如图 4-7、图 4-8 所示。

为什么会装反呢？由于新的车轮轴承油封改进为金属密封材质，技师误以为新轴承的多极密封环是旧轴承中的轴承油封，从而导致安装错误。

更换新的车轮轴承，并按照正确方向进行安装。再次进行试车，一切正常。

（4）故障总结

该故障是典型的由于技师操作不当导致的故障案例。此类故障发生概率很大。这是因为很大一部分机电技师还是抱有侥幸心理，贪图方便和维修速度，往往不遵照 ISTA 要求操作。

图 4-7 新安装的轴承内侧　　　　　图 4-8 新安装的轴承外侧

这一案例也很好地给我们的维修技师敲响了警钟。我们很清楚地知道 ISTA 非常明确地规定了部件拆卸、安装的步骤、需要使用的专用工具及使用方法、螺栓拧紧顺序和力矩、维修时的注意事项等。但是实际工作中，往往不遵照执行，或者对自己的维修经验盲目自信，这样很容易导致维修事故的发生，让我们引以为戒！

4.1.1.4　G12 制动踏板踩不动

（1）车辆信息

车型	发动机型号	里程 /km
750Li，G12	N63	15700

（2）故障现象描述

客户反映：发动机启动之后，再踩制动踏板，发现很硬，踩不动。

故障现象确认：维修技师在车辆进场后进行试车，发现该车确实存在制动助力功能失效的情况。同时观察到组合仪表中的红色制动报警灯亮起。检查控制信息显示：请谨慎驾驶。

在重新启动发动机之后，警示灯不再处于激活状态，制动助力功能恢复。

（3）故障分析思路及排除方法

由于故障当前存在，先用 ISTA 对车辆进行检测，发现存在下列故障代码：

4808B4 - 系统压力不可信，过高

通过对故障现象和故障代码信息的分析，认为该车故障明显属于制动系统故障。但是由于该车装配的是最新的集成动态稳定控制系统 DSCi，此系统的故障率很低，此前也无任何维修经验。因此，查询 PUMA 文件，希望能从中得到帮助。

经查询，找到一个相近的措施 V5-CN 64814831-02-21-5-12。通过阅读该措施，找到两个处理方案：

① 读取车辆的集成等级。如果集成等级低于 S18A-19-03-545 版本，则用 ISTA 4.17.1x 将车辆编程、设码为集成等级 S18A-19-03-545（从 2019 年 4 月 27 日起可用）或更高版本。更换零件不能达到目的，也不允许更换。

② 读取车辆的集成等级。如果集成等级高于或等于 S18A-19-03-545 版本，则不需要对

车辆进行编程。用 ISTA 进行诊断，然后重新评估车辆。

按照此 PUMA 措施，读取该车的集成等级。发现该车集成等级为 S18A-18-11-540，低于 S18A-19-03-545 版本。对车辆进行编程、设码后，再次试车，故障现象消失。

（4）故障总结

这是一例比较典型的由软件问题引起的故障。此类故障一般通过对车辆进行编程、设码即可解决（车辆编程的具体方法及注意事项，见本系列图书的电气分册）。

对于 BMW 最新装配的集成动态稳定控制系统 DSCi，我们还不是特别熟悉，而且目前来看，该系统比较稳定，故障发生概率并不高。其具体的结构特点，下文中会详细叙述。

4.1.2　故障解析

4.1.2.1　DSC 系统结构特点

（1）系统组成

动态稳定控制系统（DSC），可通过各种不同的调节策略确保在所有行驶情况下，为车辆提供突出的行驶稳定性、主动安全性和极高的牵引力。其系统组成如图 4-9 所示。

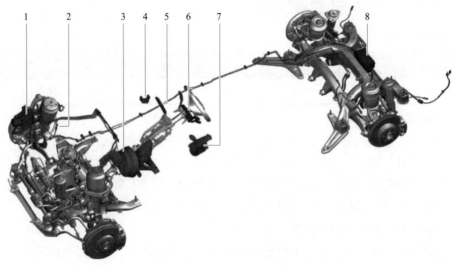

图 4-9　DSC 系统组成（E70）

1—带 DSC 控制单元的液压总成；2—车轮转速传感器（4 个）；3—制动主缸；4—DSC 传感器；
5—中控台开关中心；6—转向柱开关中心；7—选挡开关；8—EMF 执行单元

DSC 系统主要由带 DSC 控制单元的液压总成、4 个车轮转速传感器、DSC 传感器组成，到了后期车型，DSC 传感器开始集成到 DSC 控制单元内部。而且，EMF 执行单元也集成到了 DSC 单元内部。

DSC 系统的优化调节功能，有助于进一步提高行驶动力性。DSC 系统还有主动安全性和舒适性方面的附加功能。这为配备 DSC 的车辆带来以下优点：

1）行驶动力性

DSC 模式：行驶动力性提高且牵引力最大。由于调节干预更准确且更迅速，因此驾驶员可以进一步挖掘行驶动力性的极限范围，同时仍能确保行驶安全性。

DTC 模式：与 DSC 模式相比允许提高驱动轮的滑转率，以确保在雪地上起步等情况下提供最大驱动力。此外，在 DTC 模式下稳定性调节干预介入时间较迟，因此允许以更具运动性方式驾驶车辆。

2）主动安全性

通过制动准备、干燥制动和制动衰减支持等附加功能缩短制动距离。通过提高 DSC 的工作效率确保所有与安全有关的功能更有效。

3）舒适性

通过使用一个 6 活塞泵和一个新型高频电气控制系统改善了操作舒适性（制动干预噪声较低，踏板颤动明显降低）。通过起步辅助系统和驻车制动器等附加功能，进一步为驾驶员提供支持并提供更好的舒适性。

（2）系统功能

DSC 系统从早期的 DSC 5.7 到后来的 DSC 8.0、DSC8.0+ 等多次升级，其体积越来越小，重量越来越轻，控制单元的存储空间越来越大，计算速度越来越快，功能也越来越多。其主要功能有如下几种：

1）制动防抱死系统（ABS）

ABS 通过有针对性地调节制动压力避免制动时各个车轮抱死。同时在很大程度上车辆前车轮仍具有转向能力。在摩擦系数不同的路面上制动时，与主动转向系统（选装配置）一起使用可确保车辆保持直线行驶。

2）弯道制动控制系统（CBC）

在弯道中快速行驶时，CBC 通过非对称调节制动压力略微制动来防止车辆失控，借此提高了转弯稳定性。

3）自动稳定控制系统（ASC）

ASC 可防止驱动轮打滑，其工作方式是有针对性地对驱动轮制动并影响内燃机提供的驱动力矩。因此可优化车辆的驱动力。

4）动态制动控制系统（DBC）

驾驶员进行紧急制动时，该系统通过立即自动施加最大制动压力为驾驶员提供支持，以优化制动效率。

5）自动差速制动系统（ADB-X）

ADB-X 与差速器锁的功能相同，一个车轮有打滑趋势时，系统自动对该车轮制动，以便通过该车桥的另一个车轮继续提供驱动力。

6）动态稳定控制系统（DSC）

车辆有不足转向或过度转向趋势时，通过有针对性地对具体车轮进行制动干预使车辆稳定下来。在 E70 上这项功能与主动转向系统（SA）配合使用。

7）下坡车速控制（HDC）

以较低车速下坡行驶时，尤其是在沙土、碎石或冰雪等坏路上行驶时，HDC 自动对具体车轮制动。该功能通过中控台上的一个按钮启用。

8）挂车稳定逻辑

这项功能可自动识别车辆和挂车左右摇摆情况，并通过有针对性地制动干预使车辆和挂车（汽车列车）稳定下来，同时使车速降低到引起左右摇摆的临界车速之下。

9）动态牵引力控制系统（DTC）

DTC 是 DSC 的一种特殊模式，DTC 与 ASC、ADB-X 和 xDrive 配合使用，通过增大滑转限值确保能在冰雪、沙土或砾石等松软路面上提供最大驱动力。DTC 模式下稳定性干预的开始时间比 DSC 模式下迟，从而能以更具运动性的方式驾驶车辆。

10）制动准备

驾驶员迅速松开加速踏板时，制动准备功能可在系统内建立适度的制动压力。如果此后驾驶员进行紧急制动，制动作用就会很快体现出来。

11）干燥制动

根据车窗玻璃刮水器工作情况，这项功能使制动摩擦片定期略微接合，以便使制动盘变干。因此，制动力时可显著提高制动效率。

12）制动衰减支持

如果制动器温度因极具运动性驾驶方式而变得很高且因此需要较高的制动力，以便达到所需要的制动效率，这项功能就会在施加制动力时为驾驶员提供支持。

13）起步辅助系统

驾驶员松开制动踏板后，起步辅助系统使车辆在山坡路面上停住不动约 1.5s。这样可以在车辆不向下坡方向溜车的情况下很舒适地踩下加速踏板。

14）电动机械式驻车制动器（EMF）

EMF 是一种通过一个双向按钮拉紧或松开的驻车制动器。根据车辆的当前运行状态，车辆自持力通过 DSC 以液压方式产生，或通过 EMF 以机械方式产生。

（3）系统组件

1）DSC 单元

DSC 单元是一个带附加控制单元的液压总成，其安装位置一般有两处：车辆地板内，紧靠左前车轮罩后边缘；发动机舱内。其内部装有电动液压泵、压力传感器、电磁阀体、过滤器等部件，如图 4-10、图 4-11 所示。

图 4-10　E70 上 DSC 单元的安装位置

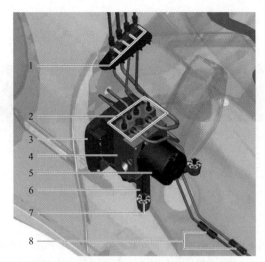

图 4-11　F02 中 DSC 单元的安装位置

1—液压管路快速接头（4 个）；2—液压管路螺栓连接件（6 个）；3— DSC 控制单元；4— DSC 阀体；5—DSC 泵电机；
6—DSC 单元固定支架；7—带有 DSC 单元减振器的螺栓连接件；8— 液压管路螺栓连接件（2 个）

从 E70 开始，BMW 采用了新液压泵方案，因此改善了液压总成的调节精度。在液压总成中有 6 个直径为 6.5mm 的泵元件和入口经过优化的单元。

这种液压泵方案在很大程度上改善了压力动态性能，因此在 ABS 模式下踏板反作用力较低，在 HDC 模式下调节质量较高。例如，驾驶员可明显感觉到制动期间 ABS 工作时踏板脉动程度非常小。在液压总成内有 1 个预压传感器，有 6 个较短的液压管路通过螺栓连接件固定在 DSC 单元上。其中 4 个液压管路从液压单元向上延伸至带有快速接头的连接组件上。这些液压管路通过快速接头与车辆内的其它管路连接。此处是指至左前和右前车轮制动器的两个管路以及至串联制动主缸的两个管路。剩余的两个管路向后延伸，通过快速接头与左后和右后车轮制动器的管路连接。

需要更换 DSC 单元时，必须首先在相应位置处拆下车辆地板饰板。拆卸 DSC 单元时一起拆下上述 6 个较短的液压管路。因此拆卸前必须松开液压管路上的 4 个快速接头和 2 个螺栓连接件。随后必须将这些较短的液压管路安装到新 DSC 单元上。

只有在拆下 DSC 单元后，才能根据需要将 DSC 控制单元从液压单元拆下并安装新部件。拆卸和安装 DSC 单元后必须为制动系统排气。

2）DSC 控制单元

DSC 控制单元与液压总成装在一起，可以单独更换。它用一个 47 芯插头将 DSC 控制单元连接到发动机导线束，如图 4-12 所示。

F02 中的 DSC 控制单元连接在 FlexRay 上，在此前的车辆中则连接在 PT-CAN 和 F-CAN 上。FlexRay 连接到 DSC 控制单元（来自 ZGM）并在此结束。DSC 控制单元与 FlexRay 有关，也是一个终止节点。因此有一个用于 FlexRay 的终端电阻。

用于 DSC 的传感器

① 车轮转速传感器。F02 中使用的车轮转速传感器是 4 个主动式车轮转速传感器，这 4 个传感器都通过独立的双线导线与 DSC 控制单元直接连接，如图 4-13 所示。车轮转速以脉冲宽度调制信号形式传输给 DSC 控制单元。这些主动式车轮转速传感器可以识别转动方向

和测量间隙。

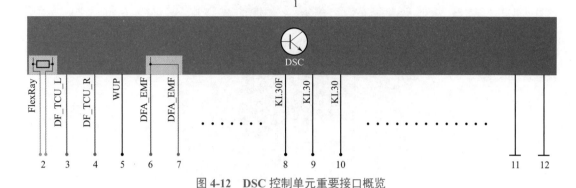

图 4-12　DSC 控制单元重要接口概览

1—DSC 控制单元；2—带终端电阻的 FlexRay 引入线；3—左前车轮转速信号；4—右前车轮转速信号；5—WUP，唤醒导线；6—用于便捷登车及启动系统（CAS）的车轮转速信号；7—用于电动机械式驻车制动器（EMF）的车轮转速信号；8—DSC 电子装置供电；9—阀门供电；10—泵电机供电；11—DSC 电子装置接地；12—阀门和泵电机接地

转动方向识别对于起步辅助系统和自动驻车功能来说非常重要。系统可以根据间隙测量结果识别传感器元件定位故障。如果车轮轴承间隙过大，车轮转速信号也可能不可靠。这种状态也可以通过车轮转速传感器的间隙测量结果识别出来。这样可以确保 DSC 控制单元只根据传感器准确测得的车轮转速信号工作。DSC 控制单元通过 FlexRay 网络和直接连接的导线将车轮转速传感器的信号提供给车辆内的其它系统。

② ICM 内的 DSC 传感器。以前作为独立组件安装的 DSC 传感器现在集成在 F01/F02 的 ICM 控制单元内。

通过该集成式传感器的信号和由 DSC 控制单元提供的车轮转速信号，ICM 控制单元计算出对车辆行驶动力性状态十分重要的 4 个参数，车速、车辆纵向加速度和纵向倾斜度、车辆横向加速度和横向倾斜度、偏转率，如图 4-14 所示。

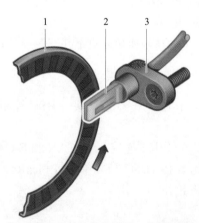

图 4-13　车轮转速传感器工作原理图

1—传感器环 / 铁磁车轮轴承密封托架；2—带霍尔传感器的传感器芯片；3—传感器壳体

图 4-14　集成在 ICM 控制单元内的 DSC 传感器

1—偏转率传感器；2—第二个冗余偏转率传感器；3—纵向和横向加速度传感器；4—第二个冗余横向加速度传感器

③ SZL 内的转向角传感器。SZL 借助转向角传感器通过 FlexRay 总线系统提供转向角和转向角速度信号。这些参数作为行驶动态管理系统的输入信号，用于确定转弯行驶时的驾驶员指令。

在 F02 中需要注意的是，转向角传感器信号首先由 ICM 控制单元进行分析，然后以所谓"有效转向角信号"的形式提供给其它行驶动态管理系统的各个控制单元。在此使用非接触式光学测量系统，即光学转向角传感器测量方向盘角度和转向角速度，如图 4-15 所示。

接触式光学测量系统计算方向盘绝对角度或方向盘圈数等信息。光学转向角传感器测量方向盘角度的范围为 $-640°\sim+640°$。如果因断开蓄电池接线等情况造成 SZL 供电中断，则会丢失方向盘圈数信息。此时 SZL 无法确定方向盘绝对角度，只能确定方向盘相对角度。

这种暂时性故障状态可以通过"从一侧限位位置转到另一侧限位位置"来排除。另一种方法是，直线行驶时 SZL 可以借助前车轮的车轮转速信号识别直线行驶位置。采用这两种方式都可以重新提供方向盘绝对角度信息。

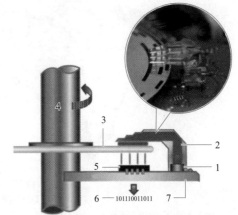

图 4-15 F02 的光学转向角传感器结构原理图
1—发光二极管；2—光缆单元；3—代码盘；
4—转向柱；5—光电晶体管；6—转换为
电信号输出；7—印刷电路板

当出现下述情况时，必须对转向柱开关中心内的转向角传感器进行校准：进行过四轮定位、更换过 SZL 或对其进行过编程、诊断系统内的检测计划要求进行校准。

进行转向角传感器校准时必须严格遵守诊断系统的相关说明。进行校准时，车辆必须停放在水平地面上，方向盘必须处于直线行驶位置（目测）。

4.1.2.2 DSCi 系统结构特点

（1）DSCi 系统与 DSC 系统的不同之处

驾驶员辅助系统的不断发展以及动力总成的电气化对当前的制动系统提出了更大的挑战。为了降低复杂性，同时扩展功能，BMW 在全新 BMW X5（G05）中推出了名为集成动态稳定控制系统 DSCi 的全新制动系统。DSCi 的技术亮点是将驾驶员与车轮制动器的制动液压系统分开来。具有这种特点的制动系统称为电动液压式线控制动器，通过线性执行器并结合压力保持阀和减压阀来对车轮制动力进行控制。

这种减少了组件的制动系统的设计结构，将在更多的 BMW 车型中使用。与之前的制动器系统结构比较，DSCi 所需的组件显著减少。此外，DSCi 制动器在所有车型中都设计为电动液压式线控制动器，如图 4-16 所示。

通过对两种制动系统的对比，可以看出它们在真空制动助力系统领域的显著差异。DSCi 制动器缺少真空制动助力。缺失的真空助力，将由制动踏板杠杆力的增大和总泵与分泵液压传动比的增大来弥补。

（2）DSCi 系统的结构

由于 DSCi 是一种分离式制动系统，因此必须检测到制动请求，并根据驾驶员的要求，结合相应的行驶动力学参数，从外部动力源中生成出制动力。这需要传感器和执行机构方面的配合。图 4-17 显示了整个 DSCi 系统的结构及液压线路图。

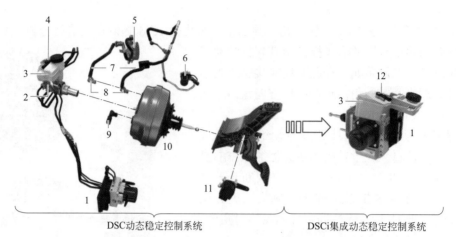

图 4-16　DSC 制动器和 DSCi 制动器的系统对比

1—DSC 单元；2—串联制动主缸；3—补液罐；4—制动液液位开关；5—机械式真空泵；6—电动真空泵；7—真空管路；8—单向阀；9—制动真空压力传感器；10—制动助力器；11—制动踏板行程传感器；12—制动液液位传感器

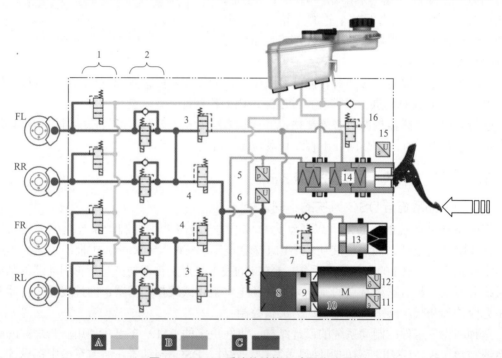

图 4-17　DSCi 系统的结构及液压线路图

A—补液罐的回流与给入；B—模拟压力；C—工作压力（制动压力）；FL—左前；RR—右后；FR—右前；RL—左后；1—减压阀；2—压力保持阀；3—驾驶员分离阀；4—线性执行器转换阀；5—制动压力传感器模拟器电路；6—制动压力传感器工作电路；7—模拟器阀；8—线性执行器压力缸；9—线性执行器；10—线性执行器电动机（AC）；11—位置传感器、电动机；12—线性行程传感器；13—制动踏板力模拟器；14—串联制动主缸；15—制动踏板行程传感器；16—诊断阀

从 DSCi 系统的结构上，可以看到与传统的 DSC 相比，制动踏板处增加了一个行程传感器，由它来感知和发送驾驶员制动或者解除制动的意图。制动踏板在常规制动时，仅作为一

个传感器，其踏板力由制动踏板力模拟器来模拟。而真正的制动力来源于线性执行器电动机（10）。电动机推动线性执行器向前运动，将线性执行器压力缸里的制动液经由各电磁阀，注入各车轮分泵内，从而形成制动力。

DSCi 控制单元处理制动请求，并通过线性执行器建立压力。

此时，制动踏板行程传感器、制动压力传感器、线性行程传感器、车轮转速传感器的信号将被持续检查可信度。

DSCi 系统的主要部件如下：

1）DSCi 控制单元

如图 4-18 所示，DSCi 控制单元具有两个独立的插接连接件。一个插接连接件（8）为 DSCi 控制单元提供必要的工作电压并将其与车载网络相连接。另一个插接连接件（7）为线性执行器提供电压。由于电动液压式线控制动模式中的线性执行器具有非常高的能量需求，需要高达 80 A 的工作电流，所以第二个插接连接件通常连接到可加载电源上，例如跨接启动接线柱。

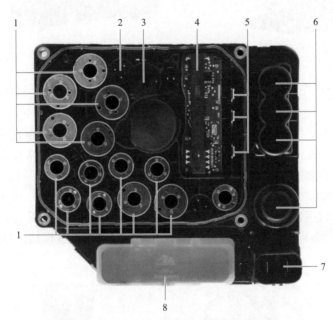

图 4-18　DSCi 控制单元的内视图

1—电磁阀的线圈；2—制动压力传感器接口；3—位置传感器（电动机）；4—线性行程传感器；5—电动机的接口（U，V，W）；6—带电容器盒的逆变器（DC / AC）；7—供电插接连接件（DC）；8—车载网络插接连接件

实际上，DSCi 单元是由两个控制单元组成，即集成动态稳定控制单元（DSCi）与虚拟集成平台（VIP），这两个控制单元共享一块印刷电路板和一个处理器。在虚拟集成平台 VIP 中对外部传感器的数值执行许多计算。然后通过数据总线将计算得出的传感器数据提供给其他控制单元。例如，横摆率传感器和加速度传感器的信号由虚拟集成平台进行计算并且可用于 DSCi 控制单元。

DSCi 控制单元仅由一个供电插接连接件（7）供电。所以当供电插接连接件（7）被拔出后，车辆系统就识别不到 DSCi 单元了。DSCi 控制单元内部的逆变器控制线性执行器的电动机。

DSCi 控制单元不能在维护中单独更换，如果出现损坏，必须更换完整的 DSCi 单元。

2）DSCi 液压单元

DSCi 液压单元的内部结构比较复杂，而且非常精密，如图 4-19 所示。

图 4-19　带电动机的 DSCi 液压单元的内视图

1—线性执行器电动机（AC）；2，6—轴，位置传感器，电动机；3—线性执行器；4—液压管路的接口；
5—制动踏板力模拟器；7—压力缸；8—三相电机

当电动机启动时，液压单元压力缸中的线性执行器移动。与先前的 DSC 回流泵相比，这种过程是没有脉动的。因此，在 DSCi 液压单元中不需要减振元件来抚平压力峰值。

借助线性执行器相对较高的传动比，可以实现高达 200bar 的液压制动压力。为了控制电动机，转子的精确位置通过位置传感器传递给逆变器。

DSCi 液压单元不能单独更换，如果某个部件出现损坏，必须更换完整的 DSCi 单元。

与之前的 DSC 液压单元一样，各种制动通道均通过电磁阀进行切换，如图 4-20 所示。

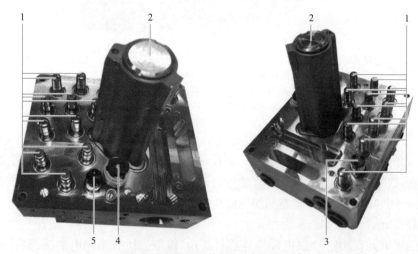

图 4-20　DSCi 液压单元的内视图

1—电磁阀；2—线性执行器压力缸；3—制动压力传感器模拟器电路；
4—位置传感器，电动机；5—制动压力传感器工作电路

3）制动踏板力模拟器

制动踏板力模拟器配有弹簧和弹性体，可模拟驾驶员施加的脚踏力的反作用力。目前，在维护中通过更换弹簧来调整弹簧刚度的可能性尚不存在，如图 4-21 所示。

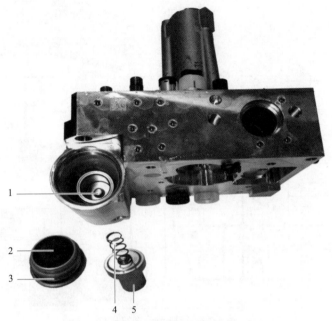

图 4-21　DSCi 制动器的制动踏板力模拟器
1—气缸体；2—弹性体；3—密封塞；4—弹簧；5—连接件

（3）DSCi 系统的工作模式

1）电动液压式线控制动模式

当驾驶员在线控制动模式中踩下制动踏板，DSCi 通过制动踏板行程传感器检测出制动请求。双驾驶员分离阀可以防止在此过程中产生的液压压力作用于车轮制动器的方向。相反，液压压力通过开启的模拟器阀到达制动踏板力模拟器。制动踏板力模拟器内部的弹性体产生常规的反作用力。

制动踏板行程传感器的传感器信号由 DSCi 控制单元进行处理，并依据驾驶员的制动请求激活线性执行器。由此产生的制动压力通过已开启的线性执行器转换阀传递至车轮制动器的方向。

同时，各电磁阀也会相应工作。当踩下制动踏板时，模拟器阀与线性执行器转换阀通电开启，驾驶员分离阀不通电关闭，从而切换到线控制动模式。当不踩下制动踏板时，模拟器阀与线性执行器转换阀断电关闭，驾驶员分离阀通电开启。

与先前的制动系统相比，驾驶员现在无法得知来自制动液压系统在制动踏板方向上的已有反馈。例如：ABS 或 DSC 控制期间制动踏板的脉动，现已无法感受到。

2）行驶前检查

随着数据总线的唤醒，例如通过检测识别车钥匙或开启车门，DSCi 控制单元启动行驶前检查。一共分为三个步骤：

第一步：一个驾驶员分离阀保持开启，另一个则关闭。诊断阀关闭，以防止制动液回流

147

到补液罐中。线性执行器开始轻微的压力建立过程。此时，检查工作电路中的制动压力传感器和线性行程传感器的可信度，如图4-22所示。

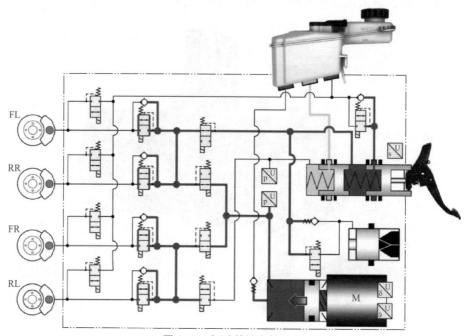

图4-22 行驶前检查第一步

第二步：线性执行器提高了制动压力。由于压力增加，串联制动主缸中的中间活塞向左移动。模拟器电路中的制动压力传感器将被检查可信度，如图4-23所示。

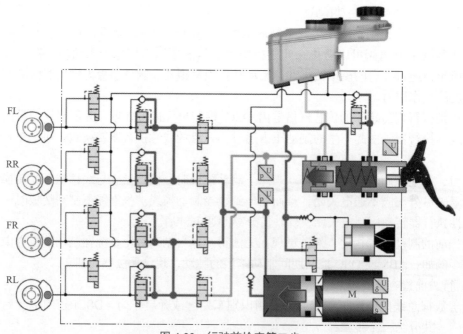

图4-23 行驶前检查第二步

第三步：模拟器阀开启，制动踏板力模拟器方向上的压力降低。此时，将检查不同传感器信号的可信度，如图 4-24 所示。

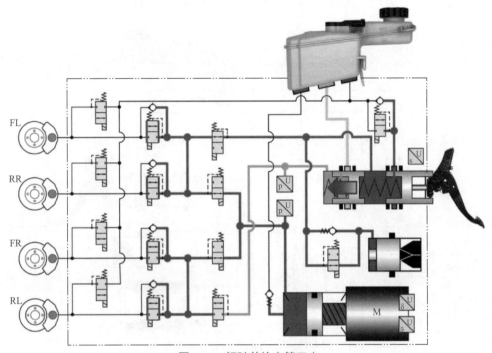

图 4-24　行驶前检查第三步

在测试阶段，压力保持阀持续关闭。这样便没有液压制动压力作用于车轮制动器上。因此，对制动系统进行维护工作的工作人员不会处于危险之中。如果行驶前检查失败，则后备模式被激活。

3）DSCi 控制

在 ABS 或 DSCi 压力控制阶段，位于压力室中的制动液通过压力保持阀和减压阀向补液罐方向移动。为了保持必要的制动压力，线性执行器继续移动至压力室。如果压力控制阶段非常长，将导致线性执行器延伸至最大极限位置。

为了在上述情况下继续提供足够的制动压力，线性执行器移回到缩回位置，并从补液罐中吸入新的制动液。由此获得的制动液将再次用于建立压力。这个过程在几毫秒内完成，驾驶员是察觉不到的。

在 DSCi 制动器中，由于驾驶员与制动器分离，压力控制阶段出现的制动踏板上的脉动不像 DSC 制动系统中那么明显。驾驶员仅通过闪烁的 DSC 指示灯和警告灯获得关于压力控制阶段的相应反馈。

4）后备模式

如果信号不可靠，后备模式将被激活。线性执行器转换阀关闭，驾驶员分离阀开启。此外，关闭模拟器阀还将停用制动踏板力模拟器的功能。模拟器电路此时主动用于制动，从而变成工作电路，如图 4-25 所示。

此时，模拟器阀与线性执行器转换阀断电关闭，驾驶员分离阀通电开启。

在断电后备模式中，当踏板力为 500N 时，可达到约 6.4m/s^2 的行车制动效果。然而对于客户而言，制动感觉显著改变。原因在于外部动力源缺少制动助力系统。调整制动踏板轴承支座上杠杆行程的传动比，并主动激活后桥上电动机械式停车制动器的执行机构，将略微增强驾驶员的脚力。但是，制动功率仍达不到线控制动模式下的水平。

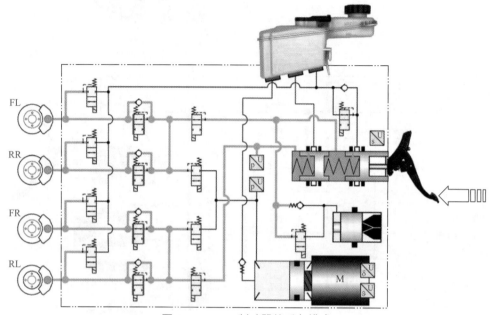

图 4-25　DSCi 制动器的后备模式

为了避免由后轮制动过度而引起危险的行驶状况，在后备模式下的制动过程中，电动机械式停车制动器的执行机构将被持续地滑动控制。

5）泄漏检测

通过检查以下传感器信号的可信度可以检测出泄漏：

① 制动踏板行程传感器；

② 工作电路中的制动压力传感器；

③ 线性行程传感器。

线性执行器进入压力缸越深，则工作电路制动压力传感器上的数值越大。如果在线性执行器移动的过程中压力没有增加，则制动系统中可能存在泄漏，如图 4-26 所示。

如果线性行程传感器和制动压力传感器的数值存在差异，则 DSCi 控制单元认为存在泄漏。为了确定泄漏的制动回路，将制动回路 K1 的两个压力保持阀和制动回路 K2 的两个压力保持阀依次关闭并再次打开。如果在相应压力保持阀关闭期间制动压力保持不变，则可以确定泄漏的制动回路（图 4-26 中 K1），并通过两个压力保持阀将其永久关闭。

接下来，车辆通过仍然完好的制动回路减速，类似采用传统制动器的车辆。被永久关闭的制动回路，只有排除泄漏并删除故障存储记录后才能再次使用。

需要注意的是，为了启用被关闭的制动回路而删除故障存储记录，只能在事先排除泄漏并测试密封性后才有效。若不遵守要求可能导致再次关闭，从而引发危险的行驶状况。

6）使用停用的制动回路制动

目前的 DSCi 制动系统具有对角制动回路分布。制动回路 K1 控制左前轮和右后轮，制动回路 K2 控制右前轮和左后轮。

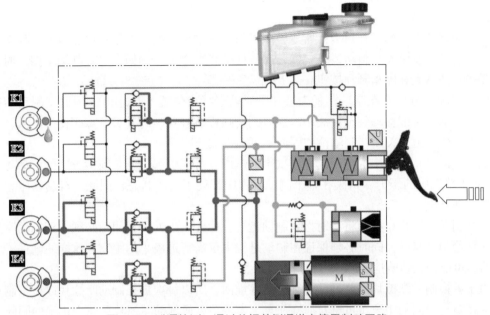

图 4-26　泄漏检测：通过关闭前侧通道来停用制动回路

如果两个制动回路中的一个发生故障，则车辆仅通过前桥上的一个车轮减速。由于前桥上的车轮单侧减速，围绕车辆垂直轴将产生偏转力矩。为了抵消这种偏转力矩，采用对角制动回路分布的车辆具有负的转向半径。在仅用一个完整的制动回路进行制动的情况下，车轮上将会产生一个扭矩，反作用于围绕车辆垂直轴的偏转力矩，从而抵消了在使用停用的制动回路进行制动过程中的急促且剧烈的车辆倾斜。

（4）DSCi 系统相关售后服务与维修

1）制动踏板机构固定件

制动踏板机构通过球头和塑料夹与 DSCi 单元连接，如图 4-27 所示。

图 4-27　制动器踏板机构的固定

松开制动踏板机构时需要使用专用工具 2409646，将制动踏板撬下。安装时，只需要对准位置，直接推入，直到听到嵌合的声音就可以了。

2）制动器维修

车轮制动器的维修工作可以按常规方式进行。制动压力的独立结构没有造成人身伤害的风险。与传统（连接式）制动系统一样，在各种维修工作中，例如在更换制动摩擦片时，不允许操作制动踏板和停车制动按钮。

由于驾驶员分离阀在制动踏板未被踩下时处于静止位置（未通电），因此当制动活塞被压回时，制动液可能移动到补液罐中。一旦制动踏板被轻踩，驾驶员分离阀便被激活，补液罐方向的液压通道被关闭，制动活塞因而不可能再被压回。

如果之前已从车辆中取出钥匙并再次带回车内，可能引起"行驶前检查"的启动。由于 DSCi 液压单元中的压力保持阀在整个测试过程中都处于关闭状态，因此没有制动压力作用到车轮制动器上。

更换制动摩擦片后必须将其对接到制动盘上。由此产生的少量间隙必须大到制动摩擦片不再紧贴着制动盘，但同时必须保证在制动过程中仅需行进极小的距离，这样便确保了车轮制动器尽可能地快速响应（0.1 ～ 0.2s）。

由于更换制动摩擦片需要手动将制动活塞推回，所以每次更换制动摩擦片以后，制动盘和制动摩擦片之间的距离（间隙）都特别大。为了在更换制动摩擦片后建立正确的间隙，必须依次执行以下操作：

① 更换一个轴上的制动摩擦片，必要时更换制动盘；

② 拉停车制动按钮，不要操作脚踏制动器；

③ 成功启用停车制动器后，踩下脚踏制动器；

④ 松开停车制动器；

⑤ 如有必要，更换第二个轴上的制动摩擦片及制动盘；

⑥ 拉停车制动按钮，不要操作脚踏制动器；

⑦ 成功启用停车制动器后，踩下脚踏制动器；

⑧ 再次松开停车制动器。

在 DSC 制动系统中，如果通过按压脚踏制动器减小了间隙，可能产生故障存储记录。尤其应该注意，建立间隙的过程必须逐轴进行。这也就是说，在完成第一个轴的制动摩擦片更换后第二个轴的制动摩擦片更换前，就必须建立好正确的间隙。

由于制动摩擦片的摩擦接触需要更多的制动液，所以线性执行器必须行进很长的距离。然而，这是在没有相应压力增加的情况下发生的，所以可能激活泄漏检测。

在更换制动摩擦片过程中，通过采取以下两种措施，可以防止在建立间隙时由于压力缓慢增加而产生故障存储记录：

措施一：逐轴建立间隙，从而仅需较少量的制动液。

措施二：启用电动机械式停车制动器，从而使电动机械式停车制动器的执行机构作用于制动活塞。

在制动器维修过程中，错误的操作方式可能激活泄漏检测。而泄漏检测产生的故障存储记录反过来又可能导致后备模式的启用。因此，必须根据最新有效的维修说明进行制动系统的维护！

注意：操作车轮制动器有受伤风险。按下停车制动按钮可能导致 4 个车轮制动器上产生液压压力。

3）制动器排气

由于制动液持续从环境中吸收水分，因此制动液压系统中的水分含量随着年份的增加而不断增长。在车轮制动器吸收大量热量的情况下，这会导致制动液压系统中出现蒸汽泡。随着蒸汽泡的形成，施加的制动压力降低，因为这些气体是可压缩的。

正因如此，DSCi 制动系统的排气特别重要。气体也会导致工作电路中的制动压力传感器和线性行程传感器的信号不再可信。如果偏离存储的限值，将产生故障存储记录直至激活后备模式。

在 DSCi 制动器中更换制动液始终要通过服务功能完成，这需要通过 ISTA 进行。该服务功能用于适时启动线性执行器，从而将补液罐的制动液排空，并更新位于压力室中的旧制动液。其步骤如下：

① 排空旧的制动液。在制动液更换的服务功能中，线性执行器被持续启动。排气阀开启后，旧的制动液被吸出补液罐，紧接着通过压缩被推动至收集容器中。如果制动液液位传感器检测出低液位，则线性执行器的启用被中断。由此可以防止吸入空气。

② 冲洗压力室。压力室的冲洗方法为：将排气装置连接到补液罐上并接通；制动液液位传感器检测出补液罐的液位变化；线性执行器再次被启动；通过抽吸和压缩冲洗压力室。

③ 按顺序进行车轮制动器排气。为了给其他制动通道提供新的制动液，必须将收集容器轮流连接至剩余的排气阀。在此必须遵守服务功能中的指定顺序。注意，不同车型，顺序可能不同。

④ 最终步骤。最后必须检查补液罐中的液位，并在必要时进行校正。此外，在完成所有的维修工作后，必须确保制动液压系统的密封性。

如果未按照规定的制动器排气程序对 DSCi 制动器进行排气，极端情况下可能导致后备模式的启用。原因在于压力室中的制动液体积很大，而仅能在制动液更换例行程序中对压力室进行冲洗。

如果空气进入 DSCi 液压单元，则必须借助 ISTA 来执行特殊的制动器排气程序。通过对线性执行器的独立控制以及更加烦琐的制动器排气程序，将系统中存在的空气排出。

4）制动液压系统的泄漏测试

在 DSCi 制动器中，仅在行驶期间允许有约为 200bar 的最大液压制动力。如果在静止时最大程度地踩下制动踏板，DSCi 控制单元就会针对这种行驶状态计算所需的制动压力。

车辆在静止状态下最大程度踩下制动踏板时的液压制动压力约为：

① 模拟器电路中 160bar；

② 工作电路中 80bar。

因此，DSCi 制动器不能像传统车辆那样在最大制动压力下进行静止状态下的泄漏测试。

5）更换 DSCi 单元

在先前所用的 DSC 制动系统中，DSC 控制单元可以单独更换并通过现有的 DSC 液压单元进行新的自适应。除制动液的补液罐之外，目前在 DSCi 单元中无法单独更换各个组件。更换 DSCi 单元后，必须执行下列措施：

① 编程与设码；

② DSCi 控制单元校准；

③ 行驶动力性传感器校准。

在调试运行中，液压单元的压力传感器进行自适应并根据线性执行器的位置确定不同数值。

特别注意！不允许打开 DSCi 单元。DSCi 控制单元不能单独更换。

6）ISTA 中的服务功能

在维修车间信息系统 ISTA 中，以下服务功能可供维修车间员工使用：

① 特殊情况下的制动器排气程序；

② 用于保养工作的制动液更换；

③ 校准 DSCi 控制单元，校准压力传感器；

④ 对行驶动力性传感器的校准将重置加速度传感器和横摆率传感器。

4.1.2.3　DSC/DSCi 系统故障分析

在汽车底盘故障中，制动系统的故障非常多，但是单纯属于 DSC 系统的故障相对较少，DSCi 由于面世不久，使用车型不多，故障更是少见。常见的主要有以下几种：

（1）制动性能下降

制动性能的下降一般有以下几种情况：

1）制动力不足

在制动系统中，能够引起制动力不足的因素有很多，比如制动盘/片有油污、制动摩擦片磨损严重、制动管路有气泡、制动总泵内部磨损等，当然 DSC/DSCi 出现故障，也会导致制动力不足。

2）制动跑偏

同样，在制动系统中，能够引起制动跑偏的因素也有很多，比如左右制动盘/片制动力不同、制动盘变形、单侧制动管路漏油、制动分泵回位不良等，当然 DSC/DSCi 出现故障，也会导致制动跑偏。比较典型的就是在进行 DSC 更换时，4 根制动管路安装错误，DSC 在进行制动力调节时，应该制动的车轮不制动，不该制动的车轮反而制动，使得车辆制动跑偏。

3）制动踏板感觉很软

此种情况一般是制动管路内部有空气导致的。特别要注意的是，DSC 内部有空气，也会导致制动踏板偏软。此时需要执行一个特殊的服务功能：DSC 内部排气。

（2）DSC 内部噪声

偶尔会遇到车辆 DSC/DSCi 内部有噪声的情况。噪声多发生在原地转向时、低速行驶转向时，一般为 DSC/DSCi 内部故障。

（3）电子系统报警，并伴有不同故障现象

同其他底盘电子控制系统一样，DSC 系统虽然结构相对简单，但是也会出现电气故障。出现电气故障时，常引起组合仪表上相应制动报警灯的点亮，同时往往会在显示屏上出现一个或多个与车速有关的检查控制信息（如 "可以继续行驶，行驶稳定控制系统！"），并可能伴有车辆无法行驶、无法挂入 P 挡等故障，需要拖车到店进行维修（注意前文中提到的拖车注意事项）。

此类故障多与车轮转速传感器、线路、控制单元软件 / 硬件有关。

4.1.2.4　DSC/DSCi 系统故障诊断方法

（1）制动性能下降

当车辆在制动时出现制动力不足、制动跑偏或制动踏板感觉很软等制动性能下降的情况时，可以首先通过隔离的方法来检测是否是由 DSC/DSCi 引起。具体方法是：断开 DSC/DSCi 控制单元保险丝，利用失效模式判断是否与电子系统有关。如果断开保险丝后，在 DSC/DSCi 不工作的情况下，故障现象消失，故障点基本可以锁定为 DSC/DSCi 硬件或者软件问题。如果故障依旧存在，则可以排除模块问题。再区分不同情况进行诊断。

1）制动力不足

在制动系统中，能够引起制动力不足的因素有很多，很多时候都是由于制动管路有气。因此，首先可以对制动管路排气。若排气后仍未解决，则可以利用 ISTA 服务功能进行 DSC 内部排气，以期彻底排除制动系统内的空气。

如果故障现象依旧存在，则可以按照先简后难，先概率大后概率小的原则，排查以下问题：制动盘 / 片是否有油污、制动摩擦片是否磨损严重、制动分泵是否泄漏或工作不良、制动液是否变质或长期未换、制动总泵内部是否磨损严重等。

2）制动跑偏

同样，在制动系统中，能够引起制动跑偏的因素也有很多。如果是更换了 DSC 后产生的制动跑偏，则可以通过 ISTA 服务功能制动管路混淆检查，来确认制动管路安装是否正确。

如果故障现象依旧存在，则可以按照先简后难，先概率大后概率小的原则，排查以下问题：单侧制动管路是否漏油、单侧制动分泵是否回位不良、对比左右制动盘 / 片是否有异常、制动盘偏摆是否正常等。

3）制动踏板感觉很软

可以通过 ISTA 读取 DSC/DSCi 控制单元数据流，利用制动压力传感器数据可以判断 DSC 系统的真空助力是否正常，DSCi 系统的线性执行器工作压力的建立是否正常。

（2）DSC 内部噪声

如果车辆在原地转向时或者低速行驶转向时，听到 DSC 位置处发出 "嘎啦嘎啦" 的噪声，一般为 DSC/DSCi 内部故障。处理方法是，首先对 DSC 控制单元进行编程、设码，若问题没有得到解决，则需要更换新的 DSC 总成。

（3）电子系统报警，并伴有不同故障现象

DSC/DSCi 电子系统报警，一般常见原因有以下三种。

1）控制单元故障

当 DSC/DSCi 控制单元出现软件 / 硬件故障时，故障码一般会报总线通信或控制单元信号方面的相关问题。处理方法是，首先对 DSC 控制单元进行编程、设码，若问题没有得到解决，则需要更换新的 DSC 总成。

2）RPA/RDC 报警

由于 DSC/DSCi 负责胎压监控 RPA/RDC，因此当胎压监控出现故障时，DSC/DSCi 也会

出现相应的报警，其工作原理及故障诊断方法参见本书第 6 章的内容。

3）车轮转速传感器故障

车轮转速传感器是 DSC/DSCi 系统的主要传感器，其故障主要有线路故障和传感器自身故障两类。

线路故障一般发生在车轮转速传感器与 DSC/DSCi 控制单元之间的连线上。常见形式有线路断路、线路短路、线路阻值过大、插接器松动几种。具体诊断方法见本系列丛书车辆电气分册的相关内容。

传感器自身故障则可以利用左右对调传感器的方法来判断。若对调后故障位置发生了变化，则确认为传感器本身故障。若位置不变，则可能是线路问题或模块问题。

4.2 电动机械式驻车制动器（EMF）

4.2.1 经典维修故障案例

4.2.1.1 G38 驻车制动异常

（1）车辆信息

车型	发动机型号	里程 /km
530Li，G38	B48	72500

（2）故障现象描述

客户反映：车辆停车后驻车制动时，驻车制动器电机长时间工作并有报警提示。

故障现象确认：接车后进行试车，发现客户反映的情况确实存在，仔细分辨，右后驻车制动器工作时间过长，显示屏有关于驻车制动的检查控制信息。

（3）故障分析思路及排除方法

先用 ISID 对车辆进行快速测试，读取故障代码，发现存在如下故障代码：

480819 - 驻车制动器：右侧执行器 - 未达到张紧力

故障代码是当前存在的，可以直接删除。但是进行一次驻车操作后，故障代码再次产生。

根据故障现象，结合以上的故障代码以及车辆后桥的结构和原理，分析可能的故障原因如下：

① 右后分泵故障；

② 右后驻车电机线路故障；

③ 右后驻车电机故障；

④ 驻车开关故障；

⑤ DSC 控制单元故障。

首先，根据故障代码的提示，读取两后轮驻车制动力数值，如图 4-28 所示。

从图 4-28 的数据中，明显可以看到左右驻车制动力的差别。右侧制动力明显小于左侧（左侧正常）。看来问题出在右侧驻车制动器上。

目视检查右后分泵，无明显漏油、损坏的现象。断开右后驻车制动器电机，连接适配器，测量 EMF 开关拉起和放下时的线路电压。开关拉起时，1# 电压 12.6V，2# 电压 0V，正常。开关放下时，1# 电压 0V，2# 电压 12.6V，正常。同时读取开关数据流，开关状态也正常。

接下来检查右后驻车电机。我们将右后驻车电机拆下，仔细观察电机的外壳、插接器、驱动小齿轮等所有可见部件，发现驱动小齿轮有明显的打齿现象，已经基本磨平了，如图 4-29 所示，原因找到了！

功能/状态	
-驻车制动器：制动钳执行器	
功能：	右后发动机温度
状态：	43.00℃
功能：	右后发动机电流
状态：	10.45A
功能：	右后发动机电压
状态：	32.77V
功能：	当前右后制动力
状态：	700.00N ←
功能：	当前左后制动力
状态：	13500.00N ←
功能：	左后制动摩擦片位置
状态：	关闭
功能：	右后制动摩擦片位置
状态：	关闭时

图 4-28　驻车制动器数据

图 4-29　驱动小齿轮磨损情况

该故障是由于右后驻车制动器电机的小齿轮出现打齿，因此工作时，无法带动分泵执行器的内齿转动。右后驻车制动力无法建立，DSC 控制单元认为一直没有刹住，就控制电机一直转，直到到达临界阈值，才停止转动，生成故障代码，并显示相关检查控制信息。

后经与客户沟通得知，该车在 60000 多千米的时候更换过前后轮制动摩擦片。估计在更换制动摩擦片时，是通过拆下电机，转动分泵执行器的内齿来使分泵回位。但是在安装电机时，未完全安装到位，导致电机的驱动齿轮出现打齿，从而引起此故障。

（4）故障总结

这又是一例由不规范操作引起故障的案例。

我们很清楚地知道 ISTA 要求安装、维修保养操作时一定要注意安装位置、使用专用工具、更换新螺栓、拧紧顺序、力矩等问题。但是，很大一部分机电技师还是抱有侥幸心理，贪图方便和维修速度，往往不遵照 ISTA 要求操作。这样很容易导致维修事故的发生。

而且，随着维修手段的不断完善，目前更换后轮制动摩擦片时，已经不需要通过拆下驻车电机的方式来压回分泵了。有两种替代解决方案：

① 使用专用工具。更换后轮制动摩擦片，在安装新的摩擦片之前，可以使用相关专用工具一边旋转一边压回分泵活塞。

② 通过执行服务功能 EMF 修理厂模式，直接控制分泵的压回。

4.2.1.2　F07 驻车制动偶有报警

（1）车辆信息

车型	发动机型号	里程 /km
535Li，F07	N55	78600

（2）故障现象描述

客户反映：车辆在行驶过程中，仪表偶尔会提示"驻车制动器的使用受到限制"。大概一个星期会提示 2 ～ 3 次。故障提示后过一会自动消除，车辆可正常使用，驻车制动器也可正常使用。

故障现象确认：接车后进行试车，仪表无任何故障提示，进行短途的路试也未发现故障现象。判断应为偶发性故障。

（3）故障分析思路及排除方法

先用 ISID 对车辆进行检测，读取故障代码，发现存在如下故障代码：

D355E2	信息（驻车制动器状态，101.0.2）缺失，接收器 DSC，发射器 EMF
1B0A21	不良路段识别；未收到车轮转速信号
4806A2	左前车轮转速启动识别
480DB1	调节时间减少
CF040A	EGS：PT-CAN：线路故障 / 电子故障
930AC1	ICM 接口（速度，0x1A1）：信号无效
D35B34	ICM 接口（转向角偏移调整，108.0.2）：信号无效
D3840A	EMF，PT-CAN：通信故障
80299B	头枕调整装置驱动装置：负极侧对地短路或断路
4806A5	右前车轮转速启动识别

由于有多个 PT-CAN 的故障代码，初步判断故障很可能是 PT-CAN 通信受干扰导致的。PT-CAN 通信受干扰的原因可能为：线路损坏、某个控制单元损坏。

于是对 EMF、EGS 插头线束进行测量检查，供电、搭铁点、信号线均无异常，插头线束也未发现异常现象。删除故障代码再次进行路试，进行颠簸路面路试依旧未试出故障。由于客户急着用车，于是先交客户使用。

客户使用两天后，进店继续检查，客户表示故障出现过。同样也是出现了一会就自动消除，进店时仪表无相关故障提示。进行车辆测试，故障代码与之前类似，但只有与 EMF 相关的故障代码。

930AC1	ICM 接口（速度，0x1A1）：信号无效
D395BC	信息（DSC 稳定装置，0x173）缺失，接收器 EMF，发射器 DSC
D39660	信息（驻车制动器调整要求，0x225）缺失，接收器 EMF，发射器 DSC
D3840A	EMF，PT-CAN：通信故障

D355E2 信息（驻车制动器状态，101.0.2）缺失，接收器 DSC，发射器 EMF

首先执行检测计划，提示 EMF 的故障可能性最高，于是再次把检查重点放到 EMF 上。进行 EMF 相关线束插头检查，供电、PT-CAN、唤醒线电压均无异常，搭铁线对地电阻正常，插头引脚也无松动现象，搭铁点固定螺栓无松动、无腐蚀现象。判断 EMF 存在偶发故障，更换 EMF，更换后多次试车无异常，于是交客户使用。

客户使用一段时间后，再次反映故障依旧存在，而且出现频率更高了。进行车辆测试，依旧有 EMF PT-CAN 通信故障，还有 PT-CAN 线路故障，以及许多 PT-CAN 模块通信故障。

通过故障代码分析，故障很可能出现在线路上。于是再次进行路，路试了许久后，一次在较大颠簸路面行驶时，突然间仪表提示驱动系统故障，闪了一下就灭了。然后提示驻车制动系统故障，持续了一段时间也自动消除了，通过故障现象可以基本判断故障点就在线路上。但 PT-CAN 的线路从发动机舱到车身，再到车尾底部，部件多，线路长，而且不好拆卸，怎样才能快速地找到故障点呢？

PT-CAN 在该车上的线路图大致如图 4-30 所示。

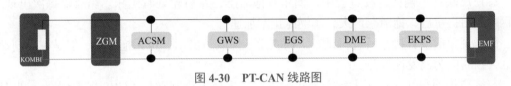

图 4-30　PT-CAN 线路图

在 EKPS 处测量 PT-CAN 终端电阻，所得值为 71Ω（标准 60Ω）。拆下 KOMBI 及 EMF 单独测其终端电阻，均为 120Ω，正常。拔下 KOMBI 插头后进行如下测量：在 KOMBI 插头侧测 PT-CAN 终端电阻为 143Ω；拔下 GWS 插头，在插头侧测 PT-CAN 终端电阻为 143Ω；拔下 DME 插头，在插头侧测 PT-CAN 终端电阻依旧为 143Ω；拔下 EKPS 插头，在插头侧测 PT-CAN 终端电阻为 120Ω。因此判断 DME 到 EKPS 的线路上存在电压降！

单独测量 DME 与 EKPS 间的线路电阻发现 CAN-L 的电阻有 24Ω。检查两者之间的节点，检查 EKPS 处的节点，无异常，于是怀疑 DME 处节点 X209-2V 有异常。打开点火开关，模拟颠簸路面，用手甩动节点 X209-2V 处线束。突然仪表显示驻车制动系统故障、驱动系统故障。

初步判断已经找到故障点了，于是将节点外皮剥开，发现里面的线束大部分已经分离，只剩细小铜丝连着。线束晃动时会产生接触电阻，干扰了 PT-CAN 的通信。于是将节点处的线束重新连接到一起，然后进行固定，再用热缩管进行包扎处理，如图 4-31 所示。

维修后，PT-CAN 的终端电阻由原来的 71Ω 恢复到正常的 60Ω，于是删除故障代码后进行路试，未试到异常现象。交客户使用一个月后，客户表示一切正常，故障排除。

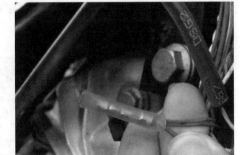

图 4-31　导线修复

（4）故障总结

该故障是典型的电气线路偶发虚接导致车辆故障的案例。对于车辆电气故障，应该先仔细检查线路可能存在的故障。

关于线路故障的排查，应该在经过分析后有条理有目的地去拆检，不要盲目地去拆检。浪费时间且有可能破坏故障点的原始状态，甚至可能制造新的故障点。关于电气故障的线路测量，并不是说在故障当前存在的情况下才能测出异常数据，也不是说故障当前不存在测的就都是正常的数据。电气部件的正常工作都建立在一定的电子环境范围内，有时车辆上的某些电气故障（如虚接电阻），当时不一定达到影响部件正常工作的范围，但却能通过电气测量测出异常数据，所以检查电气故障，测量分析非常重要。

4.2.1.3　F25 左后制动盘发红

（1）车辆信息

车型	发动机型号	里程 /km
X3，F25	N20	51200

（2）故障现象描述

客户反映：车辆在行驶过程中，偶尔有拖滞感，左后轮处有焦味。当故障每次出现时，车辆熄火后再重启，拖滞感消失，车辆能正常加速。

故障现象确认：接车后进行试车，仪表无任何故障提示，也无拖滞感，但是左后制动盘发红，判断应为偶发性故障。

与客户沟通得知，该车大约于半年前进厂，更换了后制动片（CBS 保养到期）。当时技师在更换后制动片时，发现左后制动盘有点发红，更换了两个后轮的制动盘。该车又于一个月左右，进厂检查行驶中踩油门有点拖滞的感觉，若继续行驶下去伴随出现焦味，但故障频率非常低，一个月左右出现一次。进厂后，技师多次试车未发现故障，但检查左后制动片好像有点发红的迹象。怀疑是车轮转速传感器或左后制动分泵故障，导致的制动干涉，于是建议维修四轮车轮转速传感器和左后制动分泵，客户没有维修。本次再次进厂投诉同样问题。

（3）故障分析思路及排除方法

拆下后侧车轮，检查发现，左后制动盘确实有点发红迹象，如图 4-32 所示。然后又用红外线测试仪测量两后制动盘温度，左后 61.1℃，右后 31.5℃，如图 4-33 所示。判断为刹车分泵回位不及时导致的故障。所以更换了左后刹车分泵。更换后，试车约 400km，故障没有再现。

图 4-32　发红的左后制动盘

图 4-33　左后 / 右后制动盘温度

交车后，客户开了约 100km 反映又有拖滞的感觉，仪表显示"轮胎失压"。再次进厂后，查看 DSC 中 RPA 数据流，发现是 51210km 时报的轮胎失压，轮胎的学习范围 0 ～ 100km/h 只有 46%，其余速度均为 0%。

该车多次因同一故障进行维修，均未能解决问题。于是陪同客户试车，询问客户的用车习惯：客户开车比较平和（无暴力驾驶），一般好的路段行驶速度在 60 ～ 80km/h，偶尔红绿灯会使用点刹。但故障现象却没有试到，客户也说故障什么时候出来也不一定。

重新进行故障原因分析，可能原因有：

① 制动分泵卡滞；

② 制动钳变形；

③ 制动盘变形或其安装座变形，与制动片产生干涉；

④ 左后制动管路有问题（堵塞或变形，回油不畅）；

⑤ DSC 内部有问题（如液压阀控制）；

⑥ EMF 电机或其控制有故障；

⑦ DSC 软件问题；

⑧ 四轮轮胎有问题（如漏气、磨损等引起周长变化，导致 DSC 干预）；

⑨ 车轮转速传感器有故障。

其中左后制动盘、左后制动分泵、四轮转速传感器前几次均已经更换过，基本排除。四轮轮胎已经反复检查没有漏气。检查四轮轮胎花纹磨损均正常。DSC 软件程序上次也已经升级过，再编程意义不大。检查该车无任何的加装改装项目。

拆卸车底下护板，检查左后制动管路，没发现变形和磕碰痕迹。连接制动液加注机，打开左后分泵制动液排气阀和右后对比，流量相同，看不出问题。

最后拆下 EMF 电机，测量电机电阻的时候，发现了一个现象，在刚开始测量 EMF 电机电阻时，阻值为 12Ω 左右，正常。无意中将 EMF 电机在桌子上滚了几圈，突然发现 EMF 电机电阻变无穷大了。用手拍 EMF 电机，电阻时好时坏，说明 EMF 电机内部偶尔接触不良，如图 4-34 所示。

更换左后 EMF 电机，试车后，再无此故障发生。

（4）故障总结

这是一例比较典型的偶发性故障。对于偶发性故障的诊断，主要有两个难点：

图 4-34　EMF 电机阻值不断变化

1）故障现象不容易重现

该车维修历时半年多，故障现象总共就出现过几次。因此很难通过现象入手去查找故障原因。本例中，就是因为 EMF 电机内部偶尔接触不良，导致电机不工作，在 EMF 手刹拉起时，制动分泵活塞伸出后无法正常的回位，造成左后制动盘发热发红。

针对此种情况，问诊就显得尤为重要。多问问客户：什么时候发生的？什么条件下发生的？是启动时？加速时？减速时？还是换挡时？是晴天还是雨天？加油前还是加油后？发生的频率是什么？还有哪些其他连带现象？

可能通过"问诊"就能找到解决问题的思路。

2）很难形成正确的诊断思路

正是由于故障现象不明确且很难再现，因此很难找到比较合理、有效的诊断维修思路，导致故障点不容易找到。

因此，在维修故障时，一定要对可能因素进行系统、详细的分析，不能漏掉任何"蛛丝马迹"。

4.2.2　故障解析

4.2.2.1　EMF 系统结构特点

（1）系统结构

EMF 是一种集成在后桥制动钳内的电动机械式驻车制动器。使用此种电动机械式驻车制动器具有以下优势：

① 通过中控台上的一个人机工程学按钮进行操作，由于取消了中控台处的驻车制动拉杆，因此为新装备提供了空间。

② 在所有条件下可靠拉紧和松开 EMF。

③ 即使在低摩擦系数路面上也能通过控制系统（ABS）确保动态紧急制动功能。

EMF 系统的结构比较简单，主要由信号输入元件（驻车制动按钮）、控制单元（EMF）、输出元件（EMF 执行机构）三部分组成，如图 4-35 所示。

EMF 控制单元得到驾驶员通过驻车制动按钮给出的驻车指令，系统通过车载网络和总线系统识别车辆状态，该控制单元确定是否满足驻车过程的所有条件。满足条件时，就会控制后部制动钳上的两个 EMF 执行机构。达到所需作用力后，就会通过组合仪表内的红色指示灯和驻车制动按钮上的附加红色 LED 显示拉紧状态。

（2）系统组件

1）EMF 执行机构

EMF 执行机构的核心是一个直流电机，其旋转力矩通过行星齿轮机构传递给制动分泵上的螺杆，如图 4-36 所示。

图 4-35　F18 EMF 系统
1—组合仪表；2—信息流；3—驻车制动按钮；
4—EMF 控制单元；5—EMF 执行机构

图 4-36　F18 EM 执行机构的结构
1—插接连接件；2—电机；3—传动带；
4—行星齿轮箱；5—壳体；6—螺杆接口

电机和传动带将作用力传递到两级行星齿轮箱上，然后通过螺杆接口驱动图 4-37 中所示的螺杆。由于螺杆具有自锁功能，因此即使在断电状态下也可保持张紧力，从而确保车辆静止不动。

图 4-38 展示了 EMF 执行机构与分泵安装时的情况，此时驻车制动器已拉紧。

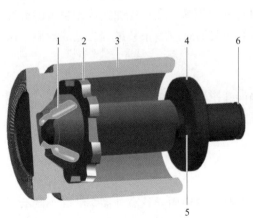

图 4-37　F18 制动活塞内的螺杆和螺母
1—凹槽；2—带有防扭转件的螺杆螺母；3—制动活塞；4—螺杆；5—螺杆挡块；6—行星齿轮箱接口

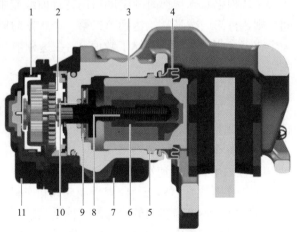

图 4-38　F18 驻车制动器已拉紧
1—传动带；2—行星齿轮箱；3—制动活塞；4—防尘套；5，10—密封环；6—螺杆螺母；7—电机；8—螺杆；9—滚柱轴承；11—外壳

2）驻车制动按钮

驾驶员可通过拉起驻车制动按钮使车辆驻车。其操作方向与机械驻车制动器拉杆的操作方向一致。驻车制动按钮信号由 EMF 控制单元读取。EMF 控制单元控制后车轮制动器上的 EMF 执行机构。

在任何逻辑总线端状态下都能实现驻车。处于总线端 0 时，可以通过总线端 30 连接 EMF 控制单元实现驻车。如果处于总线端 0 时驾驶员操作驻车制动按钮，就会唤醒 EMF 控制单元，EMF 控制单元又会唤醒车辆内的其它控制单元，然后 EMF 控制单元才会接收到有关车辆静止状态的重要信息。此外，唤醒后还会显示已改变的驻车制动器状态。

驻车状态通过组合仪表内的红色指示灯和驻车制动按钮上的附加红色 LED 表示。已经驻车后，再次拉起驻车制动按钮不会产生任何效果。

（3）系统功能

1）溜车监控功能

溜车监控功能可防止拉紧驻车制动器后出现溜车情况。每次驻车制动器状态由"松开"切换为"拉紧"时都会启用溜车监控功能，完成状态切换特定时间后该功能结束。

系统将 DSC 信号作为溜车识别输入参数。如果溜车监控期间通过这个信号识别出溜车情况，就会立即张紧 EMF 执行机构，以最大电流接通 EMF 执行机构 100ms，以便提高张紧力，然后系统等待 400ms。如果车辆再次溜车，则重复张紧过程（最多三次）。如果第三次张紧后仍探测到车辆溜车，则该功能结束并在故障代码存储器内存储一条记录。

2）温度监控功能

温度监控功能可补偿高温制动盘冷却过程中出现的作用力衰退。如果驻车制动器状态由"松开"切换为"拉紧"时温度超过规定值，就会启用温度监控功能。

DSC 控制单元针对每个车轮单独计算制动盘温度并将其发送至 EMF 控制单元。状态切换时，两个制动盘的较高温度用于温度监控功能。特性曲线族中存储了相应的温度范围及对应的张紧时间。

系统根据状态切换时的温度启用特性曲线族中的相应张紧时间。如果达到第一个张紧时间，则执行第一次张紧。达到第二第三个张紧时间时再次张紧。在特性曲线族中也可能针对一个或多个张紧时间点存储了数值 0，在这种情况下会取消对应的张紧过程。完成最后一次张紧过程后，该功能结束。

3）松开驻车制动器

松开驻车制动器时应按下驻车制动按钮。为确保驻车制动器确实松开，还需接通总线端 15 并至少满足以下任一条件：

①操作了制动踏板；

②挂入了自动变速箱的驻车锁；

③操作了离合器踏板（仅限手动变速箱车辆）。

这样可以防止因驾驶员以外的其他乘员按压驻车制动按钮而导致意外溜车。驻车制动器松开后，组合仪表内的红色指示灯和驻车制动按钮上的红色 LED 就会熄灭。系统通过控制 EMF 执行机构使螺杆移动。螺杆转动使螺杆螺母离开制动活塞规定距离。

4）动态紧急制动

法规要求必须有两个制动操作单元。除制动踏板外，F18 的第二个制动操作单元是中控台上的驻车制动按钮。

如果行驶期间向上拉起驻车制动按钮，车辆会通过 DSC 系统执行规定程序的动态紧急制动。该功能用于驾驶员无法通过制动踏板进行制动的紧急情况。其他乘员也可通过这种方式使车辆停止，例如驾驶员突然失去知觉。

进行动态紧急制动时，液压制动压力作用在 4 个车轮制动器上。DSC 功能完全启用且制动信号灯亮起。这是相对于手动驻车制动器而言的一个主要优势。只要拉住驻车制动按钮，就会一直执行动态紧急制动。由 DSC 设定的减速度以坡度曲线形式提高。动态紧急制动期间组合仪表中的 EMF 指示灯亮起。此外还会输出检查控制信息和声音信号，以提醒驾驶员注意这种特殊情况。

如果驾驶员操作制动踏板并拉起驻车制动按钮进行减速，DSC 控制单元会按优先顺序执行。在此执行较高等级的减速要求。如果动态紧急制动至车辆静止，则松开驻车制动按钮后车辆仍保持驻车状态。组合仪表内的 EMF 指示灯保持启用状态。此后驾驶员可重新松开驻车制动器（参见"3）松开驻车制动器"）。

（4）维修保养信息

1）驻车制动器故障

驻车制动器出现故障时，组合仪表内的 EMF 指示灯以黄色亮起，同时发出一条检查控制信息，如图 4-39 所示。而 EMF 指示灯以红色亮起时，则是驻车制动器已拉紧。

图 4-39　EMF 指示灯

2）应急开锁

可以通过拧下 EMF 执行机构并手动转回螺杆的方式使驻车制动器开锁。转动时，不要一直转动到底，否则会因为行程过大，而产生故障码。

3）更换制动摩擦片

更换制动摩擦片时 EMF 执行机构必须处于完全打开的位置，以便能够压回制动活塞。通过 BMW 诊断系统可以控制 EMF 执行机构并使其移动到完全打开的位置。更换制动摩擦片时必须移动到这个位置。达到安装位置后自动设置为安装模式。

注意：只要 EMF 控制单元处于安装模式，为了安全起见就无法启用驻车制动器。如果此时操作驻车制动按钮，则组合仪表上的 EMF 指示灯以黄色闪烁。

可通过两种方式退出安装模式：

① 借助 ISTA 执行服务功能"安装模式复位"；

② 以不低于最低编程车速的速度驾驶车辆。

4）制动试验台识别

EMF 控制单元根据可信度检查结果（比较车轮转速）识别出制动试验台并切换为制动试验台模式。识别过程持续约 6s。也可以在制动试验台模式下持续拉起驻车制动按钮，此后每隔 3s 循环通过一个目标位置。制动试验台模式处于启用状态且 EMF 执行机构松开时，EMF 指示灯缓慢闪烁。制动试验台模式处于启用状态且部分启用 EMF 执行机构时，EMF 指示灯开始快速闪烁。

制动试验台模式处于启用状态且完全启用 EMF 执行机构时，EMF 指示灯持久亮起。在制动试验台上可在不踩下制动踏板或离合器踏板的情况下松开驻车制动器。离开制动试验台时自动结束制动试验台模式。此外，按压驻车制动按钮或出现故障时也会停用该模式。

（5）上一代 EMF 系统介绍

前面介绍的 EMF 系统属于一种电子盘式驻车制动器，主要应用于 F18 及大部分 G 系列车型。而上一代 EMF 系统则属于一种电子鼓式驻车制动器，主要应用于 F02、E70、E71 等车型，现介绍如下。

1）主要部件

① EMF 执行单元。EMF 执行单元主要由 EMF 控制单元、电机、减速器、力传感器、齿轮减速机构等构成。这些部件集成在一个无法打开的塑料壳体内，EMF 执行单元损坏时只能整个更换，如图 4-40 所示。

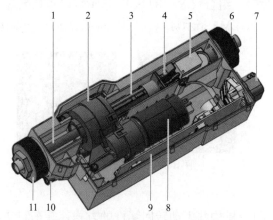

图 4-40　F02 中的 EMF 执行单元

1—螺杆；2—减速器；3—楔形轴；4—应急开锁装置的机械机构；5—力传感器；6—右侧拉线锁紧螺母；
7—插头；8—电机；9—控制单元印刷电路板；10—应急开锁拉线入口/出口；11—左侧拉线锁紧螺母

② EMF 控制单元。EMF 控制单元集成在执行机构壳体内。它是 EMF 功能的执行控制单元，还控制 EMF 执行单元内的电机并读取力传感器的信号。

驻车制动器按钮信号是最重要的外部操作信号。驻车制动器按钮通过导线直接连接到 EMF 控制单元。EMF 控制单元连接在 PT-CAN 上。两个 PT-CAN 终端电阻中的一个集成在 EMF 控制单元内。EMF 控制单元通过 PT-CAN 与其最重要的合作伙伴 DSC 控制单元通信。因为 DSC 控制单元只连接在 FlexRay 上，所以需要中央网关模块来转换 PT-CAN 与 FlexRay 之间的信号。

有关车辆静止状态的信息在输入信号中具有特殊地位。不允许在行驶期间启用 EMF 执行单元，只能在静止状态下启用，否则会因后车轮抱死而造成车辆不稳定。EMF 控制单元根据以下三个输入信号识别车辆静止状态：车速（由集成式底盘管理系统通过总线系统提供）、后桥转速（由发动机管理系统通过 PT-CAN 提供）、车轮转速信号 "DFA_EMF"（由动态稳定控制系统计算并通过直接连接的导线传输至 EMF 控制单元）。

只有这三个信号明确表示车辆处于静止状态时，EMF 控制单元才会允许启用执行单元。

③ 力传感器。准确地说，力传感器是按霍尔原理工作的行程传感器。两个拉线之间有一个具有规定刚度的弹簧。这个刚度存储在 EMF 控制单元内。因此可以根据弹簧长度变化计算出施加在拉线上的作用力。

这个作用在拉线上的力是 EMF 控制单元内调节算法的一个重要参数。驻车制动器接合时，EMF 控制单元必须确保拉线上的作用力达到规定值。EMF 控制单元直接根据法规要求的车轮自持力计算出拉线上的规定作用力。该规定作用力必须完全保证车辆在最大坡度 20% 的上坡或下坡路面上静止不动。

拉线使用过程中可能会出现微小的长度变化，但是不会使力传感器信号失真。因长度变化而造成拉线在松开位置处松动时，不会对弹簧施加作用力。只有通过控制电机将一个作用力施加到拉线和弹簧上时，弹簧才会缩短。随后力传感器将相应信号传输给 EMF 控制单元。

④ 固定支架。EMF 执行单元通过一个多弯曲角度固定板与车辆支撑部件连接。这种结构允许 EMF 执行单元基本保持其原来的尺寸（与 E70/E71 相同）。为此 EMF 执行单元使用特殊结构的固定支架，以适应不同车辆内周围部件的几何形状。

EMF 执行单元固定支架的上侧插入后桥托架上的一个轴销内。根据车辆是否装有整体式主动转向系统，确定固定支架下部的支撑方式。带有整体式主动转向系统的车辆在后桥上装有 HSR 执行机构。EMF 执行单元的固定支架支撑在 HSR 执行机构的固定支架上。两个固定支架通过两个螺栓彼此连接，如图 4-41 所示。

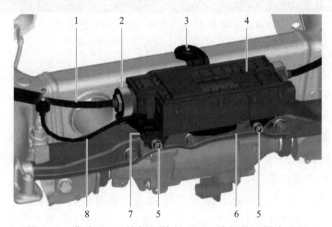

图 4-41　带有 HSR 执行机构的 EMF 执行单元固定支架

1—左侧拉线；2—左侧拉线锁紧螺母；3—后桥托架上的轴销；4—EMF 执行单元；5—EMF 执行单元固定支架与 HSR 执行机构之间的螺栓连接件；6—HSR 执行机构固定支架；7—EMF 执行单元固定支架；8—应急开锁拉线

⑤ 驻车制动器按钮。驻车制动器按钮向 EMF 控制单元提供操作信息。该信息在驻车制动按钮中以冗余方式形成，然后通过直接连接的冗余导线传输至 EMF 控制单元。因此 EMF 不仅可以区分静止位置和两个操作方向（松开和拉紧），还可以识别故障（例如导线断路、短路）。识别到故障时，在大多数情况下驻车制动器仍可保持其功能。

驻车制动器按钮上还有一个功能照明。该功能照明通过红色 LED 提醒驾驶员驻车制动器已接合。EMF 控制单元直接控制这个 LED。

需要注意的是，紧靠其后布置的自动驻车功能按钮不连接到 EMF 控制单元，而是连接到 DSC 控制单元。

2）维修保养信息

① 应急开锁。供电失灵时，驻车制动器应急开锁后仍可能无法移动车辆。自动变速箱的驻车锁可能仍处于接合状态。在这种情况下必须首先进行驻车制动器应急开锁。随后必须进行自动变速箱驻车锁的应急开锁。为此，所需随车工具必须留在驻车锁的应急开锁装置内，如图 4-42 所示。

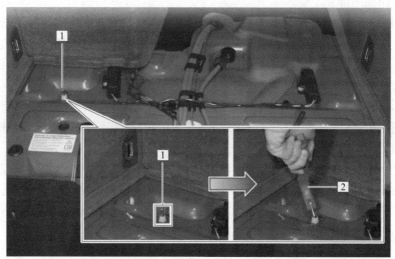

图 4-42　F02 电动机械式驻车制动器应急开锁
1—EMF 应急开锁拉线；2—应急开锁随车工具

EMF 通过一条拉线实现应急开锁。该拉线位于后备厢地板饰板下方，取下后备厢地板饰板后，可直接接触到应急开锁拉线。将随车工具（红色 T 形塑料套筒扳手）手柄上的专用开口挂在应急开锁拉线上。向上拉动手柄触发 EMF 执行单元中的应急开锁机械结构，这时可以明显感觉到冲击，使双向自增力驻车制动器的拉线卸载，驻车制动器也随之松开。

应急开锁后，只有朝松开方向操作驻车制动按钮才能使驻车制动器恢复运行。此时必须满足松开驻车制动器的所需条件。

② 安装模式。在进行后轮制动摩擦片更换之前，需要设置安装模式。该模式可使 EMF 执行单元达到安装位置（拉线伸出最大长度），还能防止在维修期间无意中触发 EMF。

可通过服务功能"EMF 修理厂模式"来设置。维修后，可以通过服务功能"退出 EMF 修理厂模式"或直接驾驶车辆，使安装模式复位。

③ 拆卸拉线或更换 EMF。在进行此项工作前，必须用诊断测试仪将 EMF 设置为安装模式。这样 EMF 将不再对操作信号做出反应，直至再次停用安装模式。

在后备厢内拆卸应急开锁拉线。用尖嘴钳将白色夹子压到一起，同时向地板方向压。拆卸车轮、制动钳和制动盘，以便露出双向自增力制动蹄片。

摘下并露出应急开锁拉线（注意：夹子固定在车轮罩饰板后）。从车轮托架上松开弹簧夹。将拉线接头从制动蹄片撑开装置中拉出并将拉线从车轮托架中拉出。将拉线从后桥托架的夹子处松开并向 EMF 执行单元方向拉出。

将 EMF 执行单元的组件托架从后桥托架和 EMF 执行单元上松开并拉出。将左后车轮拉线上锁紧螺母拧入执行机构的楔形轴内 5～7 圈（左旋螺纹）。随后将螺杆的防扭转件（四方形）插入执行机构壳体内的导向孔中。拧紧锁紧螺母前拉线套管必须紧贴在执行机构壳体上。将锁紧螺母用 6Nm 的力矩拧紧。将右后车轮拉线挂在执行机构内的固定架上并用夹子固定住。检查是否牢固固定。

安装顺序基本上与拆卸顺序相反。首先将新 EMF 执行单元及拉线装入安装位置。如果从 EMF 执行单元上松开了组件托架，那么必须用（4±0.5）Nm 的拧紧力矩将其拧在 EMF 执行单元上。组件托架必须用（19±19×15%）Nm 的力矩固定在后桥托架上。

将拉线固定在车轮托架上（拧紧力矩 8Nm）之前，必须确保制动拉线已可靠地挂在制动蹄片撑开装置内，否则第一次操纵时可能会导致 EMF 执行单元损坏。

（6）DSCi 的驻车制动

与目前的 DSC 制动系统一样，DSCi 制动器也承担对电动机械式停车制动器的控制。以下为 DSCi 驻车制动的两个功能：

1）液压驻车制动

在车辆静止时，操作停车制动按钮将引起制动摩擦片摩擦接触。这样可以确保静止状态下的车辆不会溜车，如图 4-43 所示。而在前面介绍的 EMF 系统中，为了达到这一目的，仅仅启用了后侧制动钳上电动机械式停车制动器的两个执行器。

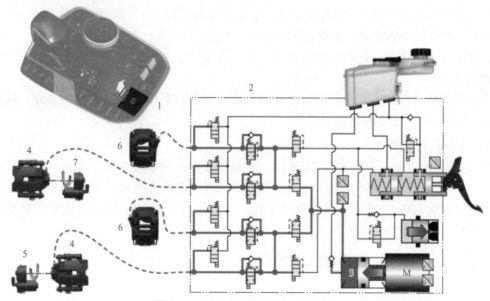

图 4-43　G05 中驻车制动的液压助力

1—自动驻车按钮；2—DSCi 单元；3—线性执行器；4—后侧制动钳；5—左后电动机械式停车制动器执行机构；6—前侧制动钳；7—右后电动机械式停车制动器执行机构

在部分型号的 DSCi 制动器中，所有四个车轮制动器上液压压力的建立与电动机械式停车制动器的启动同时发生。这是通过激活线性执行器和各种电磁阀来实现的。由此达到了更高的预紧力，并且降低了电动机械式停车制动器组件的机械负载。

"电动机械式停车制动器的液压助力系统"功能仅在制动摩擦片摩擦接触期间短暂有效，并不能用于车辆在静止状态下的长期制动。

2）动态紧急制动功能

如果在行驶期间超过规定车速时操作停车制动按钮，DSCi 单元将启动动态紧急制动。通过激活线性执行器和各种电磁阀，所有四个车轮制动器上都会产生压力。借助四个车轮转速传感器来监控打滑限值，从而确保车辆稳定减速直至停止。一旦车辆停止，电动机械式停车制动器的两个执行机构就被激活。此时，仅通过停车制动器来防止车辆溜车。

动态紧急制动功能的后备模式。如果在行驶期间操作停车制动按钮且制动液压系统失灵，则车辆通过电动机械式停车制动器的执行机构有控制地进行制动减速。有控制地减速是指，后桥的打滑限值将受到车轮转速传感器的持续检测。如果超过限值则会引发不稳定的行驶状况，则电动机械式停车制动器的执行机构将被松开，直至后桥上的车轮打滑再次处于稳定状态。

4.2.2.2　EMF 系统故障分析

EMF 系统由于使用频率较高、工作环境差、工作电流较大，导致其故障率相对较高。但是由于其结构比较简单，所以对故障点的排查，相对底盘其他系统来说还是比较容易的。EMF 系统一般会有以下两方面故障：

（1）电气系统报警

一般 EMF 系统出现电气故障时，常引起组合仪表上相应黄色驻车制动报警灯的点亮，同时往往会在显示屏上提示"驻车制动器：驻车制动器过载。驻车时防止车辆溜车。""驻车制动器：驻车制动器故障。请到 BMW 售后服务站进行检查。"等检查控制信息。车辆快测时，还会发现生成了一些相应的故障码，并可能导致车辆无法正常行驶，需要进行 EMF 紧急解锁。

根据其结构分析和实际维修经验，故障可能出现在以下几点：EMF 开关故障、执行电机故障、线路故障或控制单元软件故障。

（2）EMF 拉线变长

拉线式 EMF 系统，由于其特殊的结构（电机带动左右两根拉线），其拉线在使用过程中可能会出现长度变化。微小的长度变化不会造成力传感器信号失真。只有当长度变化过大时，因长度变化而造成拉线在松开位置处松动，才会使力传感器相应信号不准确。遇到此类情况只需检查拉线即可。

4.2.2.3　EMF 系统故障诊断方法

（1）电气系统报警

EMF 系统电气报警，一般会生成相应的故障码及检测计划。只要严格按照检测计划，仔细测量与排查，肯定能够快速、准确地找到相应故障点。如果未提供检测计划，或者执行检测计划后，仍未找到故障点，可按照以下步骤进行故障隔离：

① 读取 EMF 开关的数据流。不断按下、拉起 EMF 开关，观察数据的变化情况。如果数据与动作一一对应，则说明开关无故障，进行下一步骤。

② 调用控制单元功能，对执行电机进行部件控制。若电机能够正常驱动，且转速合格，则说明执行电机与控制单元无故障。

③ 检查线路电气问题。主要检查各线路是否存在短路、断路、虚接等问题。

④ 对模块进行编程，直至更换新的 EMF 控制单元（后来将 EMF 控制单元集成到了 DSC 内部）。

还有一种比较常见的故障点，就是上一代 EMF 中，经常会出现电机不工作的情况。这种情况一般是由 EMF 执行单元内部供电 / 接地触点烧蚀或脱落导致，需要更换 EMF 执行单元总成。

（2）EMF 拉线变长

此类故障多出现在一些车龄较长的车辆中。处理此类故障的一个比较简单直观的方法是读取 EMF 数据流中的两侧拉力值。如果对比发现某一侧或者两侧拉力值均小于标准值，就基本能够判断为拉线变长。需要更换新的拉线甚至更换执行单元总成（包括控制单元）。

第 5 章

车身高度控制系统

5.1 电子高度控制系统（EHC）

5.1.1 经典维修故障案例

5.1.1.1 G12 车身高度偏低

（1）车辆信息

车型	发动机型号	里程 /km
740Li，G12	B58	16200

（2）故障现象描述

客户反映：车辆四轮空气悬架塌落，无法升高。

故障现象确认：接车后对车辆进行检查，发现客户反映的情况确实存在。启动车辆后，尝试对车身高度进行调节，可以听到气泵工作的声音，但是 4 个车轮还是无法升高。

（3）故障分析思路及排除方法

由于客户描述的故障当前存在，先用 ISTA 对车辆进行检测，故障代码如下：

0x482974：自动调节高度 - 车辆高度无法调整

结合该故障代码，根据 EHC 系统结构和工作原理，分析可能的故障原因如下：

① EHC 无供电；

② EHC 总成损坏（包括气泵和阀体）；

③ 空气弹簧供气管路漏气；

④ 4 个空气弹簧电磁阀工作不良；

⑤ 车辆高度传感器工作不良；

⑥ 4 个空气弹簧漏气。

首先，通过服务功能"空气弹簧—修理后/前给空气弹簧充气/排气—向减振支柱加注—后桥减振支柱"来检查气泵是否工作。结果发现，在左后轮位置，能够清晰地听到气泵工作的"嗡嗡"声。说明 EHC 供电正常，气泵能运转，功率是否正常有待验证。虽然气泵运转，但是车辆却没有升高迹象。

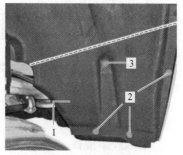

图 5-1　左后轮罩
1—轮罩；2—衬板固定螺栓；
3—车身固定螺栓

举升车辆，将左后轮罩盖打开一部分（左轮罩安装螺栓如图 5-1 所示），露出供气单元和部分空气管路，进行目视检查。结果发现图 5-2 中红色箭头处的换气管连接松动。

再次运行服务功能进行充气，在管路松动处，听到"哧哧"的漏气声，用手在附近感知，能感觉到较大的气流。故障点找到了，就是此处漏气导致的。

将管路重新安装紧固后，发现该管路没有固定点，车辆行驶时，随着车身的颠簸，管路会产生较大晃动，时间久了，又会再次因松动而漏气。于是，使用一根零件号码为 61131367599 的导线扎带（长 200mm，宽 3.6mm）将换气管固定在适当位置如图 5-3 所示。

图 5-2　换气管连接松动

图 5-3　用导线扎带进行固定

（4）故障总结

这是一例典型的 EHC 管路漏气导致车身无法升高的案例。

此类问题一般可以通过两种方法进行判断：

① 听。首先，通过启动发动机进行车身高度调整，或者通过服务功能进行充气，让供气装置进行工作。看是否能够听到气泵运转的声音，来判断供电是否正常、气泵工作是否正常。其次，听各气路是否有漏气的声音，特别是管路连接处是否漏气，从而判断漏气位置。

图 5-4　右前部轮罩内的 EHC2 电线束插头

② 看。拆开外围附件，露出供气装置、阀体、空气弹簧等部件，查看管路连接、气路连接、弹簧密封等情况，以判断问题所在。比如早期的 E53（X5）车型，其右前部轮罩内的 EHC2 电线束插头就非常容易进水，使引脚锈蚀，导致高度调节失效，如图 5-4 所示。

5.1.1.2　F02 底盘报警

（1）车辆信息

车型	发动机型号	里程 /km
750Li，F18	N63	93500

（2）故障现象描述

客户反映：车辆在行驶过程中，曾经出现 CID 报警"底盘故障：车身高度无法调节"，现在正常，打电话咨询，建议来店检查。

故障现象确认：技师试车发现，试车时不存在故障，且车身高度正常。

（3）故障分析思路及排除方法

首先用 ISTA 对车辆进行检测，故障代码如下：

480DB3：右后调节时间升高。频率为 18 次，当前不存在故障。

480D37：调节时间升高。频率为 11 次，当前存在故障。

由于电脑存有右后调节时间升高的故障代码，但是当前又不存在故障，且车身高度正常，于是怀疑车辆某处在缓慢漏气。将车辆放置一夜后发现右后车身下塌。拆下右后空气弹簧，放入水中加压，发现其在缓慢漏气，所以判断为右后空气弹簧损坏。更换空气弹簧，对其进行高度匹配，放置一夜后车身高度正常，于是交车。

但是 3 天后车辆再次来店，客户还是反应 CID 报警底盘故障。连接电脑诊断存有 480D37 调节时间升高故障代码频率为 2 次，当前不存在故障。

因为这次车辆只报警调节时间升高，没有区分左边或右边。且车身高度正常于是暂时不怀疑车辆存在漏气现象。

咨询客户，该车是在停车一段时间后报警还是在行驶中报警，客户告知在行驶中和停车后均有报警。换完空气弹簧后两次都在行驶中报警，客户还告知在换空气弹簧前车辆曾同时坐进 10 人。于是怀疑是车辆在坐进 10 人后，严重超载从而使压缩机性能不正常。怀疑供气装置的供气能力不足，从而使车辆报警。于是对车辆进行加载，在车辆后座与后备厢坐上 5

图 5-5　继电器触点烧蚀

人，多次试车车辆均可以达到正常的高度，判断供气装置正常。

检查供气装置上的插头无松动，线路无破损。本着从易到难的原则拔下压缩机继电器，发现继电器外观有部分发黑，撬开继电器的外壳，发现触点烧蚀，如图 5-5 所示。更换烧蚀的继电器后，多次试车故障排除。

（4）故障总结

继电器触点烧蚀，是 EHC 系统最常见的故障之一。其表现为压缩机完全不工作或偶尔不工作，从而引起车身高度无法调节的故障现象。

从图 5-6 的压缩机供电电路中可以看到，其供电不仅经过保险丝 F182，还要接受继电器 K1 的控制。这是因为压缩机不但工作电流大，而且需要根据情况，不断在工作 / 不工作两种状态切换。

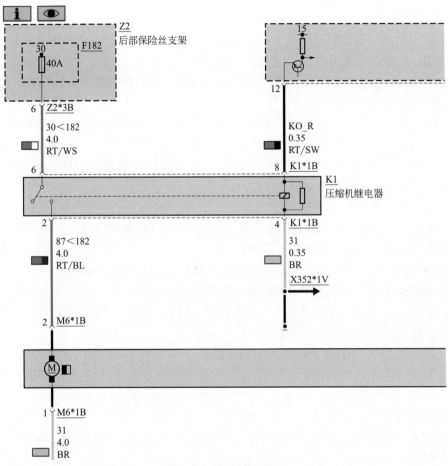

图 5-6　压缩机供电电路

所以，压缩机触点不但要频繁开关，还要通过大电流，因此非常容易发生烧蚀。其结果是：如果烧蚀程度较轻，则通过 K1 给到压缩机的电流偏小，压缩机功率不足；如果烧蚀严重，则无电流供给压缩机，压缩机完全不工作。而车辆报警调节时间是根据继电器的闭合时间来计算的。因此，本例中继电器的触点烧蚀，使压缩机的工作电流不够，这样需要长时间的接通继电器使压缩机的工作时间延长，导致车辆报警。

5.1.2　故障解析

5.1.2.1　EHC 系统结构特点

目前，BMW 产品中，配备了三种空气弹簧系统：单桥空气弹簧（代表车型：F02、G38）、双桥空气弹簧（代表车型：G12）以及最新的封闭式双桥空气弹簧（代表车型：G05）。

（1）单桥空气弹簧

F02 的单桥电子高度控制系统（EHC）能够确保车辆高度或最小离地间隙不受负载情况

影响。为此通过后桥上 2 个空气弹簧，在负载状态下把车身高度抬起到规定的标准高度。

该系统主要由下列组件组成：

1）EHC 控制单元

EHC 控制单元用来控制是否存在平衡负荷改变的调节需求。为此考虑到车辆高度和车辆状态，EHC 控制单元阻止由于其它原因的调节。因此可以通过有关频率、标准高度、公差极限和蓄电池负载的调节最佳地匹配到各自的情况。除自调标高悬架控制外，EHC 控制单元还监控系统组件以及存储故障。

该控制单元安装在后备厢右侧饰板内，用一个 26 针插头进行连接，主要用来接收来自左后和右后高度传感器发送来的车辆高度信号，以及对两个空气弹簧及阀体发送指令信息。

EHC 控制单元通过不同的信号和信息识别不同的行驶状态。根据行驶状态的不同，EHC 控制单元接通相应的调节功能。EHC 控制单元处理下列信号：

① 总线端 KL.15 接通或断开；

② 行驶速度（来自一体式底盘管理系统 ICM 的动态行驶总线信号）；

③ 高度传感器发送来的车辆高度信号；

④ 横向加速度（来自一体式底盘管理系统 ICM 的动态行驶总线信号）；

⑤ 发动机运转信号（来自 DME 或 DDE 的总线信号）；

⑥ 关于车门和后备厢盖状态的信息（来自 CAS、FRM、JBE、BDC 的盖板状态总线信号）；

⑦ 里程数（来自组合仪表的总线信号）；

⑧ 挂车识别（来自 AHM 控制单元的总线信号）；

⑨ 轮胎压力监控或胎压报警指示的状态（来自 RDC 控制单元或 DSC 控制单元的总线信号）。

2）供气装置

供气装置的功能通过控制压缩机和控制电磁阀实现。EHC 控制单元控制供气装置的功能，如图 5-7 所示。

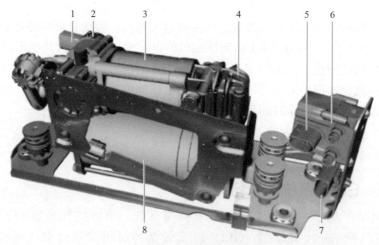

图 5-7　F02 的供气装置

1—放气阀的 2 芯插头连接；2—放气阀；3—空气干燥器；4—压缩机；5—电磁阀体的 3 芯插头连接；
6—电磁阀体；7—电动马达的 2 芯插头连接；8—电动马达

供气装置包括下列组件：

① 驱动压缩机的电动马达；

② 带空气干燥器的压缩机；

③ 带有限压功能的放气阀；

④ 带 2 个电磁阀（两位两通阀）的电磁阀体。

3）压缩机

压缩机通过一个电动马达驱动。通过一个继电器为此电动马达供电。EHC 控制单元持续控制继电器，直至达到规定的标准高度为止。通过一个时间模型监控压缩机温度（保存在 EHC 控制单元中）。当超过最大压缩机运行时间时，将抑制下一步的调节。当低于重新接通阈值时，又能进行调节。

4）空气干燥器

由压缩机吸入的空气在空气干燥器中穿过一个吸收水分的过滤器。在此过程中空气中的水分被去除。只要空气比过滤器潮湿，过滤器就会吸收水分。在倒流时空气比过滤器干燥，因此水分重新归还给空气并向外输出。

5）电磁阀体

电磁阀体包括用于控制左后空气弹簧的电磁阀、用于控制右后空气弹簧的电磁阀。

6）放气阀

放气阀由 EHC 控制单元控制。放气阀将经过空气干燥器的空气从电磁阀体中排出。通过放气阀的限压功能限制供气装置中的压力：最高压力 13.5bar（温度不同可能存在一定的压力差）。

7）空气弹簧

空气弹簧集成在减振支柱中。一个铝制套筒围住空气弹簧。空气弹簧在车身和轮架之间构成了气密和可移动的连接。空气弹簧中的空气压力承担当时的车辆负荷，如图 5-8 所示。

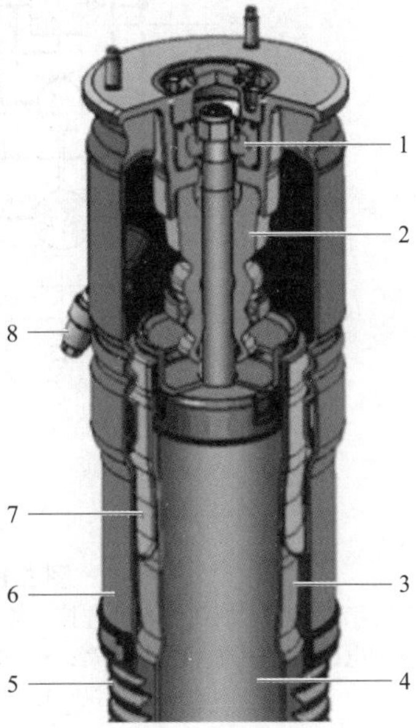

8）高度传感器（2 个）

EHC 控制单元从高度传感器获取车辆左右两侧的高度信息。对 EHC 来说重要的高度传感器安装在后桥上。注意，自 2010 年 9 月起取消了高度传感器在 EHC 控制单元上的直接连接。EHC 控制单元通过总线系统接收信号，如图 5-9 所示。

图 5-10 显示的是 F02 的单桥电子高度控制系统

图 5-8　F02 的空气弹簧

1—减振器轴承；2—辅助弹簧；3—滚动柱塞；4—可调节减振器；5—橡胶防尘罩；6—外导向件；7—膜片折叠气囊；8—余压保持阀

（EHC）的气路连接图。自调标高悬架控制通过空气弹簧的进气或排气实现。EHC 控制单元从高度传感器获取车辆左右两侧的高度信息。如果高度在规定的公差范围之外（取决于车辆状态，例如发动机运转），则系统通过供气装置调节到标准高度。

图 5-9　F02 的高度传感器
1—耦合杆；2—6 芯插头连接；3—高度传感器

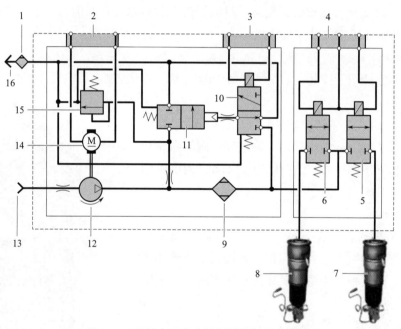

图 5-10　单桥电子高度控制系统气路连接图

1—空气过滤器；2，3—2 芯插头连接；4—3 芯插头连接；5—用于控制右侧空气弹簧的电磁阀；6—用于控制左侧空气弹
簧的电磁阀；7—右后空气弹簧；8—左后空气弹簧；9—空气干燥器；10—控制阀；11—带有限压功能的放气阀；
12—压缩机；13—进气装置；14—电动马达；15—安全阀；16—排气装置

对单桥空气弹簧进行保养或维修时，需要注意以下几点：

更换单桥空气弹簧后必须对 EHC 控制单元进行设码。在更换了控制单元（EHC）、更换
或维修一个或两个高度传感器或其耦合杆、维修高度传感器的导线后，必须进行高度匹配。

为了进行高度匹配，必须将在后桥上测得的车辆高度（左右实际高度）输入诊断系统
ISTA 中，并在诊断系统上选择服务功能"高度匹配"。

（2）双桥空气弹簧

为了确保行驶舒适性不受负荷影响，G11/G12 在前桥和后桥上都标配安装空气悬架。

G11/G12 双车桥高度调节系统仅与电动调节式减振器（EDC）一起提供。与 F02 的单桥空气弹簧相比，其结构复杂了一些，如图 5-11 所示。

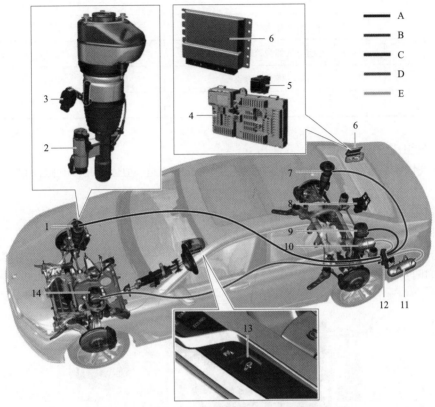

图 5-11　G11/G12 双车桥高度调节系统的系统概览

A—右前压缩空气管路（黑色）；B—右后压缩空气管路（蓝色）；C—左后压缩空气管路（红色）；D—左前压缩空气管路（绿色）；E—蓄压器压缩空气管路（黄色）；1—右前空气弹簧减振支柱；2—右前 EDC（电子减振器控制系统）阀；3—右前车辆高度传感器；4—右后配电盒；5—空气供给装置继电器；6—垂直动态管理平台 VDP 中央控制单元；7—右后空气弹簧减振支柱；8—蓄电池正极配电盒；9—左后空气弹簧减振支柱；10—2L 蓄压器；11—4L 蓄压器；12—空气供给装置；13—高度调节开关；14—左前空气弹簧减振支柱

用于调节空气悬架的中央控制单元是垂直动态管理平台 VDP。垂直动态管理平台 VDP 控制单元通过 4 个车辆高度传感器读取当前车辆高度。在调节过程中，垂直动态管理平台 VDP 对电磁阀体的相应电磁阀进行控制。

在静止状态下和低车速下（0 ～ 20km/h）根据两个蓄压器的储存容积对车身高度进行调节。在行驶期间（20km/h 以上）进行调节时，所需压缩空气不由蓄压器提供而是由压缩机产生并直接输送至相应空气弹簧减振支柱。特殊情况也会在静止状态下接通压缩机。

空气弹簧减振支柱内容积增大时会使车身升高。通过 4 个车辆高度传感器识别出车身已达到规定高度时终止控制相应电磁阀。通过一个三点调节装置避免频繁进行车身高度调节。在此单独通过两个车辆高度传感器来调节后桥。在前桥处根据一个平均值调节相应车辆高度。

为了避免进行电磁阀体维修作业时发生混淆，压缩空气管路采用不同颜色设计，表 5-1 对颜色代码进行了总结。

表 5-1　压缩空气管路的颜色代码

序号	组件	颜色代码
1	蓄压器	黄色
2	右前空气弹簧减振支柱	黑色
3	左前空气弹簧减振支柱	绿色
4	右后空气弹簧减振支柱	蓝色
5	左后空气弹簧减振支柱	红色

1）系统组成

① 空气供给装置。空气供给装置由以下组件构成：电动压缩机、电磁阀体、带减振器的支架。

空气供给装置用于产生所需压缩空气并根据要求对电动压缩机、压缩空气室以及 4 个空气弹簧减振支柱间的空气流进行协调。由垂直动态管理平台 VDP 进行所需计算。为了节省安装空间，该装置由两个独立的蓄压器构成，总容积为 6L，最大蓄压器压力为 17.5bar。达到最大压力时可提供 105L 的总容积，如图 5-12 所示。

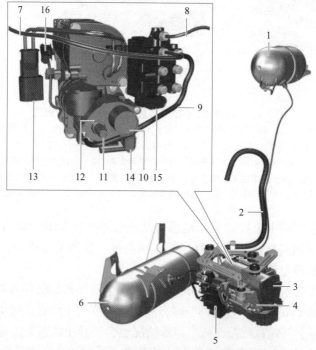

图 5-12　G11/G12 空气供给装置

1—2L 蓄压器；2—进气软管；3—电动压缩机；4—带减振器的支架；5—电磁阀体；6—4L 蓄压器；7—2L 蓄压器压缩空气管路；8—4L 蓄压器压缩空气管路；9—用于为电磁阀体提供空气的压缩空气管路；10—大气通风装置；11—进气软管接口；12—空气滤清器壳体端盖；13—电动空气压缩机插接触点；14—电动排放电磁阀插接触点；15—电磁阀体插接触点；16—温度传感器插接触点

电动压缩机通过一个继电器接通。垂直动态管理平台 VDP 控制继电器。为在压缩机运转状态下不向车内传输振动，空气供给装置通过一个带减振器的支架固定在车身上。为了避免压缩机启动噪声让驾驶员感到不适，几乎仅在行驶期间才会将压缩机接通。吸入的空气在压缩机前经过空气滤清器净化并在压缩机后经过空气干燥器干燥。进行清洁是为了防止阀体受到污染，进行干燥是为了防止车外温度较低阀体结冰。如果由于空气供给装置内空气湿度过高导致阀体结冰，则无法再进行空气悬架高度调节。为了避免出现这种情况，持续对空气干燥器进行清洁和排水。

空气干燥器内的颗粒物在压力较高时增大空气湿度，在压力较低时降低空气湿度。如果在加注系统时有压缩空气流过颗粒物，颗粒物就会吸收湿气。车辆高度降低时压缩空气会以较低压力通过空气干燥器，在此所存储的湿气会释放到外界环境中。通过持续进行空气干燥器再生可确保系统正常运行无须保养。

在电磁阀体内有不同电动电磁阀，通过这些电磁阀可将压缩空气传输到不同空气悬架组件。在垂直动态管理平台 VDP 控制单元内进行所需计算从而控制电动电磁阀。

压力传感器的安装位置有一个优点，可根据控制情况仅通过一个传感器读取蓄压器和空气弹簧减振支柱的充气压力。启用蓄压器电动电磁阀时，一个压力传感器向垂直动态管理平台 VDP 控制单元提供有关装置当前充气压力的数据。如果所存储压力不足以完成高度变化，垂直动态管理平台 VDP 控制单元就会接通压缩机从而产生压力。但是为了不影响舒适性，在静止状态下仅在有限条件下接通压缩机。启用电磁阀从而控制空气压缩弹簧减振支柱时，压力传感器会提供相应空气弹簧减振支柱的充气压力。

② 空气弹簧减振支柱。通过空气弹簧减振支柱内的压力可在所有负荷状态下自动调节车身高度，从而防止车辆在承受负荷时车身降低。通过一个电动驱动的压缩机和两个蓄压器为空气弹簧减振支柱提供空气。因此空气悬架工作时不受内燃机运行状态影响，可通过在后桥进行单车轮调节对不均衡负荷进行补偿，如图 5-13 所示。

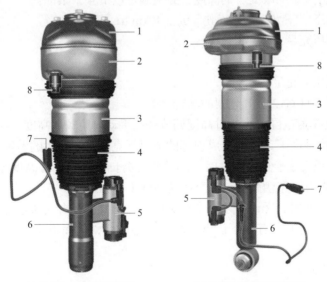

(a) 前桥空气弹簧减振支柱　　　　(b) 后桥空气弹簧减振支柱

图 5-13　G11/G12 前桥和后桥空气弹簧减振支柱

1—上部件顶部；2—下部件顶部；3—膜片折叠气囊；4—防尘套；5—电子减振器控制系统 EDC 调节阀；
6—减振器筒；7—减振器调节装置电气接口；8—带集成式剩余压力保持阀的气动接口

空气弹簧减振支柱用一个膜片折叠气囊取代了螺旋弹簧。通过一个压缩空气接口将空气压入空气弹簧减振支柱内。压力升高使空气弹簧减振支柱膜片折叠气囊展开并使车身升高。空气弹簧减振支柱通风时压力降低，膜片折叠气囊重新缩回使车身降低。

为了避免空气弹簧减振支柱内压力完全降低，在气动接口内有一个剩余压力保持阀。因此松开压缩空气管路时可保持 1.8～2.7bar 剩余压力。

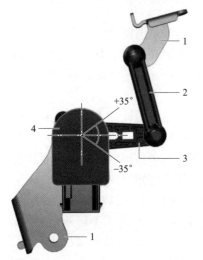

图 5-14　G11/G12 车辆高度传感器
1—支架；2—带球面接头的连杆；
3—偏转杆；4—车辆高度传感器

空气弹簧减振支柱上带集成式剩余压力保持阀的气动接口无法单独更换。如果尝试取下带集成式剩余压力保持阀的气动接口会导致空气弹簧减振支柱损坏。

③ 车辆高度传感器。垂直动态管理平台 VDP 控制单元通过 4 个车辆高度传感器读取当前车身高度，如图 5-14 所示。车辆高度传感器的最大测量范围为 -35°～+35°，输出 0.5～4.5V 模拟电压信号。

车辆高度传感器有以下电气接口：供电（5V）、接地连接、信号输出（0.5～4.5V）。

更换一个或多个车辆高度传感器后必须通过 BMW 诊断系统 ISTA 执行服务功能"车辆高度校准"。成功进行车辆高度校准后会将车辆高度数据存储在车身域控制器内并用于前灯高度调节。

2）运行策略

可通过高度调节开关和驾驶体验开关手动调节车辆高度。有三种不同的车辆高度可供选择：运动高度（-10mm）、正常高度（0mm）、较高高度（+20mm）。

通过高度调节开关手动改变车辆高度，必须满足以下 4 个条件：

① 行驶准备状态"停留"或"行驶"0～40km/h；

② 车载网络电压充足；

③ 车门关闭；

④ 蓄压器充气压力充足。

图 5-15 展示了 G11/G12 空气悬架的运行策略。

在 0～40km/h 车速范围内可通过高度调节开关手动启用较高高度（+20mm）。驾驶员可通过该高度以较高离地间隙，在不造成损坏的情况下克服坡度较大的斜坡。如果超出该车速范围，当驾驶体验开关处于舒适位置时，车辆高度会自动降至正常高度（0mm）；当驾驶体验开关处于运动位置时，车辆高度会降至运动高度（-10mm）。

车速超过 140km/h 时，无论处于哪个开关位置，车身都会自动从正常高度降至运动高度（-10mm）。降至运动高度具有以下优点：车辆重心较低，从而提高行驶动力性；改善空气动力性，从而降低耗油量。

3）售后服务信息

由于采用了很多带有相应压缩空气接口的柔性压缩空气管路，无法确保空气悬架 100% 密封。因此允许出现较少规定量的压缩空气损失。如果在正常高度状态下停放车辆，24h 后高度损失最多可达 2mm。就是说，如果车辆停放了 30 天，在未出现泄漏导致故障的情况下，高度可能最多降低 60mm。

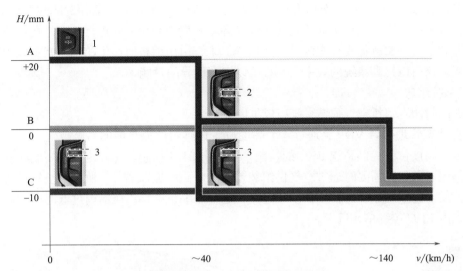

图 5-15　G11/G12 空气悬架运行策略

A—较高高度（+20mm）；B—正常高度（0mm）；C—运动高度（−10mm）；H—车身高度；v—车速；
1—高度调节开关调节到较高高度；2—驾驶体验开关处于舒适位置；3—驾驶体验开关处于运动位置

由于公差原因并非所有组件都会出现相同泄漏程度，长时间驻车后车辆也可能处于倾斜位置。识别出车辆处于"停留"状态后，空气悬架就会自动进行车辆深度和车辆倾斜度补偿。补偿时通过蓄压器将所缺压缩空气输送至相应空气弹簧减振支柱内。蓄压器充气压力过低时，通过接通电动压缩机补偿不足空气。

当车辆高度低于 −40mm 时，在发动机运转期间或者不启动发动机，车载网络可提供足够高的电压，识别出车辆处于"停留"状态时，就会立即接通压缩机。此外，以下情况在维修时需要注意：

① 抬起车辆。空气悬架带有千斤顶识别功能，可防止抬起车辆期间进行空气悬架调节。

② 运输模式。新车供货时，空气悬架处于运输模式，无法改变车辆高度。进行交车前检查时必须通过 BMW 诊断系统 ISTA 删除运输模式。只有成功进行空气悬架调试（删除运输模式）后才能调节空气悬架的不同高度。

③ 空气悬架排气。进行空气悬架组件作业时，必须在松开不同压缩空气管路前使系统处于无压力状态。可通过 BMW 诊断系统 ISTA 的排气程序来进行。执行排气程序的同时控制空气弹簧减振支柱的不同电磁阀和电动排放电磁阀。为了防止阀门过热，不能频繁地反复进行排气程序。但达到规定等待时间后可重复执行该功能。为了避免空气弹簧减振支柱损坏，执行排气程序期间应使用升降台稍稍抬起车辆。但不建议在执行排气程序期间完全抬起车辆，因为这样不利于完全排空空气弹簧减振支柱内的压缩空气。

④ 空气悬架加注。只要满足相关边界条件专用电动压缩机就会自动进行系统加注。维修期间进行空气悬架密封性检查时，可通过 BMW 诊断系统 ISTA 手动接通电动压缩机从而进行系统加注。为了防止电动压缩机因过热而损坏，多次进行空气悬架加注时可能会关闭压缩机。

（3）封闭式双桥空气弹簧

BMW 过去采用的空气悬架均为开放式系统。G05 是 BMW 首款采用封闭式系统的车型。对于封闭式系统而言，气压平衡不是连续地在环境和调节系统之间进行，而是在调节系统内部蓄压器和空气弹簧减振支柱之间进行。这样一来，由压缩机所产生的气压就可以用于多个调节过程。这可以提高系统的效率，并且可以实现优异的效能。

1）系统组成

G05 的封闭式双桥空气弹簧系统组成见图 5-16。

垂直动态管理平台 VDP 会通过 4 个高度位置传感器读取当前的高度位置，并且将它们发送至电子高度位置控制系统 EHC 的控制单元。由 EHC 控制单元确定设定高度和实际高度之间的偏差，并且在需要时通过空气供给装置内的电磁阀加以调节。所需的空气量将从蓄压器获取，或者将空气返回给蓄压器。通过一台电动压缩机补偿蓄压器内过低的压力。压缩机的控制则由 EHC 控制单元负责。

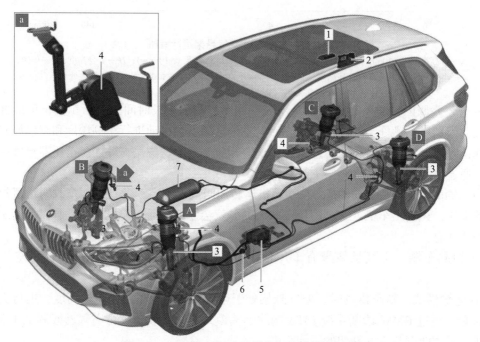

图 5-16 G05 的封闭式双桥空气弹簧系统组成

A—左前空气弹簧减振支柱；B—右前空气弹簧减振支柱；C—右后空气弹簧减振支柱；D—左后空气弹簧减振支柱；
1—垂直动态管理平台 VDP；2—后部配电盒；3—电子减振器控制系统 EDC 调节阀；
4—高度位置传感器；5—空气供给装置；6—空气滤清器；7—蓄压器

G05 中的空气悬架控制系统是一套 3 通道控制系统。前桥的两个空气弹簧减振支柱会被一起控制，而后桥的空气弹簧减振支柱则会被分别控制。这种调控方式的目的在于，能够平衡由不均匀的负荷状态所导致的车辆后桥倾斜。由于右侧和左侧前桥上的负荷状态在所有运行状态下都是相同的，因此，此处通过一个公共通道开展调控。在这里，EHC 控制单元会在前桥高度位置传感器的两个传感器数值的基础上得出一个平均值，并且调整车辆高度，直至设定高度和实际高度一致为止。这种调控系统的优点在于，可以迅速到达对应的行驶高度，无须频繁调整。

为避免对对向车辆造成眩目，在降低高度时首先降低前桥，然后才是后桥。在升高时，则会以相反的顺序进行（首先是后桥，然后是前桥）。为了避免吸水，进气软管尽可能向上铺设。这样做有助于增加涉水深度。空气干燥器会对吸入的空气进行除湿，以避免在气动系统内部造成腐蚀和结冰。

2）系统部件

① 空气供给装置。空气供给装置由电子高度位置控制系统 EHC 控制单元、一台电动压缩机以及一个电磁阀体组成，如图 5-17 所示。为了不将压缩机运行过程中的振动传导到车身上，空气供给装置的固定支架通过橡胶元件固定在车身上。空气供给装置有 2 个单独的出口，用于连接进气和排气软管。但它们会在空气滤清器前面通过一个 Y 型连接件汇集至一根软管。这样一来，进气和排气将通过一根共用的软管进行。

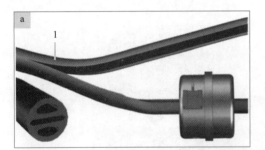

引脚	信号	详细说明
1	+	压缩机/电磁阀供电
3	开关+	开关供电
10	CAN L	PT-CAN low BDC信号
11	CAN H	PT-CAN high BDC信号
13	–	压缩机/电磁阀接地
14	+	控制单元供电
18	CAN L	PT-CAN low VDP信号
19	CAN H	PT-CAN high VDP信号
22	开关LED	开关指示灯供电
24	开关–	开关接地
31	K-line	K-line信号

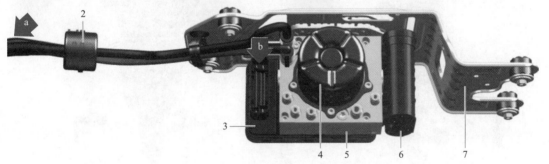

图 5-17　G05 中的空气供给装置

1—Y 型连接件；2—空气滤清器；3—电子高度位置控制系统 EHC 控制单元；4—压缩机的电动机；
5—电磁阀体；6—空气干燥器；7—支架

从图 5-16、图 5-17 中可以看到，G05 的封闭式双桥空气弹簧系统内，共有两个控制单元：VDP 和 EHC。为了控制空气悬架，由电子高度位置控制系统 EHC 负责数据处理。它通过 PT-CAN 获得相应的数据，例如高度切换翘板按钮的位置。EHC 控制单元负责控制电磁阀和压缩机，确保到达规定的高度位置。而有关当前高度位置的信息则由垂直动态管理平台 VDP 提供。

② 蓄压器。在 G05 中，采用了一个容量为 8L 的蓄压器，其最大充气压力为 15bar。这样一来，就可以获得总计 120L 的充气量，如图 5-18 所示。

蓄压器的工作温度区间为 -40 ～ 100℃，最大工作压力 15bar，破裂压力为 37.5bar。

③ 空气弹簧减振支柱。空气弹簧减振支柱包括减振器和膜片折叠气囊，如图 5-19 所示。不能单独更换膜片折叠气囊或者减振器。G05 中的所有减振器均标配一个扩展等级为 High 的电子减振器控制系统 EDC。和标准 EDC 相比，EDCHigh 的特点在于能够根据实际道路状

况连续调整控制减振器。标准 EDC 则不能开展连续的调控，而是必须通过驾驶体验开关手动调整减振器特性。

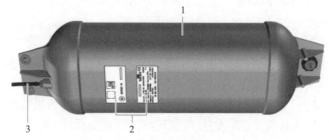

图 5-18   G05 中的蓄压器
1—蓄压器钢瓶；2—指示标签；3—高压空气管路

(a) 前桥   (b) 后桥

图 5-19   G05 中前桥和后桥的空气弹簧减振支柱
1—封盖；2—盖罩；3—高度位置传感器；4—减振器；5—电子减振器控制系统 EDC 调节阀；
6—集成剩余压力保持阀的气动接口；7—防尘套

为了避免空气弹簧减振支柱内完全失压，在气动接口内部有一个剩余压力保持阀。在松开压缩空气管路时，可以保持 2.2 ～ 3.2bar 的剩余压力。在空气弹簧减振支柱上，集成的剩余压力保持阀的气动接口不能单独更换。若尝试拆除，则会导致空气弹簧减振支柱损坏。之后，必须更换整个空气弹簧减振支柱。

3）工作过程

在了解工作过程前，先来看一看 G05 双桥空气弹簧系统的气路，如图 5-20 所示。

G05 的封闭式双桥空气弹簧系统有以下几种工况：

① 通过压缩机为蓄压器充气，见图 5-21。图 5-21 ～图 5-27 中，蓝色管路为环境压力，

绿色管路为蓄压压力，红色管路为充气压力，黄色管路为空气弹簧压力。

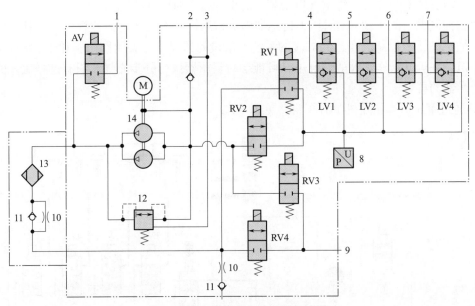

图 5-20　G05 空气供给装置气路图

AV—排放阀；RV1—调节阀 1；RV2—调节阀 2；RV3—调节阀 3；RV4—调节阀 4；LV1—空气弹簧减振支柱阀门 1；LV2—空气弹簧减振支柱阀门 2；LV3—空气弹簧减振支柱阀门 3；LV4—空气弹簧减振支柱阀门 4；M—电动机；1—排气软管接口；2—进气软管接口；3—控制单元排气装置；4—左后空气弹簧减振支柱接口；5—左前空气弹簧减振支柱接口；6—右后空气弹簧减振支柱接口压力传感器；7—右前空气弹簧减振支柱接口；8—压力传感器；9—蓄压器接口；10—节气门；11—单向阀；12—溢流阀；13—空气干燥器；14—电动压缩机（2 个活塞）

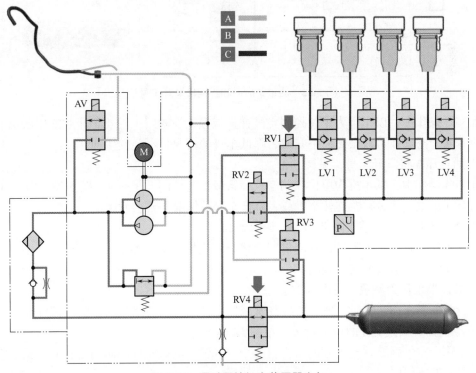

图 5-21　通过压缩机为蓄压器充气

在低于系统内最小空气量的情况下，借助电动压缩机为蓄压器充气。为此，EHC 控制单元会根据表格中的说明，将空气供给装置的组件置于对应的状态。

通过控制调节阀 1 和 4，对压力传感器施加蓄压器的充气压力。这样一来，就可以实现电动压缩机的压力控制。在达到对应的系统空气量的情况下，关闭阀门 1 和 4，并且切断电动压缩机。在进气量非常大的情况下，可能会对蓄压器执行分步充气。只有这样做才能定期执行干燥器的再生。

② 通过蓄压器和压缩机举升车身，见图 5-22。

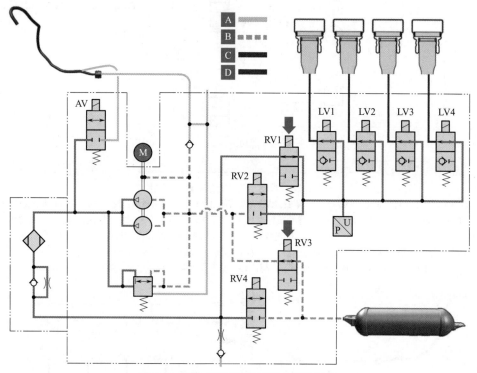

图 5-22　通过蓄压器和压缩机举升车身

在实际操作中，以车桥为单位控制空气弹簧减振支柱阀门 1 ～ 4。图 5-22 中所示的同时通过所有 4 个空气弹簧减振支柱举升或者降低车身的情况是不会发生的。

③ 通过压缩机举升车身，见图 5-23。

在实际操作中，以车桥为单位控制空气弹簧减振支柱阀门 1 ～ 4。图 5-23 中所示的同时通过所有 4 个空气弹簧减振支柱举升或者降低车身的情况是不会发生的。

④ 通过蓄压器和压缩机降低车身，见图 5-24。

为了确保车辆顺畅地降低，在降低时会将压缩机接入蓄压器中。在实际操作中，以车桥为单位促动空气弹簧减振支柱阀门 1 ～ 4。

⑤ 蓄压器的压力测量，见图 5-25。

进行蓄压器压力测量时，所有空气弹簧减振支柱阀门均关闭，其他阀门都打开。

⑥ 空气弹簧减振支柱的压力测量，见图 5-26。

测量哪个空气弹簧减振支柱的压力，哪个空气弹簧减振支柱的阀门就打开，其余空气弹簧减振支柱的阀门保持关闭。

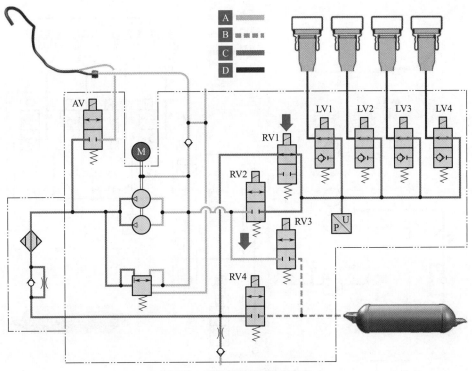

图 5-23　通过压缩机举升车身

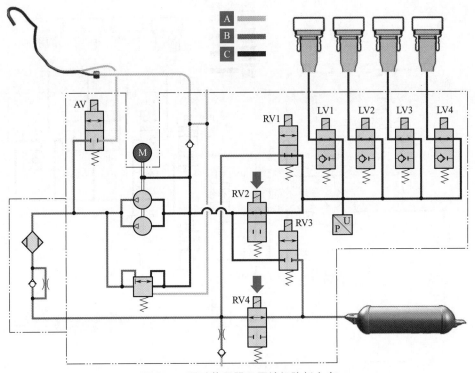

图 5-24　通过蓄压器和压缩机降低车身

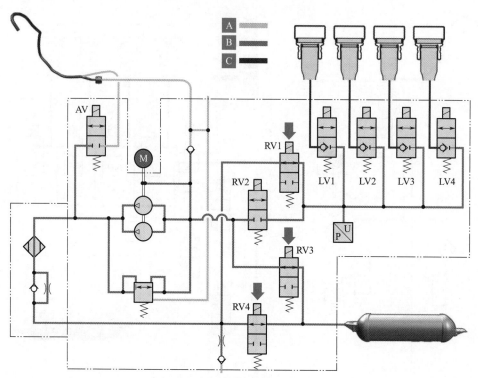

图 5-25　蓄压器的压力测量

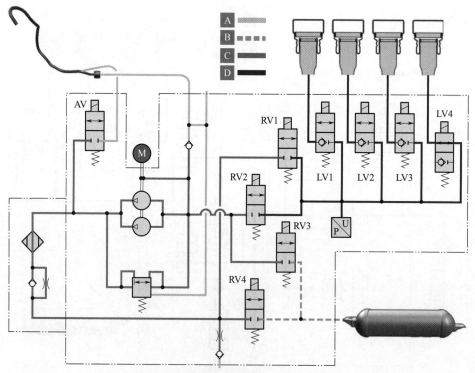

图 5-26　空气弹簧减振支柱的压力测量

⑦ 空气干燥器的再生，见图 5-27。

在压缩机的前面借助空气滤清器对吸入的空气进行清洁，并且在压缩机的后面通过空气干燥器对吸入的空气进行干燥。为了保护阀门避免污染，必须进行清洁，除去空气中的水分，以避免阀门在车外温度低的情况下结冰。如果由于空气供给装置内空气湿度过高而导致阀门结冰，则不能再对空气悬架进行高度调节。为避免出现这种情况，应持续对空气干燥器进行清洁或者排水。

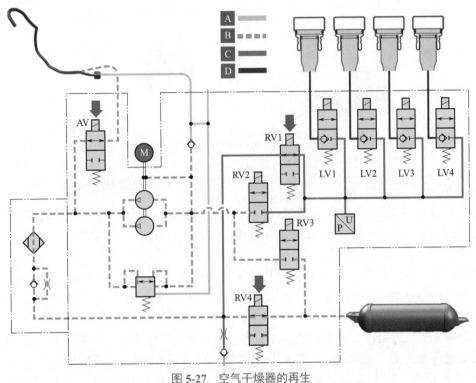

图 5-27 空气干燥器的再生

空气干燥器中的颗粒物在高压时会吸收空气中的湿气，并且在低压时重新将吸收的湿气释放出来。如果在为系统充气时压缩空气流经颗粒物，就可以除去空气中的湿气。为了对空气干燥器进行再生，通过一个节气门将空气从蓄压器引至空气干燥器。像这样流经空气干燥器的低压空气会从颗粒物中带走水气，并且将它们排放入大气中。通过空气干燥器的这种连续性再生，就可以确保系统正常运行，无须开展保养工作。

4）运行策略

① 手动选择的高度位置。G05 拥有 6 个不同的高度位置，包括越野高度 +40mm、高位高度 +20mm、正常高度 0mm、动态高度 -10mm、运动高度 -20mm、加载高度 -40mm，其中 5 个可以手动选择，如图 5-28 所示。只有动态高度不能由驾驶员手动选择。在通过越野按钮启用"高位和越野高度"的情况下，除了高度位置会发生变化以外，还会对车辆的动力传输造成影响。出于这一原因，应只在相应的越野行驶过程中操作越野按钮。如果只是要使车辆的高度位置符合本地的实际情况，则可以借助高度切换翘板按钮提出请求。

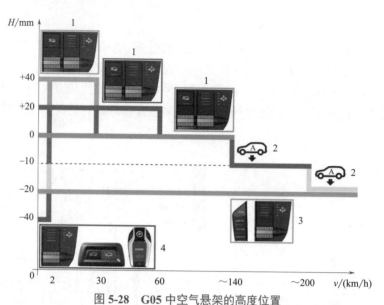

图5-28　G05中空气悬架的高度位置

v—车速；H—高度位置；1—越野翘板按钮＋高度切换翘板按钮；2—自动降低；3—高度切换翘板按钮＋
运动驾驶体验开关；4—高度切换翘板按钮和带有显示屏的车辆钥匙

如果由于车速的原因退出了通过高度切换翘板按钮启用的行驶高度（例如越野高度40mm），则根据驾驶体验开关的设置自动启用车辆高度（舒适时为正常高度，运动时为运动高度）。在低于车速阈值的情况下，不会自动重新举升。

如果由于车速的原因退出通过越野按钮激活的行驶高度（例如越野高度40mm），则会自动启用下一个更低的行驶高度（高位高度20mm）。在重新低于车速阈值的情况下，行驶高度会自动重新举升。

越野模式下可以启用2种不同的高度位置。在车速超过存储车速的情况下，自动启用下一个更低的行驶高度。在重新低于车速阈值的情况下，行驶高度自动重新举升。

② 涉水识别。需要涉水识别的主要是发动机控制单元DDE/DME。一旦识别到涉水，DDE/DME发动机控制单元就会关闭空气风门。这可以降低进气区域进水的风险。由于液体不能被压缩，因此，吸水会导致发动机损坏。

通过4个高度位置传感器的信号变化进行涉水识别。通过特征电流和电压曲线，就可以推断出车辆是否正在通过水体。为了避免在车辆涉水的过程中错误地调控空气悬架，在识别到车辆涉水时，空气悬架会被停用。

在通过水体时，车辆前部区域会形成一个小的顶头波，这会导致车辆出现轻度漂浮。由于在此过程中车轮会向下沉，因此，对应的车桥高度位置会发生改变。如果没有涉水识别，则空气悬架会从空气弹簧减振支柱中排放压力，以便修正高度位置。这会导致车辆进一步下沉。

发动机控制单元DDE/DME会将涉水信息传递给电子高度位置控制系统EHC。之后，在整个涉水过程中，空气悬架的调节会被停用。

③ 离地识别。对于越野行驶，空气悬架提供了一个离地识别功能。它可以应对由多个车轮离地所导致的牵引力下降。如果通过高度位置识别到离地，并且同时确定出现车轮打滑，则会将高度切换至＋70mm的最大高度位置。这样做可以改进车轮负荷的分布，帮助车

辆摆脱困境。这里涉及的不是一个行驶高度。在离地识别处于活跃状态的情况下，不能对车辆高度进行手动调控。在车速超过 10km/h 的情况下，车辆会自动执行一次位置降低。之后，对于不同车辆高度的调控，驾驶员可以重新进行一次手动操作。

④ 车轮卸载功能。识别到的轮胎失压会被 DSC 控制单元传输至 EHC 控制单元。接下来，EHC 控制单元会尝试对所涉及的车轮进行卸载。这样一来，就可能延长损坏的漏气保用轮胎的剩余可达里程。对车轮进行卸载时，会在后桥上启用一个 +20mm 和 -20mm 的侧倾位置，这就会在后桥上产生总计 40mm 的高度差。

在车轮卸载功能被激活的情况下，车辆始终处于正常高度。如果在发生轮胎失压时没有选择正常高度，则系统会自动设置为正常高度。在车轮卸载功能被激活的情况下，驾驶员不能手动调节车辆高度。表 5-2 显示的是车轮失压时，具体调整情况。

表 5-2　车轮卸载的调整情况

失压车轮	左后轮调整	右后轮调整
左前轮	+20mm	-20mm
右前轮	-20mm	+20mm
左后轮	-20mm	+20mm
右后轮	+20mm	-20mm

⑤ 挂车模式。一旦通过挂车插座将一台挂车和车辆连接，就不能再通过高度切换翘板按钮对空气悬架进行任何操作。空气悬架的调控在挂车模式下仅限于正常高度条件下的负荷状态调节。

为了避免由于错误操作而导致损坏，挂车的连接必须始终在正常高度下进行。通过启用不同的高度位置，而实现的空气悬架的升降功能并不是为舒适地连接挂车而设计的。车辆从装载高度举升至正常高度的过程不能被中断。因此，空气悬架位置在此期间不再受人为控制。

如果将连接挂车的插头与 G05 的挂车插座连接，则空气悬架会自动调节到正常高度。这会导致一台在越野高度（+40mm）上插接的车辆的高度位置自动向下修正为正常高度（0mm）。如果操作步骤有误，则空气悬架可能会作用于一个未按规定收回的挂车支撑底脚。反过来，在建立插头连接时，空气悬架会从装载高度（-40mm）调控至正常高度（0mm）。在向上调控空间不足的情况下（小于 40mm），这可能会导致损坏。

在启用挂车模式的情况下，自动挂车牵引钩不能收回。同样，众多系统也会受到操作方面的限制。这不是出现了车辆故障，而是用以避免损坏的安全设置。

5）售后服务信息

① 运输模式。在新车交付时，空气悬架处于运输模式，不能对高度位置进行变更。在交车检查时，必须借助维修车间信息系统 ISTA 删除运输模式。只有在空气悬架成功投入使用的情况下（删除运输模式），才能够启用空气悬架不同的高度位置。

② 举升识别模式。空气悬架具有举升识别功能。这样一来，就可以在维修车间内举升车辆的过程中，避免空气悬架的调控。为了在离开举升机后启用空气悬架的调控，必须以

高于 6km/h 的车速移动车辆。通过以下信号进行举升机识别：车速、高度位置传感器的信号曲线。

维修检查时要注意，在升降台支撑车辆的情况下，必须确保空气悬架的组件和管路未被挤压或者损坏！

③ 维修车间模式。通过维修车间模式可以手动停用空气悬架的调控。按住高度切换翘板按钮超过 7s 就可以启用维修车间模式。在此过程中，将高度切换翘板按钮向前或者向后按压并无任何区别。高度切换翘板按钮上的 LED 灯一旦熄灭，则说明维修车间模式被启用。

在进行四轮定位时，需要启用维修车间模式，以避免空气悬架的调控。带有后桥空气悬架的车辆不提供高度切换开关。对于这些车型，为了避免调控，必须断开车辆蓄电池。

为了启用空气悬架调控，必须停用维修车间模式。可以进行如下操作：车速高于 6km/h 并且按住高度切换翘板按钮超过 7s。

④ 气道混淆。混淆压缩空气管路会导致车辆长期处于倾斜状态。气道混淆会导致不能再对气动系统进行调节。为了在售后服务安装工作过程中避免混淆，压缩空气管路采用了不同的颜色，见表 5-1。

⑤ 气动系统上的维修工作。在拆卸和安装工作过程中，必须保证空气弹簧接口区域的最高清洁度。管路中即使存在微量污染也可能导致空气悬架损坏。

在打开压缩空气管路前，必须借助维修车间信息系统 ISTA 将空气弹簧系统置于无压状态。为了避免空气悬架损坏，通过剩余压力保持阀在空气弹簧减振支柱中仅保留大约 2bar 的压力。蓄压器中的压力同样也是通过服务功能排放的。

在松开某一根空气管路后，必须立即封闭所有开口。一旦有污垢侵入气动系统，就会导致故障或者系统失灵，且非常难以诊断。

⑥ 高度位置校准。在更新垂直动态管理平台 VDP 控制单元或者对其进行编程后，必须重新确定双轴高度调节系统的高度位置。这是通过服务功能"高度位置校准"进行的。为此，必须用一把卷尺测量车轮罩和轮缘之间的距离，并且输入到服务功能相应的对话框中。测量位置如图 5-29 所示。

图 5-29　高度位置校准的测量位置
1—前桥测量位置；2—后桥测量位置

⑦ 泄漏检查。在车辆长期停用的情况下，可能由于泄漏而导致车辆处于低位。为了避免由于离地间隙减小而导致损坏，驾驶员会收到一条相应的检查控制信息。在 32h 内，可以

通过唤醒调控最大程度地对泄漏进行补偿。所以要以不同的间隔唤醒车辆，并且在必要时修正高度位置。

怀疑存在泄漏时进行的故障查询操作步骤：首先借助维修车间信息系统 ISTA 设置并且记录下蓄压器的最大蓄压压力，然后停用空气悬架（维修车间模式），再检测泄漏情况（借助泄漏检测喷剂检查组件），最后，在经过一段时间后重新确定蓄压压力，并且检查可信度。

⑧ 显示屏的车辆钥匙。根据具体的车辆配置，G05 中带有显示屏的车辆钥匙包含不同的显示菜单，如图 5-30 所示。在借助底盘编号订购带有显示屏的车辆钥匙时，BMW 工厂会根据车辆配置对其进行预配置。这样一来，这台车就会获得一个与其配置型号匹配的操作菜单。通过这样的操作菜单，客户可以改变其车辆的空气悬架高度。对于没有空气悬架的车辆，则不会显示这样的操作菜单。

图 5-30　G05 中带有显示屏的车辆钥匙

通过带有显示屏的车辆钥匙只能将行驶高度从正常高度降低至装载高度。用该钥匙举升或者降低至其他行驶高度的过程不能被中断。

5.1.2.2　EHC 系统故障分析

EHC 系统的主要故障形式是车身高度无法调节，主要有以下三种表现：

（1）单个车轮下塌

首先必须明确是否真的是单个车轮下塌。因为如果单个车轮下塌较大，会引起车身重心的变化，目测看上去好像多个车轮高度都不正常，从而导致误判。比较准确的判断方法是前文提到的车身高度测量的方法（参见 G05 "售后服务信息" 章节）。如果仅一个车轮的测量高度变化较大，则可以判断为单个车轮下塌。

单个车轮下塌的主要原因有以下几点：

① 下塌车轮的高度传感器故障；

② 下塌车轮的空气弹簧故障；

③ 与下塌车轮空气弹簧连接的空气管路故障；

④ 下塌车轮空气弹簧的控制电磁阀故障；

⑤ 控制单元（EHC/VDP）故障。

（2）后桥车轮下塌（单桥）或全部车轮（双桥）下塌

首先也要明确是否真的是多个车轮下塌，以避免误判。除了简单的目视观察外，同样可以用车身高度测量的方法来判断。

后桥车轮下塌（单桥）或全部车轮（双桥）下塌的主要原因有以下几点：

① 压缩机供电、搭铁故障；

② 进气管路、滤清器堵塞；

③ 压缩机磨损导致功率下降；

④ 管路泄漏或连接不牢固；

⑤ 4个空气弹簧故障；

⑥ 4个高度传感器故障；

⑦ 控制单元（EHC/VDP）故障。

（3）车轮过高

车轮过高的故障现象非常少见。一般是在通过各调整开关、按钮或显示屏钥匙进行调整时，空气弹簧高度无法下降。该故障的主要原因有以下几点：

① 车辆高度传感器故障；

② 减振支柱电磁阀故障；

③ 排气电磁阀故障；

④ 各调整开关、按钮、显示屏钥匙（G05）故障；

⑤ 控制单元（EHC/VDP）故障。

5.1.2.3　EPS系统故障诊断方法

（1）单个车轮下塌

当遇到单个车轮下塌时，首先要确认是行驶时下塌还是停放后下塌。由于空气弹簧并非完全密封的部件，因此，长时间停放可能会导致一个或多个车轮下塌。

如果是停放后下塌，则可以先启动发动机或实际行驶一段距离，让气泵工作并开始进行高度调节。如果发动机运转了一段时间或者车辆实际行驶一段距离后，下塌的车轮升高到正常高度，且再次停放24h未见下塌，则说明空气弹簧是正常的。如果发动机运转了一段时间或者车辆实际行驶一段距离后，下塌的车轮仍未升高，则按照以下步骤进行故障隔离。

① 首先检查下塌车轮的高度传感器。通过调用控制单元功能调取空气弹簧高度状态值，将读取的高度值与实车测量的高度值进行比较。如果偏差较大，则说明该高度传感器存在故障。在没有ISTA的时候，通过按压车身来改变车身高度的同时，测量传感器的电气信号特性，正常应该在0.5～4.5V连续变化。如果高度对比偏差很小或者传感器电压变化正常，则说明传感器无故障，进行下一步检查。

② 检查下塌车轮的空气弹簧。将下塌车轮空气弹簧上的管路接口断开，与相邻车轮的空气弹簧上的管路相调换。如果下塌的车轮未转移，则说明下塌车轮的空气弹簧有泄漏，需更换。如果下塌的车轮转移，进行下一步检查。

③ 检查与下塌车轮空气弹簧相连接的空气管路。在供气装置侧将下塌车轮的管路接口断开，与相邻车轮的管路相调换。如果下塌的车轮未转移，则说明下塌车轮的连接管路有泄漏，需更换。如果下塌的车轮转移，进行下一步检查。（管路故障概率一般较低，和具体车型与位置有关，通常管路越长，故障概率越大。）

④ 检查下塌车轮空气弹簧的控制电磁阀。通过服务功能"空气弹簧—修理后/前给空气弹簧充气/排气"对下塌车轮进行充放气反复控制。一边控制，一边测量该车轮控制电磁阀的电压变化。电压无变化或变化不正确，说明此控制电磁阀故障。如果电压变化正常，进行下一步检查。（电磁阀故障和空气湿度关系较大，通常是电池阀锈蚀卡滞导致的）

⑤ 对控制单元（EHC/VDP）进行编程、设码。如果故障仍未解决，则需要更换控制单元甚至更换供气装置总成。

（2）后桥车轮下塌（单桥）或全部车轮（双桥）下塌

与单个车轮下塌一样，当遇到后桥车轮下塌（单桥）或全部车轮（双桥）下塌时，首先也要确认是行驶时下塌还是停放后下塌。由于空气弹簧并非完全密封的部件，因此，长时间停放可能会导致多个车轮下塌。

如果是停放后下塌，则可以通过启动发动机或实际行驶一段距离的方式确认空气弹簧是否正常。如果发动机运转了一段时间或者车辆实际行驶一段距离后，下塌的车轮仍未升高，则按照以下步骤进行故障隔离。

① 检查压缩机供电、搭铁。首先可通过服务功能"空气弹簧—修理后 / 前给空气弹簧充气 / 排气—充气"，来给空气弹簧充气。此时左后轮位置，应该能够清晰地听到气泵工作的"嗡嗡"声。如果无运转声音，说明气泵未工作，此时，参考图 5-6 压缩机供电电路，按照以下步骤进行排查。

a. 首先利用服务功能，驱动气泵工作。此时测量 M6*1B 的 2# 导线的电压。若电压为 12V，再测量 M6*1B 的 2# 导线搭铁是否正常。若搭铁正常，则气泵有故障。若 M6*1B 的 2# 导线电压为 0V 或低于 9V，进行下一步。

b. 利用服务功能，驱动气泵工作。此时测量继电器 K1*1B 的 2# 导线的电压。若电压为 12V，则继电器至气泵的导线断路或虚接。若电压为 0V 或低于 9V，进行下一步。

c. 更换功能正常的继电器，再次重复步骤 b，若电压为 12V，则继电器损坏。若电压为 0V 或低于 9V，进行下一步。

d. 测量继电器 K1*1B 的 6# 导线的电压。若电压为 12V，再利用服务功能，驱动气泵工作。此时测量继电器 K1*1B 的 8# 导线的电压，若为电压 12V，则继电器插座断路或接触不良。若电压为 0V 或低于 9V，则 EHC 至继电器的线路断路 / 虚接（通过线路测量确认）或 EHC 本身故障（可尝试进行模块编程）。

若测量继电器 K1*1B 的 6# 导线的电压为 0V 或低于 9V，进行下一步。

e. 测量配电器 Z2*3B 的 6# 导线的电压，若电压为 12V，则为配电器至继电器 K1 的供电线路断路 / 虚接（通过线路测量确认）。若电压为 0V 或低于 9V，检查保险丝 F182 是否正常，如果保险丝正常，则按照电路图继续查找上一级供电线路，直至查找到故障点。

如果给空气弹簧充气时，在左后轮位置能够清晰地听到气泵工作的"嗡嗡"声，进行下一步检查。

② 目视检查进气管路是否堵塞，拆检滤清器，查看是否脏堵。若无问题，进行下一步检查。

③ 检查气泵压缩机是否由于磨损导致功率下降。压缩机功率下降会导致气压不足，从而无法升高车辆。但是目前没有设备或工具能进行压缩机功率测量，只能通过经验法来进行判断。我们通常采用利用服务功能给空气弹簧或储气罐充气的方法来检验，如表 5-3 所示。

表 5-3　压缩机功率测量经验总结

序号	车型	充气方式	功率判断
1	G12（双罐 4L+2L）	4 次，每次 30s	储气罐压力约 10bar 为正常
2	G12（单罐 4L）	3 次，每次 30s	储气罐压力约 10bar 为正常
3	G05（单罐 8L）	12 次，每次 20s	储气罐压力约 10bar 为正常
4	G38（无储气罐）	2 次，每次 20s	车身高度上升约 40mm 为正常

④ 检查管路是否存在泄漏或连接不牢固。可以采用听漏气声音、看连接情况进行检查。若管路正常，进行下一步检查。

⑤ 检查4个空气弹簧是否漏气、损坏。4个或多个空气弹簧同时漏气或损坏的可能性非常小，但是也不能完全排除。此种情况一般会出现在长时间停驶的车辆或事故车上。检查时，不建议采用水浸法进行查漏，原因有两个：

a. 空气弹簧并非完全密封的部件，因此在水中也会有一定量的气泡产生，这样就容易造成误判。

b. 水浸法可能造成空气弹簧插头锈蚀，引起额外故障。

⑥ 检查4个高度传感器是否正常。同样，4个或多个高度传感器同时出现故障的可能性也非常小，此种情况一般会出现在事故车上。检查方法参考单个车轮下塌故障检查的第一步。

⑦ 当以上检查都未能发现故障点时，可尝试对控制单元（EHC/VDP）进行编程和设码，若故障依旧，则需要更换供气单元总成。

（3）车轮过高

车轮过高的故障现象非常少见，可通过服务功能"空气弹簧—修理后/前给空气弹簧充气/排气—放气"，来给过高的空气弹簧放气。进行调整时，若空气弹簧高度无法下降，按照以下步骤进行排查。

① 检查车辆高度传感器是否正常。检查方法参考单个车轮下塌故障检查的第一步。若高度传感器正常，进行下一步检查。

② 检查减振支柱电磁阀。可通过服务功能"空气弹簧—修理后/前给空气弹簧充气/排气—放气"，来给过高的空气弹簧放气。此时测量相应电磁阀电压是否正常，是否有轻微的开启声音。

③ 检查排气电磁阀。同样可通过服务功能"空气弹簧—修理后/前给空气弹簧充气/排气—放气"。此时测量排气电磁阀电压是否正常，是否有轻微的开启声音。

排气电磁阀可以拆检，其内部的小密封圈如果损坏，也会引起故障，如图5-31所示。

图5-31　排气阀的小密封圈（红色箭头位置，图中已缺失）

④ 检查各调整开关、按钮、显示屏钥匙（G05）。通过调用控制单元功能，读取各车辆高度控制开关、按钮、钥匙的数据流。不断操作各开关、按钮、钥匙，观察数据的变化情况。如果数据与动作一一对应，则说明开关无故障。

⑤ 当以上检查都未能发现故障点时，可尝试对控制单元（EHC/VDP）进行编程和设码，若故障依旧，则需要更换供气单元总成。

5.2 电子减振器控制系统（EDC）

5.2.1　经典维修故障案例

5.2.1.1　G29 车辆前部"隆隆"异响

（1）车辆信息

车型	发动机型号	里程 /km
Z4 M40i，G29	B58	38760

（2）故障现象描述

客户反映：车辆在颠簸路面上行驶或驶过减速带时，前端发出"隆隆"的异响。

故障现象确认：接车后对车辆进行检查，发现客户反映的情况确实存在。车辆以 15 ～ 25km/h 的速度在不良路段、波状路面上行驶或驶过隆起位置时前端发出"隆隆"的噪声。

（3）故障分析思路及排除方法

首先，使用 ISTA 对车辆进行检测，读取故障代码，发现无相关故障代码。

由客户驾驶车辆，不断进行路试。仔细分辨异响位置，感觉声音来自前桥位置，且左右均有该声音。

根据故障现象，结合前桥的结构，分析可能的故障原因如下：

① 轮胎和轮辋变形；

② 前桥杆件连接松动；

③ 拉杆球头损坏；

④ 减振器故障。

首先，举升车辆，拆下了两个前轮进行检查。无明显的外伤和损坏。对车轮进行动平衡后，再次试车，故障现象依旧存在。

检查底盘上前桥所有杆件的螺栓，包括摆动支座、拉杆、横摆臂、减振器、转向横拉杆的各个连接螺栓。按照标准力矩进行再次校准，未发现有松动迹象。

检查拉杆球头，无老化和损坏迹象。

检查减振器，无漏油和明显变形、损坏。但是，该车带有动态减振控制系统（EDC）。是否是控制单元对 EDC 的调节有问题呢？抱着试试看的想法，对车辆进行了编程处理。编程后车辆休眠一段时间，再次进行路试，发现故障噪声消失了。

（4）故障总结

这是一例比较典型的由软件问题引起的故障。此类故障一般通过对车辆进行编程、设码解决（车辆编程的具体方法及注意事项，见本系列图书的电气分册）。

底盘部位的噪声和振动故障，一直是令机电维修技师感到比较头疼的问题。首先，噪声和振动的位置不好明确。其次，具体的故障点也难以确定。此案例也给我们带来了一个新的思路：模块的软件故障，带来的调节不当，也会造成车辆故障。要解决此类问题我们需要做的就是对车辆进行简单的编程和设码。

5.2.1.2　F16 减振器报警

（1）车辆信息

车型	发动机型号	里程 /km
X6 xDrive35i，F16	N55	45160

（2）故障现象描述

客户反映：车辆在行驶时，突然出现有关减振器的报警。

故障现象确认：接车后对车辆进行检查，发现客户反映的情况确实存在。

信息显示屏提示"动态减振控制系统有故障！- 减振控制系统异常！- 行驶舒适性受限。"

（3）故障分析思路及排除方法

首先，使用 ISTA 对车辆进行检测，读取故障代码，发现如下故障代码：

0x482943—车轮加速度传感器—左前—传感器 1—数值：不可信。

根据故障代码生成的检测计划，参考图 5-32 相关电路图，进行故障诊断。

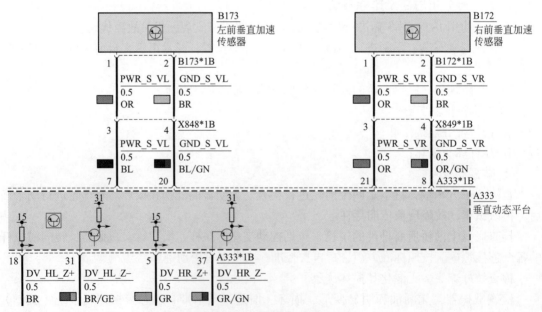

图 5-32　垂直加速度传感器电路图

① 测量 B173*1B 的 2# 引脚电压，测量值为 0.01V。测量结果：传感器接地正常。

② 测量 B173*1B 的 1# 引脚电压，测量值为 10.26V。测量结果：传感器供电正常。

③ 按压 / 放开车身，继续测量 B173*1B 的 1# 引脚电压。随着车身高度变化，电压在 5 ～ 11V 之间不断变化，但是显示"左前轮加速度传感器信号不可信"。

④ 更换左前轮和右前轮两个加速度传感器（要求同轴更换），如图 5-33 所示，再给车辆编程和设码。

再次对车辆快测，故障代码及检查控制信息均不再显示，故障排除。

（4）故障总结

这是一例典型的 EDC 电气故障案例。

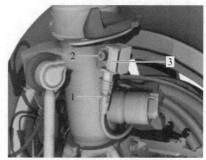

图 5-33　左前轮加速度传感器
1—传感器 2 芯插头；2—固定螺栓；
3—左前轮加速度传感器

本案例的故障发生在车轮加速度传感器。对于此传感器，在更换时，决不能单独更换一个。这是因为在计算车轮加速度时，控制单元会接受左右两侧传感器的信号，互相对比，不断校正。因此单独更换一侧传感器，会造成另一侧的传感器数据不准。特别是后轮的加速度传感器，一旦报码，测量后发现传感器确实损坏，不能单独更换，而是需要更新所有的车轮加速度传感器。这是由于后轮传感器作为信号的基准，一旦基准发生变化，所有信号都会失准。客户往往不会理解，认为一个传感器故障，为什么非要更换所有的传感器。因此，在维修时要耐心跟客户介绍该原理，全部更换的目的是使信号更准确，以免由于单独更换造成二次维修。

5.2.2　故障解析

5.2.2.1　EDC 系统结构特点

为了满足客户对舒适性和行驶动力性的较高要求，一些 BMW 车辆配备了电子减振器控制系统 EDC。该系统是在减振器上安装了两个电动调节阀，可通过这两个电动调节阀对调节式减振器的拉伸和压缩阶段分别进行调节，由此可完美抵消车身和车轮振动，提高安全性、舒适性和行驶动力性。

（1）减振器结构

EDC 系统所用的减振器是一个单筒充气支撑杆。承受 16.5bar 压力的氮气气垫在活塞杆移入期间被压出的机油挤压，因此受到较强压缩。由于气体压力较高所以可在所有行驶状态下防止机油产生泡沫，从而确保最佳减振性能。此外由于气体压力较高，还可以约 400N（约 40kg）作用力压出活塞杆。减振器几乎无法用手压缩。图 5-34 展示了电动调节式减振

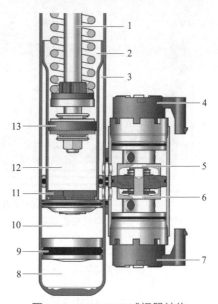

图 5-34　G12 EDC 减振器结构
1—活塞杆；2—工作室；3—溢流管；4—压缩阶段调节阀；
5—压缩阶段舒适阀；6—拉伸阶段舒适阀；7—拉伸阶段
调节阀；8—气体压力室；9—分离活塞；10—补偿室；
11—底座阀；12—工作室；13—工作活塞

器的内部结构。

为在良好路段上实现运动型驾驶方式，在恶劣路段上尽可能舒适地缓冲路面干扰，可在减振器内部以可变方式改变机油流。改变机油流会对作用于减振器的作用力产生影响。

减振器有两个调节阀，这两个调节阀可在弹簧伸长（拉伸阶段）和弹簧压缩（压缩阶段）时独立进行阻尼力调节。调节阀通过挤压机油流改变节流横截面的方式来调整阻尼力。节流横截面与阻尼力的关系如下：

较大节流横截面＝较小阻尼力

较小节流横截面＝较大阻尼力

减振器可在几毫秒内以无级方式改变节流横截面及相关阻尼力。

压缩阶段：压缩时，减振器以伸缩套管形式被推到一起，在此处于压缩阶段运行模式。

拉伸阶段：伸长时，减振器以伸缩套管形式被拉开，在此处于拉伸阶段运行模式。

（2）系统概览

通过驾驶体验开关对减振器进行设置。在此可选择运动型偏硬或舒适型偏软底盘调校。如图 5-35 所示，电子减振器控制系统 EDC 由以下组件构成：

① 分别带有 2 个调节阀的 4 个电动调节式减振器；

② 垂直动态管理平台 VDP 控制单元；

③ 用于探测车轮移动的 4 个车辆高度传感器；

④ 用于探测车身移动（提升、俯仰和侧倾）的传感器组件。

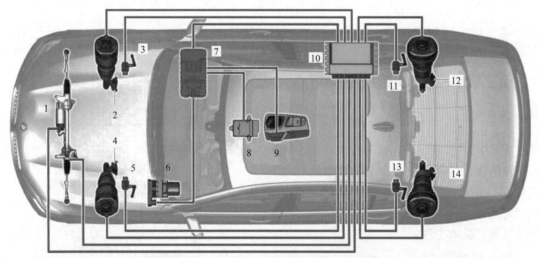

图 5-35　电子减振器控制系统 EDC 系统概览

1—电子助力转向系统 EPS（电动机械式助力转向系统）；2—右前减振器调节装置调节阀；3—右前车辆高度传感器；4—左前减振器调节装置调节阀；5—左前车辆高度传感器；6—动态稳定控制系统 DSC；7—车身域控制器 BDC；8—碰撞和安全模块 ACSM—High；9—驾驶体验开关；10—垂直动态管理平台 VDP；11—右后车辆高度传感器；12—右后减振器调节装置调节阀；13—左后车辆高度传感器；14—左后减振器调节装置调节阀

垂直动态管理平台 VDP 控制单元根据车身移动、横向和纵向加速度、转向角以及路面状态等不同数据计算出针对减振器内电动调节阀的各车轮控制指令。通过这种方式每秒可连续一百次改变各减振器的阻尼力。因此始终可根据行驶情况调节符合要求的阻尼力。

如果选择了更加运动的驾驶模式，则会减少车身移动。为此会更加迅速和频繁地以偏硬方式调节减振器，这势必会导致舒适性降低。

在标配情况下，通过碰撞和安全模块 ACSM-High 产生垂直车身的移动（俯仰、侧倾和提升）。通过车辆高度传感器探测减振器的移入和移出速度。

车辆带有选装配置 "Executive Drive Pro"（SA 2VS）时还会提供附加车轮加速度传感器。该传感器主要用于确保电子减振器控制系统 EDC 调节更加精准。

（3）减振器电动调节

垂直动态管理平台 VDP 控制单元通过脉冲宽度调制信号控制拉伸和压缩阶段调节阀。未通电时，调节阀处于打开状态。在此状态下减振器调节为最软状态。

减振器压缩阶段调节：活塞杆移入时，被移入的活塞杆压出的机油量通过底座阀压入补偿室内并在底座阀上产生阻尼力。工作活塞压出的机油量被压缩阶段舒适阀和调节阀挤压并由此从工作活塞下方工作室进入工作活塞上方工作室。在此通过调节阀的节流横截面调节阻尼力。调节阀关闭时，机油流被主阀挤压，由此可调节最大阻尼力，如图 5-36 所示。

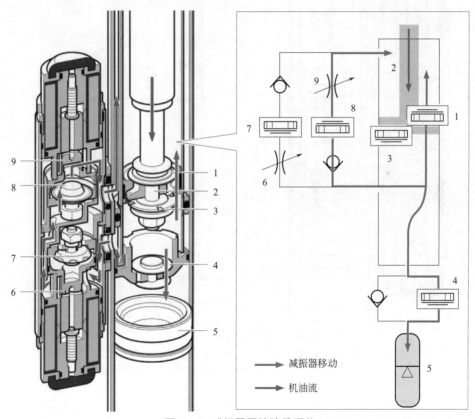

图 5-36 减振器压缩阶段调节

1—压缩阶段主阀；2—工作活塞；3—拉伸阶段主阀；4—底座阀；5—气体压力室；6—拉伸阶段调节阀；
7—拉伸阶段舒适阀；8—压缩阶段舒适阀；9—压缩阶段调节阀

减振器拉伸阶段调节：活塞杆移出时，气体压力使所需补偿量从补偿室通过底座阀进入工作活塞下方工作室。工作活塞压出的机油量被拉伸阶段舒适阀和调节阀挤压，并由此从工作活塞上方工作室进入工作活塞下方工作室。在此通过调节阀的节流横截面调节阻尼力。调节阀关闭时，机油被拉伸阶段主阀挤压，由此可调节最大阻尼力，如图 5-37 所示。

5.2.2.2　EDC 系统故障分析

EDC 系统的主要故障形式是电气系统报警以及行驶时舒适程度下降。

（1）电气系统报警

如果 EDC 系统出现相应报警灯点亮，提示"动态减振控制系统有故障！""减振控制系统异常！""行驶舒适性受限"的检查控制信息，并伴有悬架偏硬或偏软、噪声等故障时，说明 EDC 系统电气部件出现故障或者达到了报警阈值。比较常见的故障码信息有传感器信号不可信、控制单元通信故障、电磁阀调节时间过长等。

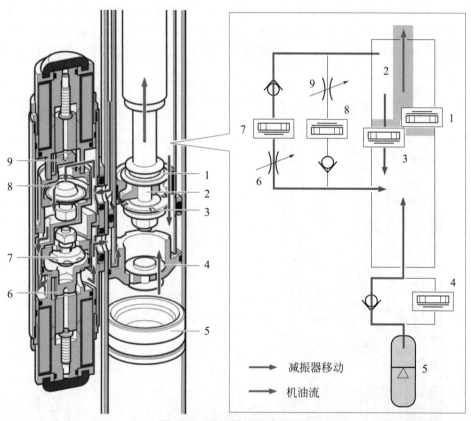

图 5-37　减振器拉伸阶段调节

1—压缩阶段主阀；2—工作活塞；3—拉伸阶段主阀；4—底座阀；5—气体压力室；6—拉伸阶段调节阀；
7—拉伸阶段舒适阀；8—压缩阶段舒适阀；9—压缩阶段调节阀

其可能的故障原因如下：

① 车辆高度传感器或车轮加速度传感器信号失准。

② VDP 本身损坏或者软件出现故障。

③ 控制电磁阀故障。

④ 线路故障。

其中，传感器故障和控制单元软件故障出现问题居多。

（2）行驶时舒适程度下降

行驶时舒适程度的变化，一般情况很难明显感受到，因为路况在车辆行驶时也是不断在变化的。只有通过在不平路面上不平稳的行驶性能和俯仰颠簸运动，才能表现和感觉出来。这是由 EDC 的调节出现故障所导致。也就是说，该硬一点儿的时候很软，该软一点儿的时候却很硬，从而造成行驶时舒适度下降。

其可能的故障原因如下：

① VDP 本身损坏或者软件出现故障。

② 控制电磁阀故障。

③ 车辆高度传感器或车轮加速度传感器信号失准。

④ 线路故障。

其中，控制单元软件故障出现问题居多。

5.2.2.3　EDC 系统故障诊断方法

（1）电气系统报警

遇到 EDC 系统电气报警情况，可以先尝试用 ISTA 进行诊断，并执行检测计划。如果无相关的检测计划或者检测计划无法解决问题，可以举升车辆，检查减振器是否有外在的变形和损坏。因为减振器的机械损坏，也可能导致电磁阀调整超出阈值，引起电气报警。如果还不能发现问题，则可以尝试对 EDC 系统相关控制单元进行编程和设码。

如果故障还得不到解决，可以通过调用控制单元功能调取空气弹簧高度状态值，将读取的高度值与实车测量的高度值进行比较。如果偏差较大，则说明该高度传感器存在故障。车轮加速度传感器的检查，可以通过按压车身来改变车身高度的同时，测量传感器的电气信号特性来进行，正常应该在 0.5 ～ 4.5V 连续变化。如果振动幅度与电压变化对比偏差很小或者传感器电压变化正常，则说明传感器无故障。如果确认传感器损坏，在更换时，决不能单独更换一个。特别是后轮的加速度传感器，一旦报码，测量后发现传感器确实损坏，需要更换所有的车轮加速度传感器。其原理在前文已经介绍，在此不再赘述。

最后只剩下更换减振器总成和控制单元 VDP 两种方案了。而这两种方案的经济支出都很大，而且也不容易通过部件替换的方法进行诊断。根据实际维修经验来看，模块故障的可能性相对大一些。

（2）行驶时舒适程度下降

舒适度下降问题，可以按照下面的步骤进行分析和判断：

① 检查前后桥弹簧（包括钢制螺旋弹簧和空气弹簧）是否有变形、损坏、漏气等情况。若无，进行下一步。

② 检查底盘上与弹簧减振支柱相连接的固定点、杆件、轴承、胶套等是否出现损坏。若无，进行下一步。

③ 检查减振器，有无漏油和明显变形、损坏。若无，进行下一步。

④ 对车辆进行编程处理，编程后车辆休眠一段时间。若故障依旧，进行下一步。

⑤ 通过调用控制单元功能调取空气弹簧高度状态值，将读取的高度值与实车测量的高度值进行比较，以判断传感器是否正常。若传感器正常，进行下一步。

⑥ 更换减振器总成或控制单元 VDP。

5.3 动态行驶稳定装置（ARS）

5.3.1 经典维修故障案例

5.3.1.1 E65 ARS 报警

（1）车辆信息

车型	发动机型号	里程 /km
750i，E65	N52 TU	156500

（2）故障现象描述

客户反映：控制信息显示 DynamicDrive 失灵。

故障现象确认：接车后对车辆进行检查，试车行驶后，控制信息显示 DynamicDrive 失灵，而且警告符号为红色，非黄色，说明故障当前存在。

（3）故障分析思路及排除方法

先用 ISID 对车辆进行检测，读取故障代码，发现存在如表 5-4 所示的故障信息。

表 5-4　故障代码信息

序号	控制单元	故障代码信息
1	CID	缺少信息（动态行驶稳定装置，0BE）
2	DME	信息监控：动态行驶稳定装置（ARS）
3	DME	信息（ARS，0x1AC）缺少动态行驶稳定装置 ARS 的 CAN 信息
4	DSC	缺少信息（ARS 1AC）

　　根据故障现象，结合以上的故障代码以及 ARS 系统特有的结构和原理，分析可能的故障原因如下：ARS 接口及线路故障、ARS 控制单元软件 / 硬件故障、总线通信故障。

　　首先，通过服务功能动态行驶稳定装置（ARS）试运行，进行 ARS 系统复位。试运行后进行试车，发现故障依旧存在。

　　接下来检查动态行驶稳定装置控制单元（ARS）的主电线束连接及系统其他插头、线束，未发现插头松动、锈蚀、线路断路、线路破损的现象。

　　对车辆进行编程及设码，休眠 30min 以上，再次进行试车，发现故障依旧存在。

　　更换动态行驶稳定装置控制单元（ARS），再次对车辆进行编程及设码，休眠 30min 以上。试车后发现故障现象消失。

（4）故障总结

该故障是典型的因模块损坏引起的电气故障案例。

由于底盘电控系统的不断扩展，电气部件（传感器、控制单元、执行元件、总线）越来越多也越来越复杂，出现故障的概率和频率也会相应增加。本例中的模块损坏故障也时有发生。为避免对故障点的错判和不必要的经济损失，对于模块故障的诊断与排查，建议按照以下步骤进行：

① 注意观察故障码的详细信息。如果有多个故障码都显示信息通信有故障，且信息的发送者都为同一个控制单元，则基本能确定该控制单元有问题（供电、接地、插头、软件、硬件等）。如果故障码显示大量的通信故障，且通信信息是交叉的，则基本属于总线故障，此时控制单元树上，同一总线上的模块可能会显示为黄色。

② 检查与怀疑的控制单元相连接的所有线束，特别是供电线、搭铁线和总线通信线，以排除线路问题。

③ 对怀疑的控制单元甚至全车进行编程设码，以排除软件故障。

④ 最后才能通过更换控制单元的方式进行故障隔离。

5.3.1.2　F15 怠速时异响

（1）车辆信息

车型	发动机型号	里程 /km
X5 xDrive35i，F15	N55	113500

（2）故障现象描述

客户反映：该车在停车怠速时，可听见从前部传来的"嗡嗡"声。

故障现象确认：接车后对车辆进行检查，怠速时隐约能够听到"嗡嗡"的响声，此噪声类似于发动机、变速箱、排气装置等的运转噪声，但是不明显。

（3）故障分析思路及排除方法

先用 ISID 对车辆进行检测，读取故障代码，未发现任何故障信息。

打开发动机舱，仔细倾听声音发出的位置，找不到噪声位置。举升车辆，进行底部检查，发现该车装配 ARS 系统，而"嗡嗡"的响声正是在阀体至前桥液压双向马达的位置附近。

抱着怀疑的态度，检查 ARS 的电路插头和线束以及管路连接，均未发现问题。拔掉阀体上的电气插头，暂时隔离了 ARS 系统，声音的变化不大。

尝试对 ARS 系统进行编程和设码。编程后，还是能够听到"嗡嗡"的响声。更换阀体和液压马达的维修方案显然客户不会同意，而我们又觉得该"噪声"并不明显。于是，千方百计找来一台同一型号的 F15 车，举升后对比声音，发现基本相同。又咨询了宝马技术部的老师，答复这是由设计造成的，不是缺陷，无须更换任何组件。

（4）故障总结

该故障是部件设计问题引发的异响故障。底盘部位的异响故障，一直是令机电维修技师感到比较头疼的问题。首先，异响发生的位置不好明确。其次，具体的故障点也难以确定。

在本例中，我们采用拔掉电气插头，暂时隔离怀疑部件的诊断方法进行故障查找。这一方法在之前的 VTG 系统诊断时，也曾经用到。正如 VTG 诊断时所说，断开部件隔离问题的方法，不能完全排除被断开部件本身。这一点再次提醒机电维修人员注意。

而对于一些对声音敏感的客户，可能系统正常工作的声音在他们听来就是噪声。遇到这种情况，可以找一台相同车型进行对比，如果问题相同，就要耐心为客户做好解释工作。

5.3.2 故障解析

5.3.2.1 ARS 系统结构特点

传统稳定杆可在快速转弯行驶或快速避让绕行时减小车身侧倾。但基于传统稳定杆的扭转弹簧特性，也会在一侧路面不平时影响舒适性。如果一侧车轮处的传统稳定杆在动量作用下受到激励会导致减振器弹簧振动，减振器另一侧车轮会执行或"复制"该振动。由于减振器以可转动方式支撑在车身上，驾驶员会通过"复制"过程感觉到侧倾振动。

为在确保较高行驶舒适性的同时实现完美行驶动力性，BMW 在一些车型上配备了主动侧倾稳定装置 ARS。静止状态下传统和主动式侧倾稳定装置对车辆的调节比较如图 5-38 所示。

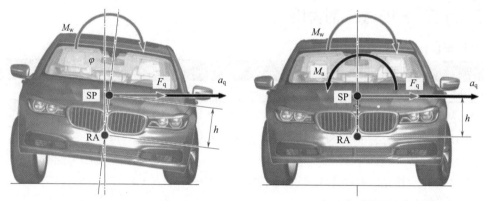

(a) 传统被动式侧倾稳定装置　　　　　(b) 主动式侧倾稳定装置

图 5-38　静止状态下传统和主动式侧倾稳定装置比较

a_q—横向加速度；F_q—横向力；h—侧倾轴与重心间的距离；M_a—主动式稳定杆力矩；
M_w—侧倾力矩；RA—侧倾轴；SP—重心；φ—侧倾角

（1）部件结构

ARS 系统结构如图 5-39 所示。

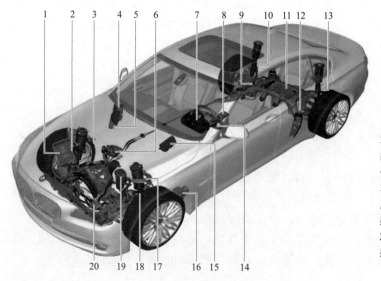

图 5-39　ARS 系统结构（含 EDC）

1—DME/DDE；2—EDC_SVR；3—右前车辆高度传感器；4—前部配电盒；5—垂直动态管理系统 VDM；6—ARS 阀体；7— 组合仪表；8—ICM；9—右后车辆高度传感器；10—EDC_SHR；11—后桥摆动马达；12—左后车辆高度传感器；13—EDC_SHL；14—SZL；15—ZGM；16—DSC；17—左前车辆高度传感器；18—EDC_SVL；19—液压油储油罐；20—前桥摆动马达

1）控制单元

VDM 控制单元位于车内右侧，A 柱附近。VDM 控制单元通过总线端 30 供电，通过一个 5A 保险丝保护电路。VDM 控制单元只有在点火开关打开后，由便捷登车及启动系统（CAS）通过一个总线端 15N 导线启用。

系统启动时首先进行车辆验证。此时将 CAS 内的底盘编号与 VDM 控制单元内设码的底盘编号进行比较。然后检查 VDM 控制单元的硬件和软件。系统全面检测所有输出端（阀门电磁铁和传感器）是否短路和断路。有故障时该系统将执行机构切换到一个安全行驶状态。电压过低或电压过高时，自动关闭 VDM 控制单元。

VDM 控制单元输入端：

VDM 控制单元根据输入信号计算出执行机构的控制信号。此外还检查输入信号的可信度并将这些信号用于系统监控。VDM 控制单元接收以下输入信号：FlexRay 总线信号、前桥回路压力（模拟）信号、后桥回路压力（模拟）信号、开关位置识别位置（模拟）信号、油位传感器信号（模拟）信号。

对 ARS 功能来说最重要的调节信号是由 ICM 控制单元测得的横向加速度，该加速度信号通过 FlexRay 发送给 VDM。ICM 还通过 FlexRay 提供表示横向动态特性的附加信息，这些信息是车速信号和方向盘转角。系统据此求出稳定性需求并提供相应的主动力矩。车速和转向角信息也有助于改善系统的响应时间。

VDM 控制单元输出端：

所有输出端都具有诊断功能且采用防短路设计。输出端包括以下功能或部件的控制：前桥和后桥调压阀、故障安全阀、方向阀、抽吸节流阀、前桥和后桥上的压力传感器的 5V 供电、开关位置识别传感器（SSE）的 5V 供电。

阀门通过脉冲宽度调制电流（PWM）来控制。各线圈的电流以冗余方式测量。系统持续检查阀门电流的可信度。通过测量电流可以更精确地调节压力且能够以电气方式监控这些转换阀。

2）摆动马达

摆动马达轴和摆动马达壳体分别与一个稳定杆半杆连接。如图 5-40 所示，主动式稳定杆由摆动马达和安装在摆动马达上的稳定杆半杆（利用压配合滚柱轴承连接在车桥托架上）组成。使用滚柱轴承时系统响应快且调节力较低，因此可以优化舒适性。滚柱轴承上的润滑脂膜不影响主动式稳定杆的功能。

摆动马达需执行三项任务：

① 摆动马达将扭矩传递到稳定杆半杆内。

② 摆动马达使两个稳定杆半杆实现非刚性连接

③ 系统失灵（故障安全状态）时，前桥稳定杆通过摆动马达内的密闭液压油（液压锁止）产生足够的缓冲作用。此时前桥稳定杆的工作方式与传统稳定杆相同。例外的是，如果摆动马达的腔内因泄漏而不再有机油，那么前桥稳定杆将无法产生缓冲作用。

摆动马达剖面图如图 5-41 所示。摆动马达内各对置腔彼此连接。这些腔内的压力相同。系统通过一个接口为两个腔提供高压油。另外两个腔通过回流管路连接至补液罐。

作用力 F_H（高）或 F_L（低）通过不同的高压压力产生。因为 F_H 大于 F_L，所以产生一个扭矩 M_S。其结果是轴相对壳体扭转。因为一个稳定杆半杆与轴连接，而另一个则与壳体连接，所以两个半杆彼此相对扭转。

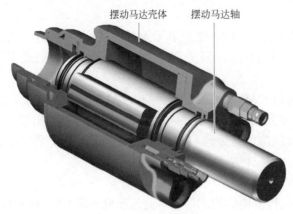

摆动马达壳体   摆动马达轴

图 5-40 摆动马达

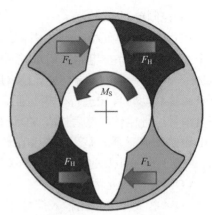

图 5-41 摆动马达剖面图

这个扭矩 M_S 通过这种稳定杆连接产生围绕车辆纵轴的主动力矩 M_A，用于抵消转弯行驶时出现的侧倾力矩 M。在弯道外侧将车身向上压，在弯道内侧将车身向下拉。横向加速度较高时前桥和后桥上出现最大车身力矩。此时前桥和后桥上的系统压力都为 180bar。因外力（路面激励，例如路面不平或有凹坑）而造成摆动马达扭转时，摆动马达起扭转减振器的作用。扭转时将液压油从两个腔内压出。压出的液压油流过管路和液压阀体，其液压阻力产生缓冲作用。故障安全锁止（液压锁止）时，由于摆动马达内液压锁止，因此摆动马达只能以很高的缓冲作用扭转。

3）前桥主动式稳定杆

前桥稳定杆固定在前桥托架上。稳定杆连杆连接在摆动支座上。前桥稳定杆的摆动马达上有两个减压阀，如图 5-42 所示。

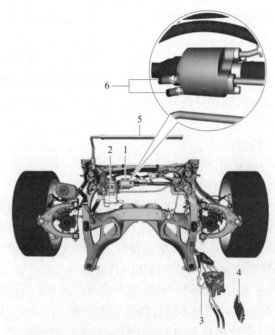

图 5-42 前桥主动式马达

1—前桥摆动马达；2—串联泵；3—ARS 液压阀体；4—VDM；5—液压系统冷却器；6—空气滤芯

减压阀的功能是：在较差路面上行驶时，稳定杆移动会造成摆动马达内短时出现低压情况（形成气泡）和压力峰值，这会导致其可能发出"咔嗒"声。为防止出现这种噪声，在前部摆动马达上安装了减压阀和内部脉动缓冲器。减压阀允许过滤后的空气流入摆动马达，以防形成气泡。液压油吸收少量空气并形成乳状液体，下次控制摆动马达时会将其排出。剩余空气在补液罐内分离出来。

注意：空气滤清器元件（黑色塑料盖）固定在减压阀上，不允许取下这些带有 Goretex 滤芯的黑色塑料盖！

4）后桥主动式稳定杆

后桥稳定杆固定在后桥托架后部。稳定杆连杆连接在后桥控制臂上。在后桥稳定杆的摆动马达上螺塞替代了减压阀。

5）ARS 液压阀体

液压阀体位于右前车轮罩后车辆地板上，右前车门高度处。液压阀体通过一个支撑板用螺栓固定在车身上，如图 5-43 所示。

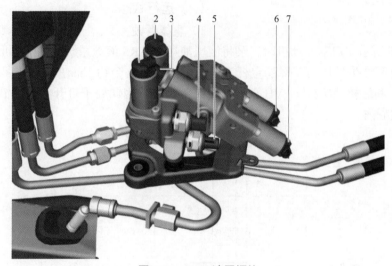

图 5-43　ARS 液压阀体

1—前桥压力阀（PVV）；2—后桥压力阀（PVH）；3—开关位置识别传感器（SSE）；4—前桥压力传感器（DSV）；
5—后桥压力传感器（DSH）；6—故障安全阀（FS）；7—方向阀（RV）

液压阀体内部和液压阀体上有以下阀门和传感器：2 个压力阀（1 个用于前桥，1 个用于后桥）、1 个方向阀、1 个故障安全阀、2 个压力传感器（1 个传感器用于前桥，1 个传感器用于后桥）、开关位置识别传感器。

6）串联泵

根据发动机型号和配置情况，相应尺寸的液压泵通过法兰安装在发动机上相应的安装空间内，如图 5-44 所示。

车辆带有动态驾驶系统和液压转向系统时，由发动机通过多楔带驱动的液压泵始终是一个串联泵，该泵由一个用于 ARS 的径向活塞泵部分和一个用于助力转向系统的叶片泵部分组成。

串联泵径向活塞泵部分：

图 5-44　串联泵

1—径向活塞泵（ARS）；2—抽吸节流阀；
3—EVV 阀；4—叶片泵（助力转向系统）

有 8 个活塞布置在这个径向活塞泵内，该泵的最大设计压力为 210bar。发动机怠速运转时泵转速约为 750r/min。在这个怠速转速下径向活塞泵的最小供油流量约为 5.5L/min（约 3bar 时）。因此，即使在怠速时也能确保提供足够的液压油流量。

泵转速为 1450r/min 时，会将最大供油流量限制在约 9L/min。其特点是：作为 CO_2 减排措施，直线行驶时通过一个主动式抽吸节流阀降低径向活塞泵抽吸侧的液压油流量，从而显著降低循环压力和所需发动机功率。因此主动调节抽吸节流阀等同于降低 CO_2 排放！

动态驾驶系统和液压转向助力系统共用一个储油罐和液压油冷却器。

（2）运行状态

1）直线行驶

如图 5-45 所示，启动发动机时，泵将液压油送入 ARS 液压系统内，同时形成背压。伺服马达各腔之间产生的压力差对稳定杆没有影响，因为这个约 1bar 的压力差很小。前桥稳定杆（PVV）和后桥稳定杆（PVH）的压力阀不通电，因此处于打开状态。液压油可以直接流回到储油罐内。

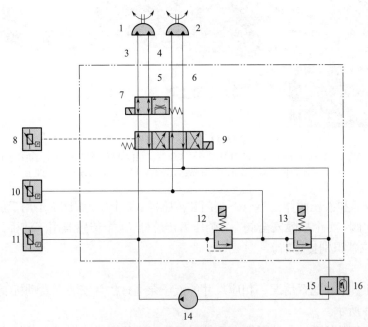

图 5-45　ARS 液压系统图

1—前部摆动马达（SMV）；2—后部摆动马达（SMH）；3—前桥液压回路 1（V1）；4—前桥液压回路 2（V2）；
5—后桥液压回路 1（V1）；6—后桥液压回路 2（V2）；7—故障安全阀（FS）；8—开关位置识别传感器（SSE）；
9—方向阀（RV）；10—后桥压力传感器（DSH）；11—前桥压力传感器（DSV）；12—前桥压力阀（PVV）；
13—后桥压力阀（PVH）；14—串联泵（P）；15—储油罐（HB）；16—油位传感器

泵的新抽吸节流阀通电，因此直线行驶时可以显著降低循环压力，从而降低 CO_2 排放。只要车辆直线行驶，就会保持这种状态。车速低于 15km/h 时持续执行该系统功能。从 15km/h 起可提供全部的稳定作用潜力。

2）转弯行驶

接近弯道时，ICM 内的横向加速度传感器将信号传输给 VDM 控制单元。现在控制单元将一个脉冲宽度调制信号（PWM）输出给前桥和后桥摆动马达的压力阀，同时通过使抽吸节流阀断电结束泵的抽吸节流。横向加速度越大，压力阀的 PWM 信号（电流）越大。

阀门通电电流越大，阀门关闭程度越大，稳定杆内产生的压力也越高。稳定杆处的压力通过压力传感器（10、11）测量并传输给控制单元。为了根据弯道走向（弯道向左或向右）建立压力，控制单元将控制方向阀（9）。开关位置识别传感器（8）用于识别方向阀的开关位置。

（3）安全方案

安全方案通过监控信号防止系统工作不正常并以规定方式对接口部件外部故障引起的故障做出反应。系统监控主要包括以下监控功能：

① 供电电压监控；

② 阀门和系统内传感器电路监控；

③ FlexRay 总线通信监控和信号可信度检查；

④ 行驶期间液压功能监控和行驶前检查。

如果系统监控识别到一个故障，安全方案则会根据故障严重程度（功能降低程度）按规定做出反应。VDM 控制单元将该故障记录在故障代码存储器内并在组合仪表中显示反应情况。

功能受限（功能降低等级）：

如果检测到某一系统故障，而出现该故障时系统可以在功能受限的情况下继续运行，就会显示这种情况并给出一条警告信息。

严重故障（功能降低等级）：

识别到严重故障时，就会将 ARS 设为"故障安全状态"并在组合仪表上显示这种情况。此时通过一条检查控制信息要求驾驶员在弯道中低速行驶。

进入故障安全状态时系统通过一个弹簧关闭故障安全阀。前部稳定杆内的液压油处于密闭状态，因此可像传统底盘系统那样确保车辆具有足够的稳定作用和不足转向特性。

外部泄漏造成的液压油损失：

ARS 系统和液压转向系统的液压油回路通过一个共用的储油罐彼此连接在一起。储油罐内的油位由 VDM 控制单元通过一个油位传感器监控。ARS 系统或转向系统的液压油回路内出现外部泄漏而造成液压油损失时，会导致共用储油罐内的油位降低。液压油损失可能导致 ARS 系统完全失灵和影响转向系统的功能。油位开关发出油位过低信息时，就会将 ARS 系统置于故障安全状态并在 VDM 控制单元内记录一个故障。同时显示一条检查控制信息，以提醒驾驶员 ARS 系统和转向系统功能受到影响。由此要求驾驶员小心地停下车辆并关闭发动机。

初始化 / 复位特性：

VDM 控制单元在引导过程中执行不同的检测和初始化程序。其中包括检查阀门和系统内传感器的电路，通过查询 CAS 处的底盘编号进行确认检查和检测 FlexRay 通信情况。只有各项测试成功完成后，才授权该系统运行。系统存储并显示出现的故障。

行驶前检查：

每次启动发动机时或每次停下车辆时，都会自动快速测试故障安全阀和前桥调压阀的液压功能，控制时间仅持续 450ms，驾驶员感觉不到。只有发动机运转且车辆静止时才开始进行这项测试，前提是没有其它故障。如果进行行驶前检查时识别到一个故障，则会根据故障情况做出相应的反应。

（4）电动主动式稳定杆（EARS）

作为全球首开先河的汽车制造商，BMW 用电动主动式稳定杆取代了之前所用的液压主动式稳定杆。电动主动式稳定杆通过有针对性地利用一个电机向各个稳定杆部分施加机械力矩可减少转弯行驶时的车身侧倾。

图 5-46 以示意图形式对主动式液压稳定杆和主动式电动稳定杆进行了系统比较。

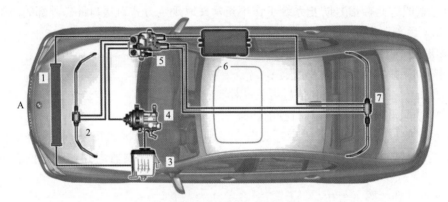

(a) 液压主动式稳定杆ARS(F01/F02)

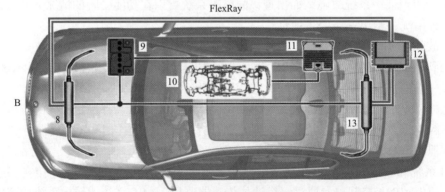

(b) 电动主动式稳定杆EARS(G11/G12)

图 5-46　液压主动式稳定杆和电动主动式稳定杆的系统比较

1—机油冷却器；2—前桥液压主动式稳定杆 ARS；3—补液罐；4—液压泵；5—阀体；6—垂直动态管理系统 VDM 控制单元；7—后桥液压主动式稳定杆 ARS；8—前桥电动主动式稳定杆 EARSV；9—12V 蓄电池（车载网络支持措施）；10—车载网络；11—电源控制单元 PCU（500W DC/DC 转换器）；12—垂直动态管理平台 VDC 控制单元；13—后桥电动主动式稳定杆 EARSH

电动主动式稳定杆电气化具有以下优点：便于集成到"全混合动力"动力传动系内，可在纯电动行驶期间进行主动式侧倾稳定；便于在直线行驶期间分离两个稳定杆部分，可通过避免"复制"路面干扰改善行驶舒适性；提高效率，只在调节过程期间需要能量，无须像液压系统那样持续保留能量；施加在稳定杆内电机上的复位力可部分转化为电流并输送回车载网络。

1）EARS 系统组成

电动主动式稳定杆 EARS 系统概览，如图 5-47 所示。

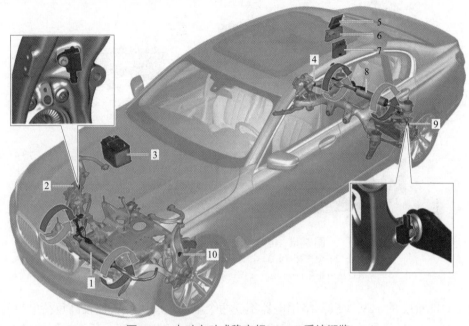

图 5-47　电动主动式稳定杆 EARS 系统概览

1—前桥电动主动式稳定杆 EARSV；2—右前车轮加速度传感器；3—发动机室 12V 蓄电池（车载网络支持措施）；4—右后车轮加速度传感器；5—垂直动态管理平台 VDP；6—右后配电盒；7—电源控制单元 PCU（500W DC/DC 转换器）；8—后桥电动主动式稳定杆 EARSH；9—左后车轮加速度传感器；10—左前车轮加速度传感器

横向和纵向加速度、车速、转向角、车轮加速度、车辆高度这五个参数用于控制电动主动式稳定杆。通过快速处理数据和控制电动主动式稳定杆 EARS 可迅速抵消出现的侧倾力矩。

电动主动式稳定杆的结构相对复杂，如图 5-48 所示。

电动主动式稳定杆接收垂直动态管理平台 VDP 的调节请求。两个电动主动式稳定杆控制单元（EARSV/EARSH）读取并处理总线电码。通过控制电机使两个稳定杆部分相对扭转。在永励式同步电机内进行集中能量转化，通过设定的旋转磁场对电机的转动方向、扭矩和转速进行调节。

按 1∶158 传动比将电机扭矩转化为待传输稳定杆扭转力矩的三级行星齿轮箱进行动力传输。在 G11/G12 上，目前可提供最大 750Nm 稳定杆扭转力矩。在此系统采用更高扭转力矩设计，从而补偿因路面激励形成的叠加。

行星齿轮箱与稳定杆扭转弹簧间的弹性体隔离元件负责以较低幅度分离高度动态的路面激励。这样有助于进一步实现较高舒适性目标。组件内部的一个力矩传感器将当前调节力矩反馈给控制单元。通过检查数据可信度可识别出不同故障并存储相应的故障代码存储器记录，但无法进行组件维修。出现机械性部件故障时必须整个更换主动式电动稳定杆。由于主动式电动稳定杆将来也会应用于其他车型，必须在安装后（通过可变设码）在车上进行控制单元自适应。这样可确保电动主动式稳定杆提供与车辆相符的调节力矩。

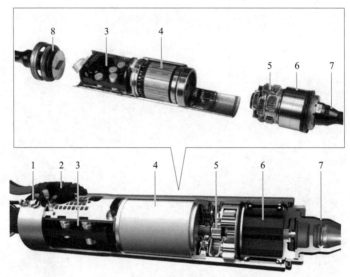

图 5-48　电动主动式稳定杆剖面图

1—接地点；2—电气接口；3—控制单元（EARSV/EARSH）；4—电机；
5—三级行星齿轮箱；6—隔离元件；7—稳定杆连杆；8—力矩传感器

为使 G11/G12 的 12V 车载网络用电器不受两个电动主动式稳定杆较高负荷电流的影响，通过一个 DC/DC 转换器（500W）使稳定杆与基础型车载网络分离。所需控制能量由位于发动机室内的一个附加 12V 蓄电池提供。因此不会由于能量消耗较高影响其他用电器。该蓄电池是一个附加蓄电池，可根据车辆配置为车载网络提供能量。因此车辆未配备主动式电动稳定杆时也可使用该蓄电池。

2）调节策略

前桥和后桥稳定杆可显著影响转弯行驶性能。在转弯时，前部与后部车桥间的侧倾力矩比例起到了决定作用。该比例取决于两个车桥的具体稳定杆力矩。

采用主动式稳定杆时可根据具体行驶情况调节侧倾力矩比例从而提高行驶动力性。低速行驶期间（0 ～ 50km/h），侧倾力矩比例为 50 ： 50（中性）。车速提高时，朝"不足转向"方向调节侧倾力矩比例。通过主动式稳定杆施加侧倾力矩会对可传递的车轮侧向力产生影响。

转弯行驶时，通过主动式稳定杆反力矩抵消施加作用的侧倾力矩。此时根据主动式稳定杆所施加力矩提高或降低不同车轮的车轮支撑力。一个车轮承受非常高的主动式稳定杆作用力时，其可传递侧向力会由于车轮支撑力较高而提高。但另一侧车轮负荷减轻，因此其侧向力会由于车轮支撑力较低而减小。由此形成的车轮支撑力合力表示某一车桥车轮的可传递侧向力。

由于主动式稳定杆作用力提高时负荷减轻车轮可传递侧向力会随之减小，其减小程度高于承受负荷车轮可传递侧向力的增大程度，因此该车桥车轮的侧向力合力降低。

对两个车桥进行直接比较可以看出，后桥可传递侧向力合力高于前桥。因此在极限范围

内车辆前车轮可能会滑移，出现不足转向。对于没有经验的驾驶员而言，在这种情况下最好还是重新恢复车辆控制而不要进行过度转向（车辆后桥甩尾）。

5.3.2.2　ARS 系统故障分析

ARS 系统的主要故障形式是电子系统报警、漏油以及噪声。

（1）电子系统报警

如果 ARS 系统出现相应报警灯点亮，提示"动态行驶稳定装置失灵！""转向性能受限！""行驶舒适性受限""动态行驶稳定装置已退出工作！底盘。可继续驾驶"的检查控制信息，并伴有车身倾斜、噪声等故障时，说明 ARS 系统电气部件出现故障或者达到了报警阈值。比较常见的故障码信息有传感器信号不可信、控制单元通信故障、电机调节时间过长、阀体调节时间过长、线路短路、总线无信号等。其可能的故障原因如下：

① 车辆高度传感器或车轮加速度传感器信号失准。

② 控制单元本身损坏或者软件出现故障。

③ 线路故障。

④ 控制阀体故障（ARS 系统）。

⑤ 电机故障（EARS 系统）。

其中，传感器故障、线路故障和控制单元软件故障出现问题居多。

（2）漏油

一般情况下，ARS 不会产生漏油现象。但是，一些大里程车辆或者是故障车辆，可能由于密封圈老化、剐碰损伤等原因，在液压泵、摆动马达位置产生漏油现象。漏油位置一般出现在管路接口、泵接口、摆动马达接口这几个位置。

对于 EARS，由于该系统已经由液压系统改为了电动系统，因此，不存在漏油问题。

（3）噪声

在怠速和 1 ～ 2 挡低速行驶时，能轻微听到 ARS 系统中发出的"嗡嗡"声。

这是前、后桥上的主动式防侧翻稳定器（液压双向马达）通过径向柱塞分配式喷射泵供给液压油时发出的声音。喷射泵中有 10 个柱塞，会以最大 200bar 的高压压力、最快 9000r/min 的转速进行工作，高压力脉冲、高系统压力就会发出运转噪声。

我们认为所有 ARS 都有类似的"嗡嗡"声。这个声音是正常的产品特性，有的声音偏大，有的声音偏小，不影响 ARS 系统的性能与寿命，更不影响使用。遇到此类客户投诉，请对比相近里程数的同款车，并向客户解释说明。

如果噪声确实过大，则应该对 ARS 系统进行全面检查。

5.3.2.3　ARS 系统故障诊断方法

（1）电子系统报警

当车辆的 ARS/EARS 系统报警灯点亮，并存在相关故障代码时，可以按照先易后难的原则进行故障隔离。当然，如果对车辆 ISTA 快测后，故障代码自动生成了相应的检测计划，就可以通过规范执行相关检测计划来处理电气问题。

如果未找到相关检测计划，则可以按照以下诊断步骤及方法进行排查：

① 对 ARS/EARS 系统电机、阀体、传感器和控制单元等电气部件的插头和导线进行外观检查。检查插头是否安装牢靠，线路是否磨损或断开。若发现问题，进行相应维修。若无，执行下一步。

② 对车辆进行编程、设码。编程后，车辆休眠半小时以上。此操作可以处理可能的软件问题。若故障依旧，执行下一步。

③ 仔细查看故障代码。如果 ARS 控制单元的故障代码存储器中存储有条目 "0x5D4C 安全阀" 和 / 或 "0x5D4D 方向阀"，这是由于电线束和控制阀的部件公差以及较低的车外温度，开关状态切换时的阀门电流在短时间内可能大幅升高，以至于按照极限值设计的故障监控系统错误识别到一个或两个控制阀短路，从而导致动态行驶稳定装置被禁用。忽略此故障代码，执行下一步。

④ 调用控制单元功能，查看传感器数据，判断传感器是否数据失准。若发现问题，进行相应更换（不能单独更换一个，见前文）。若无，执行下一步。

⑤ 更换线束。先更换电机至插接器线束，再更换模块至插接器线束。此操作可以分段处理线束问题。

⑥ 更换阀体总成（ARS）、电机（EARS）、控制单元并进行编程、设码以及系统试运行。

（2）漏油

首先，彻底清洗 ARS 系统中可见的油迹，吹干，再喷涂测漏粉末剂，启动发动机或实际试车后，仔细检查泄漏点是否还有新的油迹。如果还有油迹，仔细查找原因。如果泄漏是由管路接口密封问题引起的，则重新将管路安装到位，如图 5-49 所示。

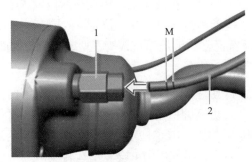

图 5-49　管路的安装
1—泄压阀；2—管路；M—两个安装标记

将分配器管路（2）推入卸压阀（1）中，直至第二个标记（M）。

注意！在发现 ARS 漏油后，一定要检查、补充油位。油位检查的前提是车辆水平停放、车辆进行了防止自行移动的固定（如拉紧手刹、安装车轮挡块等）。由于该助力油属于有害物质，操作时需要配备合适的个人防护装备，而且务必使用 BMW 规定的专用油。油位检查步骤如下：

① 彻底清洁液压油箱以及它的周围。

② 检查液位并正确调整。注意：液位在发动机暖机后可能高于 "MAX"（最大）标记。这是由设计决定的，因为量尺上的标记对应 20℃ 的液压油温度。在发动机暖机后（约 50 ～ 60℃），可以将液位调到高于 "MAX"（最大）标记 15mm 处。绝对不能在发动机暖机后将

液压油抽吸到"MAX"（最大）标记处。

③ 启动发动机，将方向盘向左和向右旋转到极限位置各 2 次，如有必要，添加液压油（例如在完全排空液压系统时）。

④ 将方向盘置于直线行驶位置并关闭发动机。

⑤ 在发动机静止时检查液位并正确调整。

⑥ 检查液压系统的密封性。

⑦ 执行服务功能：ARS 系统试运行。

为了正确执行试运行操作，特别要注意温度条件：液压油温度必须在 50 ～ 70℃之间（处于工作温度的车辆），并严格按照服务功能的流程进行操作。试运行过程中，任何人都不允许在车辆内和车辆附近逗留！所有车门必须保持关闭！必须保证车辆距离人、物体和墙壁等的距离为 1m！车辆必须水平停放且所有车轮在坚实的地面上！试运行无论如何不允许在升降台、车桥测量检测台或类似设备上进行！避免严重加载！

试运行结束后，在发动机静止时，再次检查液位并正确调整。

（3）噪声

底盘异响故障一直都是车辆故障诊断中的难点，这就需要维修技师在进行诊断时，仔细辨认异响发生的位置和条件。当出现异响时，可以尝试用隔离的方法进行处理。即当怀疑异响发生在 ARS/EARS 系统时，可以先后断开阀体插头（ARS）、前后电机插头（EARS），然后再进行试车，如果此时异响消失，则说明问题出在阀体 / 电机插头或者这两个部件上。

如果转向助力泵位置出现"吱吱吱吱"的异常响声时，根据其结构分析和实际维修经验，故障一般为传动带与泵带轮配合不良。需要检查带轮是否有油污，传动带是否过松或损坏。必要时，更换传动带。

还有 ARS 系统发出的"嗡嗡"声。这个声音是正常的产品特性，有的声音偏大，有的声音偏小，不影响 ARS 系统的性能与寿命，更不影响使用。遇到此类客户投诉，可对比相近里程数的同款车，并向客户解释说明。

第**6**章

胎压报警系统

6.1 轮胎压力监测系统（RDC）

6.1.1 经典维修故障案例

6.1.1.1 G28 胎压报警

（1）车辆信息

车型	发动机型号	里程 /km
325Li, G28	B48	3240

（2）故障现象描述

客户反映：车辆在行驶中，显示屏上突然提示"轮胎压力监测系统（RDC）故障"，如图 6-1 所示。

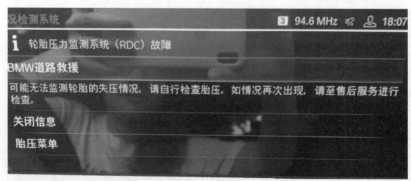

图 6-1 轮胎压力监测系统报警

故障现象确认：车辆进店后，查看仪表，轮胎压力报警灯点亮，显示屏有图 6-1 所示的报警信息，测量 4 个车轮的轮胎气压，均正常。

询问客户该车近期维修历史，客户说在一个轮胎快修店参加活动，免费充氮气后，行驶一段时间就出现此情况。

（3）故障分析思路及排除方法

结合客户描述的故障现象，分析故障的可能原因：

① 车轮电子装置损坏；

② 车轮电子装置蓄电池无电；

③ 接收装置 FBD 损坏；

④ DSC 故障；

⑤ 线路故障。

显示屏上提示的是"可能无法监测轮胎失压情况"，而不是某一车轮胎压异常。说明故障不在单一车轮。但是，既然客户反映是充过氮气后出现的问题，所以首先怀疑是充气过程中，不当操作导致 4 个车轮电子装置出现故障。因此，首先利用 RDC 专用工具对四个车轮电子装置进行测试，测试结果如图 6-2 所示。

从测试结果来看，4 个车轮电子装置的电量正常，状态正常，胎压测量值也基本准确。这说明问题不是出在 4 个车轮电子装置上。

连接 ISTA 进行车辆快速测试，读取故障码如下：

0X48069B　RDCi 无线电联系受外部因素影响

0X48069E　RDCi 无法进行车轮识别校准

0X4806B8　RDCi 左前车轮电子系统无接收

0X4806DA　RDCi 右前车轮电子系统无接收

0X803207　超声波传感器：识别到外来声音

特别值得关注的是一个特殊的故障码"0X803207 超声波传感器：识别到外来声音"。这说明 RDC 系统在信号传递时，存在外来信号干扰。

再次与客户沟通，得知该车驾驶员座椅后方安装了一个活动赠送的空气净化器，如图 6-3 所示。拔掉空气净化器的供电插头，然后进行胎压初始化。3min 左右，显示屏提示初始化成功，再次试车 25km，一直未出现胎压报警，故障排除。

图 6-2　车轮电子装置测试结果　　　　图 6-3　客户加装的空气净化器

（4）故障总结

这是一例典型的非法加装、改装车辆导致电气故障的案例。

近些年，随着宝马车辆功能、配置的不断丰富，一部分车主为了"节省"4S店内正规改装费用，或是为了在自己的车上增加一些喜欢的配置，经常会在授权经销商之外进行"非法"的加装、改装。这样做可能会引起以下几方面风险：

① 车辆原有功能失效。

② 车辆进行软件编程时，容易"编死"。

③ 车辆产生电气故障，如断路故障、短路故障、接触电阻等。甚至会引起保险丝熔断、电气部件"烧坏"、车辆自燃等更加严重的情况。

处理此类车辆时，首先要与车主多沟通，询问是否进行了加装和改装？加装的位置及部件（含软件）是什么？故障现象是否发生在加装和改装之后？得到确认后，要进一步沟通，如果维修过程中出现问题，责任完全由车主自己负责。

有些加装、改装看上去与出现的故障无关，实则不然。因此，在诊断和检修中，一定要非常仔细，排查过的任何细节情况都应该确保一定没有遗漏。如果ISTA提供相应的检测计划，则要注意检测计划的提示和步骤，这一点非常重要。

本例中，正是由于加装的空气净化器在使用过程中，对车轮电子装置的无线信号传输造成了干扰，FBD无法正确接收来自车轮的胎压信号，从而引发系统报警。现实中，像这样的非法加装如行车记录仪、空气净化器、座椅加热装置、方向盘加热装置、倒车影像等电子装置，都可能引发车辆故障。

6.1.1.2　G38胎压值不准确

（1）车辆信息

车型	发动机型号	里程 /km
530Li，G38	B48	10200

（2）故障现象描述

客户反映：车辆显示左前轮胎失压，但是测量后发现胎压是正常的，如图6-4所示。

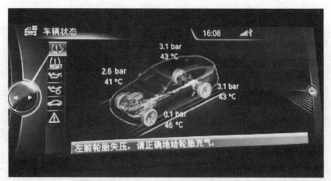

图 6-4　左前轮胎失压

故障现象确认：维修技师在车辆进场后，通过检查发现，仪表有胎压报警，显示器有检查控制信息"左前轮胎失压，请正确地给轮胎充气"。

（3）故障分析思路及排除方法

根据该车的故障现象，结合 RDC 系统的结构和工作原理，分析该故障产生的可能原因有以下几点：

① 左前轮胎失压；

② 左前车轮电子装置电量不足；

③ 左前车轮电子装置损坏；

④ DSC 故障。

用测值准确的胎压表测量左前轮胎的压力，数值为 2.4bar，压力正常，说明轮胎正常。

利用 RDC 专用工具对四个车轮电子装置进行测试。从测试结果来看，四个车轮电子装置的电量正常，状态正常，但是左前轮胎显示的压力测量值为 0.1bar。这说明车轮电子装置电量正常。怀疑左前车轮电子装置数据错误或本身损坏。

使用 RDC 工具重新写入左前轮胎数据，如图 6-5 所示。

数据写入成功后，进行胎压复位。试车一段距离后，左前胎压再次报警，故障依旧。

对车辆进行编程（主要针对 DSC 控制单元），试车一段距离后，故障依旧存在。最后更换了一个新的左前车轮电子装置，然后使用 RDC 工具重新写入左前轮胎数据并进行胎压复位。试车一段距离后，故障现象消失。

（4）故障总结

该故障是由车轮电子装置损坏引发的胎压显示不准确现象。在实际维修中，我们经常会遇到类似的案例，比如胎压显示不准、胎压无显示等。

遇到此类案例时，不要急于更换车轮电子装置，而是要经过仔细的胎压测量排除轮胎自身的因素，再利用 RDC 专用工具进行车轮电子装置状态测试，包括电池电压、信号传递情况、胎压显示值等，排除电量问题和信号传输问题。还可以通过对 DSC 控制单元编程排除软件故障。以上检查结束后，才能进行车轮电子装置的更换。以免因为错误更换部件，导致不必要的经济损失。此外，在更换车轮电子装置时也要格外注意，如果更换不当，可能会损坏车轮电子装置。安装时，可以借助一些小型工具小心拧入，如图 6-6 所示。

图 6-5　使用 RDC 工具写入轮胎数据

图 6-6　更换车轮电子装置

6.1.2　故障解析

6.1.2.1　RDC 系统结构特点

轮胎压力监控系统是一个用于监控轮胎气压的系统。在大多数市场中，法律规定每辆车都必须配备轮胎压力监控系统。轮胎气压损失预示着轮胎多处损坏。如果一个或多个车轮的轮胎存在压力损失，轮胎压力监控系统会提醒驾驶员。所以此系统也可以避免轮胎前期损坏。

BMW 的轮胎压力监控系统通常分为两个不同的型号：RDC 和 RPA。表 6-1 显示了两者之间的不同之处。

表 6-1　RDC 和 RPA

序号	系统	名称	测量原理
1	RDC	轮胎压力监控系统	通过测量轮胎内压力 / 温度的直接测量方法
2	RPA	轮胎失压显示	通过比较车轮转速的间接测量方法

车辆上安装两个系统中的哪个系统，取决于具体国家和配置情况。在欧洲和美国规格的当前 BMW 车辆中不再使用轮胎失压显示 RPA 系统，因为无法再通过这个系统满足法规要求。但是 2014 年以前上市的欧洲和美国规格 BMW 车辆和大部分的中国规格车辆则带有 RPA 系统。

（1）系统组成

RDC 系统是直接测量式轮胎压力监控系统。该系统由带有集成式接收天线的 RDC 控制单元和 4 个车轮电子装置构成。在 RDC 控制单元内集成接收天线可节省部件数量和 RDC 系统成本。其系统组成如图 6-7 所示。

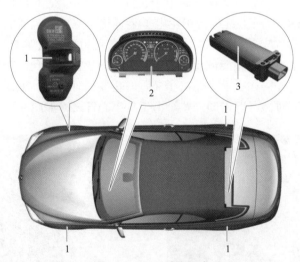

图 6-7　RDC 系统组成
1—车轮电子装置（带有发射单元 433MHz、电池驱动的传感器）；2—组合仪表 KOMBI；
3—带有集成式接收天线的 RDC 控制单元

4 个车轮电子装置通过无线信号（433 MHz）向 RDC 控制单元发送轮胎压力和温度。唤醒车轮电子装置后（车速大于 20km/h），每隔 2s 一次性传输 25 个电码。

如果压力没有下降，就会每隔 18s 向 RDC 控制单元发送车轮电子装置的单个电码。车轮电子装置进入休眠模式的前提条件是车轮处于静止状态 5min 以上。

（2）系统部件

1）控制单元 DSC

轮胎压力监控功能集成在动态稳定控制系统 DSC 内。遥控接收器接收车轮电子系统的无线电信号。遥控接收器通过本地 CAN 总线连接在车身域控制器 BDC 上。BDC 将信号通过总线继续发送给控制单元 DSC。DSC 处理车轮电子系统发送的信息。车速达到 20km/h 后，每个车轮电子系统都会发出以下信息：轮胎充气压力、轮胎充气温度、蓄电池剩余的使用寿命、振动传感器数据和车轮电子系统的身份识别（ID）、发送模式。DSC 控制单元将信息发送给组合仪表和主机。组合仪表通过警告和指示灯显示轮胎充气压力损失并输出一条检查控制信息。在连接在主机上的中央信息显示器上可以通过车辆状态调出有关轮胎充气压力的详细信息。必须通过主机进行轮胎压力监控初始化设置。

有关 DSC 的详细信息，可参考本书第 4 章的内容。

2）车轮电子装置

在所有车轮内，都在轮辋深槽内安装了车轮电子装置，如图 6-8 所示。

车轮电子装置用螺栓连接在加注阀上（金属制造）。有效工作温度在 -40 ～ 120℃ 之间。车轮电子装置监控轮胎内的温度。在每个车轮电子装置中都安装了一个振动传感器。振动传感器识别车轮处于静止还是旋转状态。从 20km/h 的行驶速度开始，车轮电子装置开始以规定的周期传输信号。车轮电子装置定期测量轮胎充气压力和温度。测量数据通过遥控接收器（FBD）从轮胎循环传输到动态稳定控制系统（DSC）。DSC 控制单元通过一同发送的识别号码识别各个车轮的分配信息，当分配信息丢失时，必须重新学习。

通过一个锂离子蓄电池为车轮电子装置供电。车轮电子装置的设计使用寿命为 10 年左右。剩余使用寿命以百分比显示，分辨率为 10%。

3）遥控接收器

车轮电子装置的信息通过高频信号（433MHz）传输给遥控接收器。到遥控接收器（FBD）的传输每 15 ～ 30s 进行一次。消息的当前状态通过 CAN 总线转发给车身域控制器（BDC）。BDC 控制单元将信息通过 FlexRay 继续发送给 DSC 控制单元。由 DSC 控制单元分析这些信息。

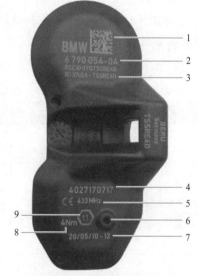

图 6-8　F12 RDC 车轮电子装置

1—矩阵代码数据；2—BMW 零件编号；3—FCC ID（无线电许可）；4—车轮电子装置 ID；5—发射频率；6—压力传感器；7—车轮电子装置生产日期；8—拧紧力矩；9—锁紧螺母的扳手宽度

（3）系统功能

1）自适应过程（车轮分配）

在自适应过程中向 RDC 控制单元发送车轮电子装置识别代码（ID）。自适应过程完成后，RDC 控制单元通过识别代码可以识别出相应车轮电子装置的车轮位置。

为了能够确定车轮电子装置位置，在每个车轮电子装置中都装有两个加速度传感器。这些加速度传感器探测车轮的旋转方向。由此可区分出车轮电子装置位于车辆右侧还是左侧。

为了区分出车轮电子装置位于前桥还是后桥，对接收到的高频信号进行分析。带有集成式接收装置的 RDC 控制单元安装在后备厢内。RDC 控制单元接收到的后桥车轮信号电平高于前桥车轮电子装置信号电平。因此可以区分出车轮电子装置位于车辆前部还是后部。

整个自适应过程持续 1 ～ 12min（最长）。影响持续时间的参数如下：路况（例如石子路面）、车轮电子装置当前模式（唤醒 / 休眠）、RDC 控制单元是否获得了车轮电子装置 ID。自适应过程完成后，RDC 文本信息或固定的 RDC 指示灯就会消失。此后在 CID 上出现四个绿色的轮胎符号。

2）压力监控

自适应过程完成后，车轮电子装置在行驶过程中以固定时间间隔向 RDC 控制单元发送轮胎压力和温度以及自身的识别代码。

如果在两次连续压力测量过程中确定压力变化大于 20kPa（0.2bar），相应车轮的车轮电子装置就会立即进入快速发送模式。此后每秒向 RDC 控制单元发送信息一次。压力降低 25% 以上时，就会出现 RDC 文本信息"轮胎压力降低"。

3）显示器中的报警提示

① 轮胎失压报警。在车轮存在压力偏差时，显示器会提前发出提示，从而有助于避免车辆因轮胎充气压力过低而抛锚。

报警提示分为三个等级，见表 6-2。

表 6-2 轮胎压力报警的级别

报警级别	提醒文字	说明文字
一级	轮胎充气提示	可以继续行驶。轮胎气压略有下降。 有机会时填充轮胎
二级	为轮胎充气	可以以最高 130km/h 的速度继续行驶。 轮胎气压太低。检查所有轮胎的压力，有机会时填充轮胎
三级	×× 轮胎充气压力下降	小心地停车。 对于具紧急运行特性的轮胎（RSC 图标）来说，可以最高 80km/h 的车速继续行驶

② 其他情况报警。除轮胎失压外，以下情况也会引发 DSC 报警，见表 6-3。

表 6-3 其他情况报警

报警原因	提醒文字	说明文字
信号干扰	轮胎压力控制异常。 谨慎驾驶。 轮胎压力监控系统（RDC）已退出工作	轮胎压力监控暂时受到电视台或收音机电台的外部无线电干扰。由于出现暂时的外部故障，轮胎压力监控已退出工作。自行临时检查轮胎压力。由于暂时的外部故障，轮胎压力监控（RDC）被禁用。自行临时检查轮胎压力
传感器故障	轮胎压力监控已退出工作！ 轮胎压力监控故障	因为车轮未安装传感器，轮胎压力监控不可用。可继续行驶。尽快由 BMW 保养服务机构检查。 轮胎压力监控故障！不能识别轮胎失压。尽快由 BMW 保养服务机构检查。 无法检测到可能发生的轮胎失压。自行检查轮胎充气压力。可继续行驶。可请 BMW 保养服务机构进行检查

续表

报警原因	提醒文字	说明文字
系统故障	轮胎压力监控失灵	轮胎压力监控 RDC 不可用。不能识别轮胎失压。请附近的 BMW 保养服务机构进行检查。 无法检测到可能发生的轮胎失压。自行检查轮胎充气压力。如果重复出现，应请售后服务合作伙伴检查

4）电子轮胎充气压力铭牌

在 G30 上，BMW 首次采用了电子轮胎充气压力铭牌。通过中央信息显示屏 CID 内的一个附加用户菜单为粘贴式轮胎充气压力铭牌提供补充。

轮胎充气压力不断根据轮胎空气温度发生变化。轮胎空气温度升高或降低 10℃ 相当于压力升高或降低 0.1bar。因此，在轮胎显著降温的情况下可能会因轮胎充气压力过低而发出警告信息。不过很多时候上述情况并不存在技术缺陷，只需进行定期要求的轮胎充气压力异常检查即可。与粘贴式轮胎充气压力铭牌不同，电子轮胎充气压力铭牌在结合当前温度的情况下持续监控规定压力。因此可根据温度确定并输出最佳轮胎充气压力。

选择相应轮胎类型（夏季/冬季）、后桥轮胎尺寸以及负荷状态后，CID 内显示有效轮胎充气压力（规定压力）。输入后，在自适应行驶前这些数值相当于轮胎充气压力铭牌上的轮胎充气压力。

随后车辆必须行驶以进行新车轮自适应。顺利结束自适应行驶后，在结合轮胎空气温度的情况下始终输出当前最佳轮胎充气压力。由于结合了轮胎空气温度，因此该数据可能与传统轮胎充气压力铭牌上的数据有所不同。正确的轮胎充气压力可降低耗油量并提高行驶安全性。

通过不同车轮内的 4 个车轮电子装置确定轮胎空气温度。由于车速超过 20km/h 以后车轮电子装置才会发送信号，因此无法在静止状态下进行探测。对于已进行自适应的车轮，可借助车外温度传感器产生静止状态下的替代值。

安装新车轮时，例如在维修车间更换车轮时，通常可采用规定压力（冷态充气压力）。不过在冬季更换车轮时要考虑到车外温度与当前轮胎温度（维修车间温度和车外温度）之间存在较大温差。在此应像传统轮胎充气压力铭牌那样稍稍向上校正轮胎充气压力。在此 10℃ 温差相当于约 0.1bar 轮胎充气压力。

需要特别注意的是：进行新车轮自适应行驶后，规定压力可能与在维修车间确定和充入的实际压力有所不同。这是因为要将顺利进行自适应行驶后的温度考虑进来。应向客户指出，虽然已检查轮胎充气压力，但充气压力可能随温度变化而不断改变。如果持续出现 0.2bar 以上的偏差，应尽快重新调节轮胎充气压力。

（4）维修注意事项

安装轮胎以及拆卸和安装车轮电子装置时，必须注意以下几点：

① 安装轮胎时，必须遵守维修说明规定的正确传感器位置。

② 轮胎拆卸后，不允许用高压清洗设备清洁装有车轮电子装置的轮辋。

③ 如果使用过轮胎密封剂，必须检查相应车轮电子装置，必要时进行更换。

④ 如果需要更换一个车轮电子装置，则应通过电子零件目录 ETK 确定正确零件编号。

⑤ 安装车轮电子装置前，必须对气门嘴和气门嘴座进行彻底清洁。

⑥ 不允许使用溶剂或清洁剂处理车轮电子装置。

⑦ 不要使用压缩空气吹扫车轮电子装置。

⑧ 无论在涂覆过程中还是安装轮胎期间，都不允许车轮电子装置接触到轮胎装配膏。

⑨ 清洁车轮电子装置时，只允许用干净的抹布进行擦拭。

⑩ 安装车轮电子装置时，通常必须采取小心的工作方式，不要过度用力，因为螺纹气门嘴比橡胶气门嘴敏感得多。

6.1.2.2　RDC 系统故障分析

在汽车底盘故障中，轮胎问题出现得最多，而胎压监控系统出现故障的概率也较高。对于 RDC 系统，常见的故障主要有以下三种：

（1）轮胎压力无显示

RDC 的轮胎压力无显示一般有两种情况：

1）单独一个轮胎压力无显示

在 RDC 系统中，如果单独一个车轮的轮胎压力无显示，一般为车轮电子装置出现了故障。如该车轮电子装置电量不足、损坏、信号发送和接收异常。还有一种情况，就是维修时更换了错误型号的车轮电子装置，从而导致工作异常。

表 6-4 总结了 BMW 的一些常见车型所装配的车轮电子装置。

表 6-4　常见车型所装配的车轮电子装置

车系	车型	胎压监控系统	制造商 / 供应商	首次使用时间
MINI	F54	RDCi	Continental	07/2015
1 系	F20	RDCi	Continental	03/2014
2 系	F45	RDCi	Continental	07/2014
3 系	F30	RDC low	Huf	11/2011（03/2014 开始改为 RDCi）
5 系	F10	RDC low	Huf	01/2010
7 系	G12	RDCi	Schrader	07/2015
X1	F48	RDCi	Continental	07/2015
X3	F25	RDC low	Huf	09/2010
X5	F15	RDCi	Continental	08/2013
X6	F16	RDCi	Continental	08/2014
i3/i8	I01/I12	RDCi	Continental	11/2013

从表 6-4 可以看到，不同的车型，所配备车轮电子装置的类型可能不相同（RDC low/RDCi），制造商 / 供应商也可能不相同。因此在更换时要注意更换相同型号的配件，以免由于新的车轮电子装置与原车系统不兼容，导致产生故障。

2）所有轮胎压力无显示

在 RDC 系统中，如果所有车轮的轮胎压力无显示，一般为信号传输过程中某一个环节出现了问题。RDC 系统信号传输如图 6-9 所示。

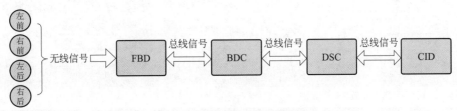

图 6-9　RDC 系统的信号传输

从信号传输图中可以看到，如果传输通道上各控制单元软件 / 硬件故障、各控制单元间的总线连接出现故障，都可能导致所有轮胎压力无显示的现象。当然，如果四个车轮电子装置同时出现故障，也会导致所有轮胎压力无显示的现象，但是这种可能性微乎其微。

（2）轮胎压力显示不准确

本章中，G38 胎压值不准确案例就是此种情况。故障表现为仪表有胎压报警，显示器有检查控制信息：某某轮胎失压，请正确地给轮胎充气。然而，用测值准确的胎压表测量轮胎的压力，测量数值却为正常压力。该故障产生的可能原因有以下几点：

① 轮胎失压；

② 车轮电子装置电量不足；

③ 车轮电子装置损坏；

④ 信号干扰；

⑤ DSC 故障。

其中，车轮电子装置电量不足或损坏的可能性相对较大。

（3）DSCi 系统不显示电子轮胎充气压力铭牌

电子轮胎充气压力铭牌会通过中央信息显示屏 CID 内的一个附加用户菜单为轮胎充气压力铭牌提供补充。此电子轮胎压力铭牌会考虑轮胎型号、气温等使用因素，因此比 B 柱上粘贴的纸质轮胎压力铭牌更贴合车辆使用的实际情况。

但是由于轮胎型号信息丢失、DSC 软件故障等原因，导致显示屏 CID 内不显示该电子轮胎充气压力铭牌。

6.1.2.3　RDC 系统故障诊断方法

（1）轮胎压力无显示

1）单独一个轮胎压力无显示

遇到此类情况，可以按照下面的步骤进行诊断：

① 检查无压力显示的车轮胎压是否正常，检查前一定要确认轮胎气压表是测量准确的。如果胎压异常，调整到正常胎压后再试车。如果胎压正常或调整后仍无胎压显示，进行下一步。

② 利用 RDC 专用工具的传感器诊断功能，对该车轮电子装置进行诊断。该诊断可以判断车轮电子装置是否出现了故障。如型号错误、电量不足、损坏、信号发送异常。诊断时，RDC 专用工具尽量靠近所诊断的车轮电子装置，然后读取相关诊断信息，如图 6-10 所示。

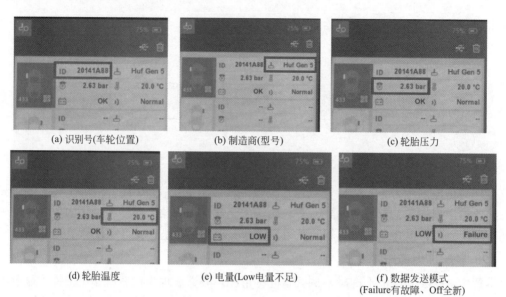

(a) 识别号(车轮位置)　　　　(b) 制造商(型号)　　　　(c) 轮胎压力

(d) 轮胎温度　　　　(e) 电量(Low电量不足)　　　　(f) 数据发送模式
(Failure有故障、Off全新)

图 6-10　车轮电子装置相关诊断信息

可以根据制造商确认安装的车轮电子装置型号是否正确，根据电量确认是否电量不足，根据数据发送模式确认信号发送是否异常，再根据识别号、压力和温度确认传感器测量和发送的数据是否准确。

如果车轮电子装置异常，则更换新的相同型号的车轮电子装置后再次试车。如果车轮电子装置无异常或更换后故障依旧，进行下一步。

③ 询问客户和检查车辆是否有非法加装 / 改装设备，该设备可能导致信号干扰。若有加装 / 改装设备，拆除后进行试车。若无加装或拆除后故障依旧，进行下一步。

④ 对车辆进行编程和设码。若故障依旧，可进行 RDC 系统相关线路测量，以及依次尝试更换 FBD、BDC、DSC、CID 控制单元，直至找到问题所在。

2）所有轮胎压力无显示

出现此类故障，一般为信号传输过程中某一个环节出现了问题。比如各控制单元软件 / 硬件故障、各控制单元间的总线连接出现故障等。

按照 BMW 目前诊断系统 ISTA 的诊断能力，出现此类电气故障，一般都会记录相关的故障代码，也会有对应的检测计划可供执行。需要严格按照检测计划的指引，进行正确的线路测量与结果反馈，即可找到故障点所在。

（2）轮胎压力显示不准确

如果遇到 RDC 胎压报警，经过测量胎压确实是正常的。或者轮胎已经失压严重，RDC 却显示胎压正常，都属于轮胎压力显示不准确的故障。遇到此类情况，可以按照下面的步骤进行诊断：

① 检查压力显示错误的车轮胎压是否正常。往往会有这种情况，轮胎自身问题或轮胎与轮辋配合不良，导致轮胎缓慢漏气。所以一段时间后，会有失压报警，而我们觉得才充气不久，胎压应该没有问题，从而错误认为压力显示不准确。因此要仔细检查胎压，而且要不间断地多次测量胎压变化。如果胎压变化正常或调整后仍显示不准确，则进行下一步。

② 利用 RDC 专用工具的传感器诊断功能，对该车轮电子装置进行诊断。如果车轮电子

装置异常，则更换新的相同型号的车轮电子装置后再次试车。如果车轮电子装置无异常或更换后故障依旧，进行下一步。

③ 检查车辆是否有非法加装 / 改装设备。若有加装 / 改装设备，拆除后进行试车。若无加装或拆除后故障依旧，进行下一步。

④ 对车辆进行编程和设码。若故障依旧，可进行 RDC 系统相关线路测量，以及依次尝试更换 FBD、BDC、DSC、CID 控制单元，直至找到问题所在。

（3）DSCi 系统不显示电子轮胎充气压力铭牌

电子轮胎充气压力铭牌不显示，很多时候都是由轮胎型号数据丢失导致。

遇到此类故障，可以利用 RDC 专用工具的编程轮胎数据功能进行轮胎数据的写入。可以通过以下两个方法写入轮胎数据：

1）扫描轮胎上的二维码

选择 RDC 工具的编程轮胎数据功能，扫描一下轮胎上的二维码，然后快速贴近车轮电子装置，就会自动写入该车轮的轮胎数据，如图 6-11 所示。

2）动设置轮胎数据

如果二维码扫描失败或者客户更换了没有二维码的轮胎，则可以手动设置轮胎数据。选择 RDC 工具的编程轮胎数据功能，按向下按钮，进入手动设置轮胎数据界面。在该界面里，输入正确的轮胎数据，按 "OK" 键，然后快速贴近车轮电子装置，即可写入该车轮的轮胎数据，如图 6-12 所示。

图 6-11　扫描轮胎二维码编程轮胎数据

图 6-12　手动设置轮胎数据

如果数据写入成功，接下来进行轮胎气压初始化。在 CID 的轮胎设置界面里选择 "自动"，此时可以看到上一次自动识别的轮胎数据记录。然后选择 "满载"，这样适用范围更广。接下来就通过实际行驶进行胎压初始化。初始化过程中要求车速大于 20km/h，10min 之内就能完成。行驶过程中频繁地转向将有助于识别轮胎的安装位置，如图 6-13 所示。

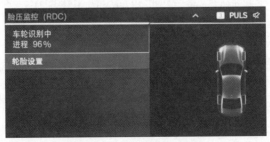

图 6-13　RDC 胎压初始化

初始化完成后，CID 中将显示计算的标准胎压和每个车轮当前的胎压，如果有偏差，调整至标准胎压即可。

如果数据写入失败，绝大多数时候，是因为电子装置内已经存储轮胎数据。如果要更新这个数据，只需要将轮胎完全放气，再静止超过 2min，这种情况下电子装置会自动清除内部轮胎数据。然后再用 RDC 工具重新写入轮胎数据。如果还是失败，就要考虑电子装置是不是没电了，或者是坏了。可以按照前文的步骤，利用 RDC 专用工具的传感器诊断功能，对该车轮电子装置进行诊断，以找到数据写入失败的原因。

若数据写入成功，并进行了轮胎气压初始化后，仍然没有显示电子轮胎充气压力铭牌。这种情况一般是由 DSC 软件故障导致，对车辆进行编程和设码即可解决。

6.2 轮胎失压显示（RPA）系统

6.2.1 经典维修故障案例

6.2.1.1 E90 更换车轮之后 RPA 报警

（1）车辆信息

车型	发动机型号	里程 /km
325i，E90	N52	122800

（2）故障现象描述

客户反映：车辆在更换了冬季轮胎后，行驶没多久，胎压报警指示灯点亮。

故障现象确认：接车后对车辆进行试车，发现客户反映的情况确实存在，胎压报警指示灯点亮，同时显示一个检查控制信息"未识别到可能出现的轮胎失压故障。自行检查轮胎充气压力。可让售后服务合作伙伴进行检查"。

（3）故障分析思路及排除方法

由于客户是在更换了冬季轮胎后出现的故障。因此，首先对新更换的 4 个冬季轮胎进行检查。均为宝马认可的星标轮胎，轮胎型号正确，且轮胎气压均与 B 柱轮胎气压标签的建议胎压相符。

询问客户，更换冬季轮胎后，是否进行过胎压初始化操作，客户认为轮胎气压没有变化，就没做胎压初始化。

对该车进行胎压初始化后，故障指示灯熄灭，检查控制信息也不再出现。试车一段距离后，用 ISID 对车辆进行快速测试，读取故障代码，无与胎压相关的故障代码。

调用控制单元功能，读取"胎压报警提示"中的功能和状态，可以看到三个学习范围：0 ～ 100km/h、100 ～ 190km/h、超过 190km/h。其中，学习范围 0 ～ 100km/h 已经学习了 33%，如图 6-14 所示。

告知客户，虽然已经进行过胎压初始化，但那只是胎压学习的开始，整个学习过程还要经过一定里程、各种车速的行驶后才能完全结束。建议持续关注胎压报警。

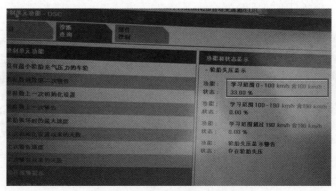

图 6-14 胎压报警提示中的数据

客户在行驶了大约 500km 后反馈，未再出现此类问题。

(4) 故障总结

这又是一例看似比较简单但是会经常出现的故障案例。原因有两个：

1) 客户的错误理解

有些客户认为，只有在轮胎完全失压，进行处理后，才需要进行胎压初始化操作。其实，只要进行胎压调整、轮胎维修、轮胎更换后，也就是说只要涉及轮胎气压变化，都需要进行胎压初始化。

2) 胎压初始化只是胎压学习的开始

有些客户会投诉，刚进行过胎压初始化，不小心爆胎了，为什么不报警呢？这是因为胎压初始化只是胎压学习的开始，整个学习过程还要经过三个速度范围的行驶，才能全部结束，开始正常监控胎压并报警。

6.2.1.2 F18 胎压报警

(1) 车辆信息

车型	发动机型号	里程 /km
530Li，F18	N52	148600

(2) 故障现象描述

客户反映：车辆在行驶过程中，显示器图像提示"左后轮胎失压"，而文字信息却又提示"左前轮胎失压"，如图 6-15、图 6-16 所示。

故障现象确认：接车后对车辆进行试车，与客户描述的现象完全一致。使用测值准确的轮胎气压表测试 4 个车轮的胎压，分别为：左前轮 2.3bar、右前轮 2.3bar、左后轮 1.0bar、右后轮 2.5bar。发现只有左后轮胎压过低，左前轮正常。

(3) 故障分析思路及排除方法

报警的图像与文字提示不相符的现象很少见到。结合 RPA 系统工作原理，分析可能原因有以下几方面：

① 车轮胎压不正常（已测量）；

②轮速传感器故障；

③DSC控制单元硬件/软件故障。

图6-15　图像提示"左后轮胎失压"

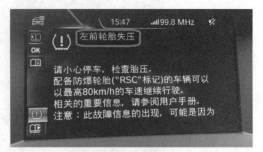

图6-16　文字提示"左前轮胎失压"

为避免胎压初始化后掩盖故障，首先将两个后轮左右调换位置，安装后行驶一段距离。报警信息发生变化：显示器图像提示"右后轮胎失压"，而文字信息也提示"右后轮胎失压"，说明车轮转速传感器无问题。

再次将两个后轮调换回来，安装后行驶一段距离。故障信息显示又变了回来，仍然是图像与文字提示不相符。

经与BMW技术部老师沟通，我们进行了车辆编程与设码（主要针对DSC控制单元），之后进行了胎压初始化。交车后，客户行驶了近3000km，未再出现此类问题。

（4）故障总结

该故障确实比较罕见，是一例由控制单元软件引起的"故障"。但是这个简单的软件"故障"，却给我们的故障隔离带来了很大麻烦（进行了两次车轮对调）。

但是在诊断中，有一点做法值得推荐。那就是没有急于去进行胎压初始化。我们在故障排除后复盘一下。如果当时在调整了左后车轮的胎压就进行胎压初始化，那样车辆就不会再出现胎压报警，直到下一次恰好又是"左后轮胎失压"，才会出现同样的故障现象，这样故障现象就会被长时间掩盖。我们会错误地认为故障已经排除，直到故障再次出现。

因此，我们在进行故障诊断排查时，不要急于去复位、初始化、归零、删除调校值、删除运输模式、复位控制单元、试运行、编程设码等。而是认真考虑一下在进行这些操作后，会有哪些功能变化、数值变化、显示变化，这些变化会不会给正在进行的故障诊断带来"歧途"和"迷雾"。

6.2.2　故障解析

6.2.2.1　RPA系统结构特点

（1）系统结构

轮胎失压显示RPA系统属于上一代胎压监控系统。RPA功能集成在DSC控制单元内。该系统通过车轮转速比较4个车轮的滚动周长。充气压力下降时，相应车轮的旋转角速度会发生变化。车轮转速传感器对此进行探测，然后将信息转发给动态稳定控制系统DSC。

RPA系统不监控所有4个轮胎均匀的自然泄气。如果4个轮胎的压力损失相同，那么车轮转速变化程度相同，系统不识别这种压力损失。因此客户必须自己定期检查轮胎充气压力。RPA 系统组成如图 6-17 所示。

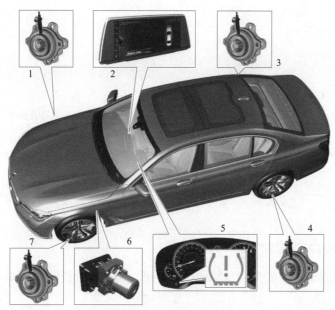

图 6-17　RPA 系统组成

1—右前车轮转速传感器；2—中央信息显示屏 CID（无法显示轮胎充气压力）；3—右后车轮转速传感器；4—左后车轮转速传感器；5—组合仪表 KOMBI；6—动态稳定控制系统 DSC；7—车轮转速传感器

（2）RPA 系统组件

RPA 系统主要的部件是轮速传感器和 DSC 控制单元。其具体功能介绍，详见第 4 章制动系统的相关内容，在此不再赘述。

（3）报警与复位

当车速超过 25km/h 且充气压力下降约 30% 时，系统会发出警告。此时通过组合仪表内的一个警告灯以及中央信息显示屏 CID 内的文本信息向驾驶员发出警告。

RPA 系统报警有 2 个可变指示灯以及 2 条对应的检查控制信息，这些信息在组合仪表内显示，如表 6-5 所示。

表 6-5　RPA 报警显示

可变指示灯	报警文字	CID 内的提示
⚠	轮胎失压！	请小心地停下车辆并更换车轮。 安全轮胎：可以继续行驶，但车速不得超过 80km/h。继续行驶的里程受限。尽快到 BMW 售后服务部检查
⚠	轮胎失压显示失灵！	无法显示轮胎失压。 尽快到 BMW 售后服务部检查

"轮胎失压！"表示某一轮胎内压力损失超过 30%。此外蜂鸣器也会发出声音。

"轮胎失压显示失灵！"表示该系统因故障而退出工作，因此无法识别轮胎失压。

受系统条件所限，在以下情况下轮胎充气压力降低时不会发出警告：两个或多个轮胎内的轮胎充气压力以同样的速度降低、自然性漏气造成的所有 4 个轮胎产生的均匀的轮胎充气压力降低、爆胎造成轮胎充气压力迅速降低且压力降低较多时，无法及时发出警告。

完成以下工作后，需初始化轮胎失压显示：

① 更改轮胎充气压力；

② 更换车轮；

③ 更换轮胎；

④ 空气弹簧系统的修理工作。

初始化开始后，会进行三个速度范围的学习，分别为：0 ～ 100km/h、100 ～ 190km/h、超过 190km/h。各个速度范围的初始化学习阶段持续约 5 ～ 15min。学习过程中，不显示初始化学习阶段的结束。某一速度范围只有在已经学习了至少 67% 以后，才会有该速度范围的图像和声音警告。

学习过程可能因下列情况而延迟：动态驾车方式、弯曲的道路、负载频繁变化（带空气弹簧的车辆）。

6.2.2.2　RPA 系统故障分析

RPA 系统并没有额外的部件，其结构比较简单，所以对于故障点的排查，相对底盘其他系统来说还是比较容易的。一般会有以下三方面故障：

（1）胎压损失，延迟报警

有些时候，轮胎已经发生失压，但是组合仪表上报警灯的点亮会有延迟。根据其结构分析和实际维修经验，故障原因可能有以下几点：

① 剧烈制动 / 加速；

② 高横向加速度 / 车速过低；

③ 车轮打滑；

④ 未结束初始化设置；

⑤ 气温过低；

⑥ 负载频繁变化（带空气弹簧的车辆）；

⑦ 控制单元软件故障。

其中，未结束初始化设置是比较常见的原因。

（2）误报警

有些时候，轮胎未发生失压，但是组合仪表上报警灯却点亮了，还会有相应的检查控制信息显示。根据其结构分析和实际维修经验，故障原因可能有以下几点：

① 车轮打滑；

② 未进行初始化设置或初始化未完成；

③ 轮胎磨损程度不同；

④ 负载频繁变化（带空气弹簧的车辆）；

⑤ 非 BMW 认可轮胎；

⑥ 轮胎损坏（例如径向跳动过大）；

⑦ 磨合期轮胎发生收缩；

⑧ 轮速传感器信号不正常；

⑨ 控制单元软件故障。

(3) 胎压损失，不报警

有些时候，轮胎发生失压，但是组合仪表上报警灯却未点亮，也没有相应的检查控制信息显示。根据其结构分析和实际维修经验，故障原因可能有以下几点：

① 轮胎气压逸出相同；

② 轮胎气压正常扩散，且全部轮胎相同；

③ 爆胎，来不及报警；

④ 未进行初始化设置或初始化未完成；

⑤ 轮速传感器信号不正常；

⑥ 控制单元软件故障。

其中，轮胎气压变化相同或相近是比较常见的原因。

6.2.2.3　RPA 系统故障诊断方法

(1) 胎压损失，延迟报警

胎压报警延迟的故障很多时候都是行驶条件所致，因此，处理此类故障时，首先要向客户详细了解报警延迟所发生的条件，最好与客户一同试车来重现故障。比如前文提到的剧烈制动/加速，会造成轮胎的大幅变形；高横向加速度/车速过低和气温过低，会导致 RPA 无法正常介入工作；负载频繁变化（带空气弹簧的车辆）和车轮打滑，会导致 RPA 反复进行计算，这些都会导致 RPA 的报警相对轮胎失压会延迟一些。在此，要向客户解释清楚，这不能算作故障，因为 RPA 系统毕竟不是直接测量系统，而是通过轮速来计算轮胎失压，因此可能会有延迟的现象。

如果胎压报警延迟的故障不是在以上情况下发生的，则可以通过调用控制单元功能，读取"胎压报警提示"中的功能和状态，查看三个学习范围的进度，以此来判断是否是因为未结束初始化设置而导致的报警延迟，如图 6-18 所示。

图 6-18　初始化开始阶段

只有当某一速度范围已经学习了至少 67% 以后，才会有该速度范围的图像和声音警告。如果检查发现初始化学习未完成，则向客户解释，胎压初始化已经开始，还需要一段时间的学习过程。而且学习过程可能因动态驾车方式、弯曲的道路、负载频繁变化等情况而延迟。

如果学习已经完成，还存在胎压报警延迟的故障，则可以对车辆进行编程和设码。之后将车辆休眠一段时间，再进行胎压初始化。

（2）误报警

如遇 RPA 系统误报警的情况，一般会有相应的故障码及自动生成的检测计划。只要严格按照检测计划，仔细测量与排查，肯定能够快速、准确地找到相应故障点。如果未提供检测计划，或者执行检测计划后，仍未找到故障点，可按照以下步骤进行故障隔离：

① RPA 系统误报警的故障很多时候是车轮打滑所致，因此，处理此类故障时，首先要向客户详细了解报警所发生的条件，是否是冬季冰雪路面、湿滑路面、涉水路面等，最好与客户一同试车来重现故障。如果确系打滑引起的报警，则只需在确认胎压正常后，重新初始化即可。

② RPA 误报警的故障也可能是轮胎问题所致，因此，要仔细检查轮胎花纹深度（确认磨损程度）、是否装配非 BMW 认可轮胎、轮胎是否损坏严重（例如径向跳动过大）、轮胎是否在磨合期发生收缩。这些都可能会导致 RPA 的误报警。如果发现以上现象，建议客户更换新的轮胎。

③ 通过调用控制单元功能，读取"胎压报警提示"中的功能和状态，查看三个学习范围的进度，以此来判断是否是因为未结束初始化设置而导致的误报警。

④ 对车辆进行编程和设码。之后将车辆休眠一段时间，再进行胎压初始化。

⑤ 如果以上操作均未能解决问题，则该故障可能是轮速传感器信号导致的。此时，可以读取 DSC 控制单元内的数据流。放松手刹，举升车辆，不断旋转 4 个车轮，观察轮速传感器数据的变化情况，如图 6-19 所示。

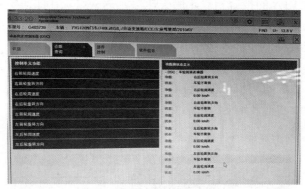

图 6-19　传感器数据

如发现某一传感器数据异常，则可按照第 4 章制动系统中的轮速传感器检查流程，进行左右倒换、线路测量、更换传感器等手段进行处理。

（3）胎压损失，不报警

RPA 系统毕竟不是直接测量系统，而是通过轮速对比来计算轮胎失压，因此可能会有轮胎失压却不报警的现象。

如果各车轮轮胎气压下降相同，那么车轮转速变化程度也就相同。RPA 系统就无法识别这种压力损失。因此提醒客户必须定期检查轮胎充气压力。如果胎压快速下降（比如爆胎），RPA 系统将无法识别这种情况，同样也可能不会报警。这一点也要向客户加以说明。

如果确系某一轮胎失压，RPA 系统却没有报警。则可以参照上文中"误报警"一节的第 3、4、5 步骤进行初始化进程查询、车辆编程、轮速传感器诊断，并最终确认故障点。

案例索引